国家社会科学基金"十三五"规划 2019 年度教育学一般课题"新时代教师教育者专业标准建构研究"（BIA190167）成果

获陕西师范大学优秀学术著作出版资助

新时代教师教育者
专业标准建构

Construction of Professional Standards
for Teacher Educators in the New Era

陈晓端◎等著

中国社会科学出版社

图书在版编目（CIP）数据

新时代教师教育者专业标准建构／陈晓端等著.

北京：中国社会科学出版社，2025.4. —— ISBN 978-7-5227-4804-7

Ⅰ．G451.2

中国国家版本馆 CIP 数据核字第 2025HD1637 号

出 版 人	赵剑英
责任编辑	朱亚琪
责任校对	周晓慧
责任印制	戴　宽

出　　版	中国社会科学出版社
社　　址	北京鼓楼西大街甲 158 号
邮　　编	100720
网　　址	http：//www.csspw.cn
发 行 部	010-84083685
门 市 部	010-84029450
经　　销	新华书店及其他书店

印　　刷	北京明恒达印务有限公司
装　　订	廊坊市广阳区广增装订厂
版　　次	2025 年 4 月第 1 版
印　　次	2025 年 4 月第 1 次印刷

开　　本	710×1000　1/16
印　　张	16.75
字　　数	268 千字
定　　价	89.00 元

前　言

党的二十大报告指出："我们要坚持教育优先发展、科技自立自强、人才引领驱动，加快建设教育强国、科技强国、人才强国，坚持为党育人、为国育才，全面提高人才自主培养质量。"① 强教必先强师，教师是立教之本、兴教之源。没有优质的教师教育，就没有优质的基础教育；没有优质的基础教育，就没有优质的高等教育；没有优质的高等教育，就无法培养出社会所需要的各类卓越人才。可以肯定地说，在人才培养这个逻辑链条之上，每一个环节的教育都是不可或缺的。只有努力保证每个环节的高质量发展，才能保证产出高质量的教育结果，才能把新时代培养德、智、体、美、劳全面发展的社会主义建设者和接班人的教育目标真正落到实处。教师教育者是推动教师教育高质量发展的根本力量，教师教育者的专业素养直接影响着基础教育教师培养的质量。正因如此，21 世纪以来，世界各国都越来越重视教师教育的发展与改革，越来越关注作为教师教育根本力量的教师教育者的专业化发展和专业素养的全面提升。一些发达国家的教师教育组织或协会，比如美国和荷兰等，还通过积极制定系统、科学的教师教育者专业标准，以保证教师教育者的专业发展有章可循、有据可依。

国外关于"教师教育者专业标准"的研究发端于 20 世纪 70 年代，有学者开始呼吁关注教师教育者培养和培训质量。20 世纪 90 年代后，关于"教师教育者专业标准"的研究进入了快速发展时期，从已有文献来看，该时期相关研究大致可以分为教师教育者专业标准开发研究、教师

---

① 习近平：《高举中国特色社会主义伟大旗帜　为全面建设社会主义现代化国家而团结奋斗——在中国共产党第二十次全国代表大会上的报告》，人民出版社 2022 年版，第 33 页。

教育者专业标准理论研究和教师教育者专业标准实践效果三大类。一是教师教育者专业标准开发研究。其直接结果是推动了越来越多的国家认识到教师教育工作者专业标准对这一群体专业发展的重要性，并陆续颁布了教师教育者专业标准。如 1996 年美国教师教育者协会提出了教师教育者的专业标准；1999 年荷兰教师教育工作者协会颁布了教师教育工作者的专业标准；2006 年英国高等教育学院出台了高校教师教学的专业标准框架。2003 年版美国《教师教育者标准》共有七项标准，分别包括：示范教学、学术研究、专业发展、项目发展、合作、公众拥护和教师教育专业。2008 年版的《教师教育者标准》将内容增加到九项标准，覆盖了示范教学、文化能力、学术研究、专业发展、项目发展、合作、公众拥护、教师教育专业、洞察力领域。随之有关教师教育者标准的评论和研究也不断增多。

正是在这样的背景下，中国进入新时代以来，无论是国家的教育政策导向，还是学术界的研究取向，都越来越关注教师教育者这支肩负特殊使命的重要教师队伍的整体建设和专业素质提升。尽管中国已经于 2012 年颁布了幼儿园、小学和中学教师专业标准，并在 2011 年颁布了《教师教育课程标准》以建立培养上述专业化教师所需要的课程体系，对于承担开发与实施教师教育课程责任的教师教育者却缺少《教师教育者专业标准》。目前对于教师教育的研究更多聚焦师范生培养所关涉的学科、专业、课程、教学、实践、管理和培养模式创新等方面，对教师教育者本身的关注仍然不够。以中国知网检索数据为例，已有以教师教育者为研究对象的文献中，更多探讨的是教师教育者的专业角色、身份认同、队伍建设和知识及能力结构。文献表明，国外部分国家在教师专业标准运动中已形成了相对成熟的研究成果，并在教师教育者专业标准的开发、理论与实践等方面开展了持续性研究，但不同国家及研究者对于教师教育者有着不同的理解和界定，因而不存在统一通用模式的教师教育者专业标准和体系。国内对教师教育者的研究并不充分，对教师教育者专业发展问题的关注多是从专业角色、现有困境和发展路径等维度进行讨论，且并没有将教师教育者的专业特质从一般教师的专业发展认识中分离出来。对于教师教育者的专业标准、资质与认证等基础性和关键性问题，尽管已有部分学者认识到其必要性和重要性，但科学建构和有效实施教师教育者的专业标准，仍是目前深化中国特色社会主义新时代教师教育改革和促进教师专业化发展亟须关注的问题。

本书采用理论研究与现状调查相结合、文本研究与德尔菲专家咨询相结合的综合研究方式，对适用于中国新时代的教师教育者专业标准进行了系统探索。其基本思路是：理论基础研究—西方专业标准比较研究—专业素养要素与内容探析—建构专业标准结构模型—德尔菲专家咨询检验—基于标准模型的专业素养现状评析—专业标准认证与实施策略分析。

本书的学术价值主要体现在两个方面：一是构建了教师教育者的专业标准体系及其理论框架，以期促进教师教育者研究领域的拓展和深化，在理论层面凸显了教师教育体系开放后的教师教育者专业特性，目的在于提高教师教育者专业身份和专业形象的辨识度、增强教师教育者的专业身份认同和专业发展自觉性。二是通过教师教育者专业标准界定教师教育者的工作理念、核心要求、专业要求和行动规范，丰富教师教育者的专业内涵，提升教师教育者的专业发展水平，推动教师教育者专业化发展。

本书的应用价值主要体现在三个方面：一是通过构建教师教育者的专业标准体系，推动新时代教师教育改革的创新与深化。中国教育改革发展已进入中国特色社会主义新的历史阶段，教师教育者作为教师教育的核心要素，对其素养要求、资质认证和专业发展等专业标准的建构，对于在新时代推动中国特色教师教育改革和整个教育体系"立德树人"根本任务的落实都有重要作用。二是构建教师教育者的专业标准，有助于为教师教育者提供共同信念、基本准则、行动规范、培养培训和发展指南，引导和激励教师教育者的专业实践，同时可以促进基于专业标准和价值需求的教师教育者专业发展系统的建构。三是构建教师教育者的专业标准，有助于为中国教师教育者专业标准的颁布与实施、教师教育者的资质认证和聘任考核提供参考和依据，在现有幼儿园、中小学教师专业标准、教师教育课程标准的基础上，进一步充实和丰富教师教育标准体系，贯彻教师教育振兴行动计划，聚焦新时代新目标新使命，落实《中共中央　国务院关于全面深化新时代教师队伍建设改革的意见》中高素质专业化创新型教师队伍建设任务和要求。本书作为国家社科基金

2019 年度教育学一般项目的最终成果，正是聚焦新时代中国教师教育者专业标准建构所进行的系统研究。

本书是集体劳动的成果，是国家社科基金"新时代教师教育者专业标准建构研究"课题组所有成员辛勤付出的作品，具体写作分工为：第一章由刘鹂教授完成；第二章由陈晓端教授和陈渝博士共同完成；第三章由陈晓端教授、高嵩博士和徐波副教授共同完成；第四章由马笑岩博士和陈晓端教授共同完成；第五章由刘鹂教授和孟雪博士共同完成；第六章由陈晓端教授、毛红芳教授、尚晓青教授共同完成；第七章由徐波副教授、陈晓端教授和高嵩博士共同完成；第八章由马笑岩博士和毛红芳教授共同完成。全书由陈晓端教授根据课题研究目标和任务负责策划和组织撰写，最后由陈晓端教授和毛红芳教授合作统稿。

本书在撰写过程中，参考了不少国内外学者出版和发表的相关文献，尤其是关于教师教育和教师教育者研究的相关书籍和论文，我们都尽量规范性地引用并一一进行了注释。在此，对他们在该领域的学术贡献以及对本书写作的启发和支持表示衷心感谢！最后，还要特别对中国社会科学出版社的朱亚琪编辑为此书出版所付出的辛勤劳动表示衷心感谢！

陈晓端

2024 年 9 月 26 日

于陕西师范大学田家炳教育书院

目　　录

第 一 章

新时代教师教育者的使命、责任与
多重角色

　　百年大计，教育为本；教育大计，教师为本。教师是教育事业的第一资源，是国家繁荣、民族振兴、人民幸福的重要基石。党的二十大报告明确指出，教育是国之大计、党之大计。培养什么人、怎样培养人、为谁培养人是教育的根本问题。育人的根本在于立德。全面贯彻党的教育方针，落实立德树人根本任务，培养德智体美劳全面发展的社会主义建设者和接班人。国运兴衰，系于教育，而其根本在于教师。全面建成富强民主文明和谐美丽的社会主义现代化强国，实现中华民族伟大复兴，需要建设教育强国。而加快实现教育现代化、办好人民满意的教育等，都离不开教师的贡献，离不开教师队伍质量的提升。

　　为了落实教师队伍建设与教师质量提升问题，2018 年 1 月 20 日，《中共中央 国务院关于全面深化新时代教师队伍建设改革的意见》（以下简称《意见》）正式发布，这是中华人民共和国成立以来第一份以中共中央名义印发的教师队伍建设文件。《意见》中擘画了新时代教师队伍建设的宏伟蓝图，指明了新时代教师队伍建设的改革方向，对各级党委和政府抓好新时代教师队伍建设工作提出了明确要求。要准确地落实党中央关于加强新时代教师队伍建设的重大战略部署，就必须认清当前教师工作面临的形势和挑战、明确新时代教师队伍建设的指导思想、把握新时代教师队伍建设的重点任务和保障措施。[①] 在具体的教师队伍建设实践

---

① 王定华：《新时代我国教师队伍建设的形势与任务》，《教育研究》2018 年第 3 期。

中，需要关注的问题很多，但教育的问题归根结底是人的问题，人才培养需要优秀的教师，培养优秀教师则需要优秀的教师教育者。教师教育者作为"教师的教师"，其专业化水平是决定教师教育质量的关键因素。因此，研究和探明教师教育者的角色定位、专业素养以及评价标准是当代中国教师教育系统升级、教师培养质量提升的重要切入点，而深入探讨教师教育者专业素养和评价问题的前提是明确何为教师教育者及其使命和特殊的角色定位。

第一节　何为教师教育者

根据中华人民共和国教育部 2021 年全国教育事业统计数据[①]，中国共有各级各类学校约 52.93 万所，专任教师约 1844.37 万人。其中，义务教育阶段专任教师约 1057.19 万人，学前教育中专科以上学历专任教师约 319.1 万人，分别比上年大约增加了 28.41 万人和 27.76 万人。在这样一个庞大的教师体系与不断增长的数据背后，是教师教育的发展贡献与教师教育者的辛勤付出。作为培养教师的专业机构，中国的教师教育专业点设置目前保持在 5000 个左右，大量的教师教育者在职前或职后阶段为教师的培养倾注心力。研究教师教育者问题，首先需要明确教师教育者的含义及群体边界。

一　中国对教师教育者的认识

对教师教育者的基本理解就是"培养教师的教师"。在 2001 年之前，中国对于教师的培养主要使用"师范教育"的概念和框架，主要强调对职前教师的培养，此时的"师范教师"即为培养教师的人。随着教育理念与教育需要的发展，"终结性的'师范教育'已经不能反映教师培养和培训的实际、不能反映教师教育的发展需要和未来特征"[②]。2001 年，中

---

① 《2021 年全国教育事业发展统计公报》（http：//www. moe. gov. cn/jyb_sjzl/sjzl_fztjgb/202209/t20220914_660850. html）。

② 钟启泉、王艳玲：《从"师范教育"走向"教师教育"》，《全球教育展望》2012 年第 6 期。

国在《国务院关于基础教育改革与发展的决定》（国发〔2001〕21号）中首次使用"教师教育"的概念，取代了长期使用的"师范教育"，着力构建教师职前职后培养一体化的教师教育体系。在将职前培养、入职教育和职后培训连成一体的教师教育体系中，教师教育者的类型变得更加复杂多样。广义而言，凡是为教师提供教育指导的人都是教师教育者，既包括大学教育机构中负责教育、辅导"准教师"的指导教师以及为在职教师提供继续教育的教师，也包括中小学校里协助指导实习教师的合作教师、辅助初任教师顺利度过入职阶段的指导教师等。从概念上来看，大学教师教育者是指导、教授以及支持师范生，与学校实习指导教师合作、进行学术研究等的专业人员。①

在中国，对教师教育者的认识可以从两个方面进行阐述。

第一，从机构设置看，如果是在传统的以培养师范生为主要任务的师范院校里，那么，这些师范院校里所有承担教师培养的教师都可以被称为教师教育者。但是随着中国高等教育改革的推进，师范院校相继走上学科专业综合化道路，如此一来，在这些机构里，不再是所有的教师都属于教师教育者，所以这种认识不符合目前中国教育现实情况。

第二，在教师教育者的研究中，教师教育者的定义更加广泛。从不同角度出发，有学者认为："教师教育者泛指所有旨在培养或培训教师的人员，即教师的教师。广义的教师教育者主要包括中小学教育机构中的教师教育者，也包括教师教育机构中的教师教育者。狭义的教师教育者仅指高等教师教育机构中的教师教育者。"② 或者教师教育者的广义概念要从教育智慧的角度来界定。还有学者认为："一切承载着教育智慧并服务于教师发展的人、物、工具、事件、故事等，都在'教师教育者'概念所应指涉的对象之列，都可归属于教师教育者'这一称谓。"③ 同时，"教师教育者是专门从事教师教育工作的人，是帮助师范生实现正式社会化的人，是教师教育实践者和教师教育研究者的统一"的界定也取得了

---

① Jean Murray, Anja Swennen and Leah Shagrir, *Understanding Teacher Educators' Work and I-dentities*, Netherlands：Springer, 2009, pp. 494 – 496.

② 康晓伟：《教师教育者：内涵、身份认同及其角色研究》，《教师教育研究》2012年第1期。

③ 李红亚：《论服务型教师教育者》，《教学与管理》2010年第12期。

部分学者的认同。① 也有学者从教学角度对教师教育者进行界定。教育教学是一项深具专业性、伦理性和创造性特点的复杂而具挑战性的工作，教师教育者不仅要让受教育者获得学科和教育教学知识，还要通过教师教育者的示范和受教育者的反思性实践让他们学会教学，所以，教师教育者即"教师的教师"，是依据基础教育发展要求和中小学教师专业标准，遵循教师成长的内在规律，承担教师职前培养和在职发展的专业人员。

二 国外对教师教育者的界定

其实早在 20 世纪 70 年代，国外研究者就已开始关注教师教育者这一特殊群体。早期研究主要以量化为主，关于教师教育者的概念性和系统性研究相对较少，多从观照实践的角度宽泛简单地将教师教育者界定为"教授教师""教师的教师"。②

随着世界范围对教师教育质量的不断重视以及教师教育模式发展的多样化趋势，"教师教育者是谁""如何理解他们在教师教育中的身份"等教师教育者身份建构问题也成为国外教师教育领域研究的热点。

在欧洲教育贸易联合委员会相关文件的描述中，教师教育者由以下几类人组成：高等教育机构里教授教育类课程或学科课程的教师、教育研究者、承担其他教学法或普通课程的教师与教师教育机构有密切联系的中小学的指导者、参与指导中小学实践的受过训练又有经验的教师以及在职过程中取得资格阶段进行指导的导师。就此来看，职前和职后是教师教育的两个基本阶段，与此对应，教师教育者也就包含了职前教师教育者和职后教师教育者。

在美国，教师教育者问题很早就受到关注，美国教育界设有专门的教师教育者团体——教师教育者协会（ATE）。该协会认为，对教师教育

---

① 郑爽、胡凤阳、张立满：《论教师教育者及其专业发展》，《石家庄学院学报》2012 年第 2 期。

② Judith E. Lanier, *Handbook of Research on Teaching* (3rd Ed.), New York：Macmillan Publishing Company, 1986, pp. 527 – 569.

者最简单的界定就是培养教师的人。但这样的界定太过笼统，后来在此基础上，美国教师教育者协会将教师教育者定义为在职前教师和在职教师的专业发展过程中提供正式指导并开展教师教育相关研究的人员。由此，教师教育者包含了高等教育中的教师教育理论研究者、基础教育中的实习指导教师、在职教师专业发展指导人员和旨在促进教师专业发展的开发、实施和评估机构中的专业人员。

在加拿大，基本上有两类教师教育者：一类教师教育者指向实践，他们由于具有在中小学的从教经验而成为教师教育者，但他们往往是兼职的；另一类则指向高等教育里的专业教师，特别是那些终身教授，他们往往教的是研究生，拥有自己专门的研究项目。

纵览国内外研究成果，"教师教育者"的界定有众多角度。例如，认为教师教育者是"帮助准教师们奠定专业知识基础，并传授给他们在未来能够持续且独立地进行专业发展的工具的人"[1]，是"为准教师提供教学或给予指导和支持，从而为学生成长为有能力的教师提供坚实贡献的人"[2]。我们认为，教师教育者有广义和狭义之分：广义的教师教育者包括与教师教育有关的专业教师、兼职教师、教师教育辅助人员以及教师教育管理工作者等与教师教育有关的各类教育人员；狭义的教师教育者主要指承担了以教师培养为目的的课程教学的专业教师。相关学者将教师教育者划分为以下两类。[3]

1. 基础教育机构中的教师教育者

基础教育机构中的教师教育者包括指导师范生教育实习的中小学教师以及指导新手教师的有经验的中小学教师（"师徒制"中所谓的"师傅"）。这一类教师教育者在西方国家被称为"School-Based Teacher Educator""Teacher of Teacher""Cooperating Teacher""Mentor"。在西方国

---

① Kari Smith，"Teacher Educators' Expertise：What Do Novice Teachers and Teacher Educators Say"，*Teaching and Teacher Education*，Vol. 21，No. 2，February 2005.

② Bob Koster，Jurriën Dengerink and et al.，"Teacher Educators Working on Their Own Professional Development：Goals，Activities and Outcomes of a Project for the Professional Development of Teacher Educators"，*Teaching and Teacher Education*，Vol. 14，No. 5，2008.

③ 康晓伟：《教师教育者：内涵、身份认同及其角色研究》，《教师教育研究》2012 年第 1 期。

家，指导职前教师实习的中小学教师往往被视为教师教育者。拜伦等人采用质的研究方法研究课堂教师（Classroom Teacher）对教师教育者的角色认同，发现大学—中小学合作关系的密切程度会影响课堂教师对教师教育者的定义。那些曾经有指导职前教师经历的课堂教师更倾向于把自己视为教师教育者。基础教育机构中的教师教育者人数多、质量参差不齐、身份模糊。由于具备较强的教育实践能力和丰富的教育教学实践经验，他们往往被称为实践的教师教育者。与之对应的是理论的教师教育者，即教师教育机构中的教师教育者。

2. 教师教育机构中的教师教育者

教师教育机构中的教师教育者包括高等教育机构中培养师范生的大学教师、中等师范学校中的教师以及教师进修机构中的教师。狭义的教师教育者指高等教师教育机构中与培养师范生相关的大学教师，包括传统上教授教育学、心理学以及学科教学法的大学老师。具体表现为：（1）在中国，这类教师教育者主要由获得博士学位的人担任，这些人往往没有中小学教学的经历，甚至很多没有学科专业背景，因此这类人员与其称为教师教育者，毋宁称为教师教育研究者；（2）在欧美国家，这种类型的教师教育者往往在中小学任教多年后，通过获得教育硕士或者教育博士学位进入教师教育机构，从而成为教师教育者，他们从中小学进入高等教师教育机构后，主要从事的是研究工作。

第二节　新时代教师教育者的使命

中国特色社会主义进入新时代，我国社会主要矛盾已经转化为人民日益增长的美好生活需要和不平衡不充分的发展之间的矛盾。"人民对美好生活的要求不断提高"体现在教师教育方面是"人民对高质量卓越教师的需求不断提高"，而这一需求与当前教师教育发展的不平衡不充分之间矛盾突出，这便是新时代教师教育的主要任务。[1] 实现新时代教师教育任务需要教师教育者担当起立德树人的时代使命、授业解惑的专业使命

---

[1]　王鉴、张盈盈：《新时代我国教师教育高质量发展的逻辑与路径》，《重庆高教研究》2023 年第 1 期。

以及引路之师的职业使命。

一　时代使命：立德为本，铸就准教师的"筑梦"之魂

国无德不兴，人无德不立。教育的根本是育人，育人的首要任务就是"立德"。所谓"立德"，就是坚持德育为先，培养受教育者健全的人格与崇高的思想品德。新时代教师教育要以培养担当民族复兴大任的时代教师为着眼点，要求教师具备高尚的职业道德、正确的政治态度与政治立场，努力成为中华民族"梦之队"的筑梦人。因此，加强师德建设，引导广大教师自觉以习近平新时代中国特色社会主义思想武装头脑，做到以德立身、以德立学、以德施教，是时代赋予教师教育的新任务，是全面落实立德树人根本任务的必然要求，也是教师教育者的首要使命。

《教师教育振兴行动计划（2018—2022 年）》中进一步明确，"加大对师范院校的支持力度，不断优化教师教育布局结构，基本形成以国家教师教育基地为引领、师范院校为主体、高水平综合大学参与、教师发展机构为纽带、优质中小学为实践基地的开放、协同、联动的现代教师教育体系"。2019 年 2 月，国务院印发《中国教育现代化 2035》，在强调健全中国特色教师教育体系的基础上，提出"强化职前教师培养和职后教师发展的有机衔接，夯实教师专业发展体系，推动教师终身学习和专业自主发展"，突出了立足于教师终身学习与自主发展建设教师专业发展体系的重要性。《教育部教师工作司 2022 年工作要点》中也明确提出，将"推进高质量教师教育体系建设作为夯实教师发展之基"。2022 年 4月，教育部等八部门印发的《新时代基础教育强师计划》中明确提出建设新时代中国教师教育的体系，即"重点支持建设一批国家师范教育基地，构建师范院校为主体、高水平综合大学参与、教师发展机构为纽带、优质中小学为实践基地的开放、协同、联动的现代教师教育体系"。教师教育者的时代使命，是通过培养有德性的教师，进而影响下一代，这也就意味着，教师教育的定位，应该关注教师培养中的德性教育，因此加强师德建设是新时代赋予教师教育者的使命。为履行教师教育者的时代使命，躬行师德的品性与培育师德的品行是较为关键的。

躬行师德的品性是教师教育者履行立德为本、铸就"筑梦"之魂的前提条件。若想培养师德高尚的新时代教师，教师教育者自身应该具有崇高的专业荣誉感，在自身专业发展过程中严于律己，注重教师教育者人格魅力的塑造。培育师德的品行是教师教育者履行立德为本、铸就"筑梦"之魂的关键步骤。教师除了自身具备优秀的师德，在专业教育、教学过程中，也要通过"师范为先"的施教行为来指导教师对于道德性教学品质的感悟、理解与认同。

二 专业使命：素养为核，提升准教师的"授业"之能

教师教育者是专业化的群体，他们的教学对象是教师学习者，是未来的教师，其专业使命是通过培养教师学习者，进而影响学生的发展。为提升准教师的"授业"之能，教师教育者应该心系准教师的成长与发展，行动上不仅要具备教师教育相关课程开发能力，而且应拥有专业的教学实践能力。

教师教育者为了更好地帮助未来教师群体提升"授业"之能，不仅需要指导教师学习者"学"什么和如何"学"，更需要指导教师学习者怎样"教"。教师教育者不仅要教给教师学习者关于"教"的知识和理念，还要借助生成的教学、主体间的对话和有意义的交流，通过教学将自身对教学的理解认识、方法态度、反思研究以浸润的方式影响教师学习者，促进未来教师良好教学意识的形成和教学能力的培养。在"授业"内容方面，除了人才培养的基本要求，非教师教育者的教学要着眼于课程本体，而教师教育者在关注教学内容的同时，其教学行为本身会不可避免地成为"教学"的隐性课程。"教师教育者的教学模式，对于准教师的未来教学行为的形成所产生的影响，比对其传授内容性的知识更为重要。"[1]教师教育者的教学既是教学的行为，又包含"教学"的实践性内涵，更是教师教育者专业使命的最佳诠释。

三 职业使命："四有"为标，打造准教师的"引路"之师

教师教育是教育事业的工作母机，是基础教育教师队伍建设的源头活水，更是提升基础教育质量的动力源泉，在基础教育教师职前培养、

---

[1] 杨秀玉、孙启林：《教师的教师：西方的教师教育者研究》，《外国教育研究》2007 年第10 期。

职后培训中发挥着重要作用。新时代赋予教师教育者培养高素质教师、教学名师和"大国良师"的职业使命，要紧扣高素质专业化创新型的丰富内涵，切实推动教师教育与基础教育协同发展。

第一，教师教育者以师德风尚为准教师凝心铸魂。拿师范生举例，中小学教师要宣传科学理论、传播先进文化、弘扬主流价值，首要的是让马克思主义在自己头脑中扎根。教师教育者要坚持用社会主义核心价值观引领知识传授，把其精髓要义融入教育教学全过程和校园生活各方面，把课程直接呈现的知识概念和背后支撑的思维方式、价值观念讲清楚，让师范生在校学习期间掌握廓清迷雾的思想理论、掌握应对困难的方法技能。课堂之外，要引导师范生在主题展览、音乐演出以及高雅艺术进校园等活动中受到熏陶、收获滋养，从全国优秀教师等先进典型中感受榜样力量，主动创作健康向上的文字、图片、微电影等文化作品，汲取中华优秀传统文化、革命文化、社会主义先进文化的养分，努力形成崇德向善、见贤思齐的良好氛围。要组织师范生学习为党育人、为国育才的精神，成为为教育事业服务的人民教师，培养高素质的专业化教师队伍，还要学习中华民族"梦之队"的筑梦人的百年历史，在"师道永恒"的主题教育中实现对师范生深层次的思想引领、师德涵养与人格塑造。

第二，教师教育者以知识体系为教师学习者固本强基。知识是教育实施的内容载体，建构全面扎实的教师教育知识体系是提升新时代教师素质的基础内涵。教师教育者要抓住师范生在校园系统学习的有利时机，为其构建完备的知识体系。一是通识教育课程体系化，系统构建基础技能课程和通识教育课程，强化学生核心素养的培育，鼓励学生跨学科、跨专业学习，培养基础扎实、宽广视野、可持续发展的拔尖师范人才。二是教育理论课程体系化，打造指向实践的教育理论课程体系以及基于理论的教育实践课程体系，优化课程内容结构，增加选修比例，充分满足学生自主发展的多元化需求。三是学科专业课程体系化，建设指向基础教育教学需求的师范特色学科课程体系，以国家课程标准和教材为指引、以学科专业核心知识为线索，构建基础性、系统性、前沿性学科专业课程，建立多学科交叉、跨学科整合的集教学、研究与实践于一体的学科协同育人体系。四是实践实训课程体系化，依托实践实训基地，创建情境式、个性化、符合校本实践的实践实训课程。设立卓越教师工作站，为一线教师提供高水平、高质量的学习和交流平台。五是职后教师教育课程体系化，全面提升教师的方法技术、理念策略、艺术智慧、理论研究等方面的育人能力。

第三节　新时代教师教育者的责任

教育界认为，中国教师教育已进入一个"新师范"的全新时期，有学者认为这是 20 世纪 90 年代"'去师范化'之后的重新转向和回归"①。这种转向和回归绝不是简单地重走旧路，而是以习近平总书记关于"四有"好老师、"四个引路人"和坚持"四个相统一"的要求为指导，赋予新时代师范文化建设的新要求。《教师教育振兴行动计划（2018—2022年)》中也指出："实施教师教育振兴行动计划，建立以师范院校为主体、高水平非师范院校参与的中国特色师范教育体系。"培养新时代的教师，要求教师教育者具备自觉的专业责任感，这种专业责任感具体包括以下三个方面。

一　引导教师专业化发展的责任

教师教育者作为教师之教师，是在职前和职后教师教育领域专门培养教师专业发展的人。新时代教师的专业发展应主要包括三层指向②：一是理论指向，教师需要不断学习先进理论，掌握教育发展的基本规律；二是现实指向，教师需要分析教育现状，以便清晰地认识当下教育发展的基本情况；三是实践指向，教师需要不断学习实践技能，推进现实教学的持续发展。

为达成理论指向，在成为引路之师的过程中，首先，教师教育者需要具备践行教育理论的强烈意识和责任感，以帮助教师更好地学习理论、

①　田晓苗、石连海：《教师培养：从去师范化到新师范教育》，《国家教育行政学院学报》2019 年第 3 期。

②　宋京双：《教师专业发展的三重指向：理论学习、现实审视与实践技能》，《教育理论与实践》2021 年第 16 期。

运用理论。其次，通过反思来研究教学是教师教育者扮演好示范者角色的重要方法。经由反思，教师回顾和再现自身课堂的情境，寻找教学活动之间内在联系及其意义，帮助教师探究教学活动背后的理论基础。最后，教师教育者身体力行，将教学理论在自身的课堂中体现。如此，教师教育者的所思与所为是一致的，理论与实践是统一的，教师教育者所教授的理论就会具有很强的说服力和感召力。学习者也可以通过自身的学习经验和案例加深对所学习教育教学理论的认识和理解，这也有助于学习者在他们的教学中践行所学习的教学理论。

现实指向和实践指向是密不可分的，因为实践是教学活动的基本形态，而教学实践在现实中展开。新时代推动教师教育实践的开放协同、互动贯通是建设高素质专业化教师队伍的关键举措。在此，要求教师教育者和教师群体相互合作、深度交流、经验共享，加快教师专业发展从职前到在职各阶段的融合。而在具体的实践中，以教师教育者对准教师的引导为例，在准教师的磨课研课实践中，教师教育者要引导他们用创造性的眼光来审视每一个课例；在教学实践中，教师教育者要引导准教师在教学活动的每一个环节，如备课、上课、批改作业等环节中植入创新要素；在课堂问题分析中，教师教育者要引导准教师通过判断是否有利于教学创新来发现课堂中存在的瓶颈与弊病；在教学改革中，教师教育者要引导准教师创新自己的改革理念、改革方式、改革思路，努力打造创新驱动型改革。由此可见，这种教育元能力渗透于教师教育者指导准教师教学改进的全部环节和细节，是带着一种反观教学的姿态、研究教学的心态、催生教学转变的意图来指导准教师的教学发展的。

二 构建新时代教师教育课程体系的责任

教师教育课程指教师教育机构为培养幼儿教师、小学教师和中学教师而开设的旨在提高教师的教育教学素养的教育专业课程，通常也称作教育类课程。① 教师教育课程对教师培养起着关键作用，在很大程度上决定着教师培养的质量。

---

① 胡惠闵、崔允漷：《〈教师教育课程标准〉研制历程与问题回应》，《全球教育展望》2012 年第 6 期。

新时代教师教育要凸显特色，需要突破原有的课程体系，构建符合时代特征的课程体系，构建和完善教师教育课程体系是教师教育者必须承担的责任。在一项对 15 所地方师范院校 45 份教师教育专业人才培养方案的文本分析中发现，教师教育课程结构逐步优化，通识教育课程范围和内容扩充，教育专业课程呈现多元化，实践课程有所强化和拓展。教师教育课程呈现从"知识本位"向"能力本位"的转变，然而，课程缺乏整合性和生成性，课程体系缺乏纵向梯度设计。[①] 故此，为满足新时代教师队伍建设的需求，教师教育课程体系的构建应该立足于"专业实践者"培养，围绕教师的专业实践组织理论课程。[②]

首先，教师教育者是教师教育类课程体系的制定者。因为"专业工作者所需要的培养主要是发展植根于基础原理的实践知识和能力"，所以，教师教育课程应定位于"专业实践者"培养。[③] 对于准教师而言，因为并未参与真正的教学实践，所以其专业实践性主要依靠教师教育者制定的课程体系；对于一线教师来说，虽然具有实践经验，但这种经验是并未进行深加工的实践经验，需要教师教育者对其经验进行升华。所以，无论是准教师还是一线教师，都需要教师教育者制定的课程体系。有学者曾指出："教学不是技术的、固定的、设计好的活动，而是一种直觉的、创造性的、即兴的活动，是一种需要批判性思维的道德事业，以特定的语境为依托，建构良好教学实践的理论。"[④] 由此，教师教育者制定的课程体系可以让这些未来的从教者更清晰地认识教学的专业性、更理性地接受专业的熏陶和训练、更自觉地养成专业的品性，可以在有效的学习中将专业的知识与自我的经验结合，伴随着慎思的行为，建构一种独特的、个人的专业认知框架，从而影响实践的方式和效果。

其次，教师教育者是教师教育课程的实施者。教师教育课程，尤其是理论课程，主要是由教师教育者实施的。教师教育者根据准教师或者

---

① 万东升、赵倩：《"新师范"背景下教师教育课程改革进展与反思——以 15 所地方师范院校人才培养方案为例》，《黑龙江高教研究》2021 年第 11 期。

② 蒋茵：《基于实践的教师教育课程实践路径的建构》，《当代教育科学》2018 年第 1 期。

③ 崔允漷、王少非：《教师专业发展即专业实践的改善》，《教育研究》2014 年第 9 期。

④ David Phillips, Vernon Mallinson and et al., "Reflective Teaching", *International Encyclopedia of Education*, *Oxford Review Education*, Vol. 12, No. 1, 1986.

一线教师的切实需求,以"实践之理论"① 的融合方式,改善理论课程在实践中的价值地位,形成一种"把理论引入实践,把实践引入理论"的良性教师教育课程实践机制。教师教育者不仅对理论课程产生影响,还会"自觉把核心实践与方法课程联系起来,便于新教师建构持续而有积累的经验"②。这种课程整合有助于未来从教者审视和理解复杂实践的特征,自觉形成一种专业的视角,避免"碎片化"的课程和"零星式"的观念对教学实践造成的低效化和无效化,用相关理论来滋养实践运作,体现了教师教育者的专业性。

最后,教师教育者是教师教育课程的评价者。教师教育者对教师教育课程的评价体现在两个方面:一是对学习该课程学生的评价。无论是准教师还是一线教学,在学习完相关的课程后,都会对自身的专业发展产生影响,教师教育者通过评价、评估自身学习所得,能够促进教师队伍的发展。二是对课程本身的评价。教师在课程实施中、实施后对课程进行评价,能更清楚地了解学生所需、课程所欠缺的部分,能够为教师教育课程进一步建设出谋划策。

三 承担教师教育文化建设的责任

党的二十大报告指出:"坚守中华文化立场,提炼展示中华文明的精神标识和文化精髓,加快构建中国话语和中国叙事体系。"③ 教师教育文化是在师范教育机构和教师的共同努力下,在有利于教师终身专业成长的制度保护下,充分利用当前的物质资源,逐步形成的专业教师职业行为的过程和结果。④ 新时代背景、新发展格局之下的教师教育需要改革和转型,新旧教师教育文化相融,教师教育者在参与构建新时代高质量教师教育体系的同时,承担着重大的教师教育文化建设责任。

---

① 杨燕燕:《论教师职前实践教学的取向转换》,《教育研究》2012 年第 5 期。
② 龙宝新:《当代美国教师教育课程改革的焦点与态势》,《当代教育与文化》2015 年第 6 期。
③ 习近平:《高举中国特色社会主义伟大旗帜 为全面建设社会主义现代化国家而团结奋斗——在中国共产党第二十次全国代表大会上的报告》,人民出版社 2022 年版,第 45 页。
④ 张兆丰:《文化学视域下体育教师教育文化的传承与创新研究》,硕士学位论文,郑州大学,2021 年。

首先，教师教育者承担着丰富教师教育文化内容的责任。教师教育文化是不断丰富和发展的，其中一大来源便是教师教育者。教师教育者既是教师教育文化的传播者，又是教师教育文化的生产者。教师教育者对教师文化的生产通过两方面实现：一方面，教师教育者自身的文化积淀和素养积淀会成为一种潜在的教师教育文化；另一方面，教师教育者在教学过程中，不断积累实际的教学经验，进而将其荟萃成新的教学文化。

其次，教师教育者承担着创新教师教育文化传播途径的责任。教师教育文化是教育的根基与精华，应该源远流长地传递下去。为此，教师教育者一方面需要在教学中渗透教师教育文化，使师范生和教师浸润在教学文化的氛围中；另一方面，教师教育者应创新教师教育文化的传播途径，使教师教育更好地传递。技术是社会进步的直接动力，亦可成为教师教育文化传播的有力助手。当前，人工智能、智慧学习等全面进入教师教育，加快了教师教育的转型升级，未来为教师教育者传播教师教育文化赋能也势在必行。另外，教师教育者可依据以德为先、修养为基、知行合一、能力为本的实践教学指导思想，综合运用大数据、物联网、云计算等新技术，推动实践实训智能化建设，推动教师学、练、用、测、管一体化建设，进而从侧面推动教师教育文化的传播。

第四节　新时代教师教育者的多重角色

"角色"是人们对处在一定地位上的人的行为期待。[①] 这种期待或许来自职业群体、工作部门，或许来自社会。林顿在《个性的文化背景》中将角色理解为行为期待或规范，他认为："角色是地位的动力方面。个体在社会中占有与他人地位相联系的一定地位。当个体根据他在社会中所处的地位而实现自己的权利和义务时，他就扮演着相应的角色。"[②] 对

---

① ［英］迈克尔·曼编：《国际社会学百科全书》，袁亚愚译，四川人民出版社1989年版，第581页。

② 贾永堂：《大学教师考评制度对教师角色行为的影响》，《高等教育研究》2012年第12期。

于教师教育者而言，其角色不仅是对职前教师和在职教师进行教育的培训者，更是以满腔热忱投身于教师教育活动的教育家。

荷兰学者贝加德指出："教师的专业身份包含了可能和谐也可能不和谐的子身份。"① 教师教育者的身份构成更是如此，它不仅是多个职业子身份的叠加，更是核心身份的合成。例如，有研究者认为："教师教育者至少应该扮演以下三种角色：教师教育知识的生产者、教师专业合作的引领者以及教师教育文化的推动者。"② 也有研究者提出："重塑教师教育者的形象，积极实现从指导型向服务型、从教育理论的传授者向教师发展的促进者的转变是当代教师教育者赖以生存的立基点。"③ 由于教育研究越来越重视教师教育的实践特质，对于实践课程给予了很多关注，因此也有研究者从指导见实习角度入手，分析了教师教育者五个相互交织的角色：观察者、指导者、反馈提供者、顾问、评估者。④

我们认为，教师教育者的角色应该主要包含三个方面：第一，教师教育者必须首先是教育实践者。教师教育者必定过去是、现在是、将来也是一名有基础教育实践经历与担当的实践者，是基础教育实践者与教师教育实践者的合体，所以教师教育者最基本的角色是教育者；第二，教师教育者作为教师的教师，是教师专业发展的激励者、指导者、协调者等；第三，研究教育实践、开展学术研究、形成理论成果是教师教育者作为研究者的基本工作，一个不会研究、反思、统观教育实践，不会提炼观点、理念、思想的教师教育者是不可能把教师学习者带向理想高度、专业境界的，所以从这个角度上，教师教育者亦是一名研究者。

一　教师教育实践者

教师教育者的职业实践可以归结为一个"教"字，教师教育者的专

---

① Beijaard Douwe, "How Do You Become a Teacher Educator", July 2011（http：//www. kennisbasislerarenopleiders. ni/english/documents/Professiontheory3. pdf）.

② 康晓伟：《教师教育者：内涵、身份认同及其角色研究》，《教师教育研究》2012 年第1 期。

③ 李红亚：《论服务型教师教育者》，《教学与管理》2010 年第12 期。

④ Michal Golan and Göran Fransson，*Becoming a Teacher Educator*：*Pressional Codes of Conduct*：*Towards an Ethical Frame Work for Novice Teacher Educators*，New York：Springer Publishers，2008，p. 50.

业化，就体现在教师职业实践的"教"，所以对于教师教育者而言，"教育实践者"是其基本角色。

教师教育者是实践者的表现之一便是教师教育者作为教师的教师，主要职责是通过教学活动培养未来的中小学教师。从这个角度上讲，教师教育者必须通过教育实践影响、培养一线教师，而且要想实现上述目标，教师教育者必须深入了解中小学教育一线，研究中小学教育的实践问题，提升自己的教育实践研究和指导能力。只有这样，教师教育者才能真正指导师范生，使其成为适应基础教育发展需要的教师。教师教育者是实践者的表现之二便是融通教育理论和教育实践。这种融通要求教师教育者在教育理论和教育实践之间搭建桥梁，带领准教师游走于教育理论和实践之间，在教育理论的滋养下审视教育实践，在教育实践背后挖掘教育理论，实现理论与实践的融会贯通，从而真正促进准教师的专业成长。

值得注意的是，教师教育者的实践和一线教师的实践存在差异。一线教师也是教育实践者，但是其实践性是对于实践活动的体验、感悟所形成的充满感性体验的实践智慧，这种实践智慧的优点在于实践体验的真切性和实践感悟的真实性，但是往往表现出"不识庐山真面目，只缘身在此山中"的缺憾。① 教师教育者的实践与之不同的是，教师教育者更多的是带着一种旁观者或者研究者的身份审视和研究教育实践，进而形成自己对于教育实践的实践智慧。因此，教师教育者的实践者身份更多表现出一种理性指导下的实践智慧。这种实践智慧往往表现出鲜明的理论色彩——这也成为教师教育者指导一线教师和准教师的前提条件。

二 教师教学示范者

根据荷兰的斯文奈恩等人的研究，示范教学的价值以及如何解释这一示范活动是教师教育者的身份区别于中小学教师和高等教育教师的关键要素。② 事实上，在有关教师教育者的研究中，示范是一个相当重要的

① 徐祖胜：《我国高校教师教育者专业素养研究》，博士学位论文，东北师范大学，2021 年。
② VELON, "Knowledge Base of Teacher Educators: Theoretical Framework", July 2011 (http://www. kennisbasislerare nopleiders. nllenglish/documents/Professiontheory3. pdf).

研究主题，处于核心地位。学者迈克尔也特别提到，教师教育者的示范不仅能促进准教师的专业发展，而且有助于教师进行反思。此外，对教师教育者自身而言，示范者的身份促进了教师教育者自身的教学。[①] 教师教育者既是品德示范者，又是知识与能力的示范者。

首先，教师教育者是品德的示范者。"学高为师，身正为范。"为人师表是对所有教师共同的要求，但是对于教师教育者而言，示范性有着更加丰富和具体的含义。教师教育者的示范，首先是表现在品德和一般意义上的行为示范，是一种具体的无时无刻可能发生的师德品行的示范，会潜移默化地影响教师学习者未来的教学选择和行为，因为"相比较教师传授的教学知识，学习者更愿意模仿教师的教学行为"，"教师教育者的示范性指从事教师培养活动中所表现的特性，而不仅仅指能够作为普通教师的一般属性"[②]。

其次，教师教育者是知识与能力的示范者。具体而言，一方面，教师教育者在为准教师进行示范的过程中，包括了教学示范、科研示范、终身学习示范等一系列知识与能力的示范。所以，教师教育者"在授导知识的同时，要通过自身的教学行为示范如何做教师、如何教学，这是教师教育者独有的专业性表现"；另一方面，教师教育者的教学行为"是对他们自己正在从事的教师这一职业要求的最佳解释"，所以，教师教育者教学能力中的示范性表现在教师教育者能够在教学中审慎地处理好自己课堂中教与学的问题，能够结合自己的教学实践引导教师学习者理解什么是好的教学、怎样做对提高教学的有效性更有意义，即"展现你所描述的、示范你所倡导的"。教师教育者必须为教师学习者提供更专业的教学指导，教师教育者需要有能力把教学理论转译成教学实践的语言，成为"连接教学理论和学校教学实践的桥梁"，通过教学的"示范"使教师学习者"透过实践的过程领会理论的意蕴与价值"。平衡处理预成与生成、引导促进学习共同体等能力都是这些要求下的具体体现。[③]

---

① Mieke Lunenberg, Fred Korthagen and Anja Swennen, "The Teacher Educator as a Role Model", *Teaching and Teacher Education*, Vol. 23, No. 5, 2007.

② 李玲、扶斌：《高师院校教师教育者师范性的追问》，《学园》2010 年第 3 期。

③ 刘鹂：《论教师教育者教学能力要素、结构与特征》，《课程·教材·教法》2016 年第 9 期。

三　教师实践指导者

教师教育者指导者的身份有两个阶段：第一阶段是指导在校的准教师即师范生的学习；第二阶段是对教师职后的指导。所以，指导者角色的扮演一方面架设起教师所掌握的理论知识和实地教学实践之间的桥梁，是教师职业发展和新教师成功入职的保证，[①] 另一方面是加速教师专业成长的通道。

在对师范生和准教师进行职前的指导上，教师教育者因为同时掌握学生学习的规律和教师教学的方法，所以除了提供课程相关信息、帮助准教师解决课堂教学管理中遇到的问题，指导者还可以做出有效教学的示范供教师观察和评判，展示自己在教学改进中可能会出现的失误，以及困惑和迷惘，并引导准教师开展聚焦于教学实践的对话与反思。

在指导教师专业化成长的道路上，教师教育者可为教师的观念、知识、能力、专业态度和动机、自我专业发展需要提供支持和指导。斯里科研究了教师教育者的角色后，认为教师教育者是师范生与实际的学校教育实践的桥梁。[②] 由此看来，作为指导者的教师教育者，有责任帮助教师确立研究方向、推荐适当的研究方法、鼓励他们加入研究者行列，并支持他们撰写和发表研究报告。能够以赞赏的态度倾听、系统归纳听到的内容，并做出能够促进教师创造性参与其中的反馈，是指导者应该具备的重要特征。作为指导者的教师教育者应该能够提出针对性问题，以激励教师做更深入的探究；还应该通过为教师开辟更多的研究空间，帮助教师成为更专业的教育研究者。

四　教师教育研究者

根植于教师实践性反思、教师行动研究、教学学术以及教师教育者教学专业化发展需求，"研究者"亦是教师教育者所承担的重要角色。其中，研究的内容主要包括教师教育者的学术、教师教育者的教学以及教

---

① 李芒、李岩：《教师教育者五大角色探析》，《教师教育研究》2016 年第 4 期。

② K. Slick Susan, "The University Supervisor: A Disenfranchised Outsider", *Journal of Teaching and Teacher Education*, Vol. 14, No. 8, 1998.

师教育课程的开发。

1. 学术研究者

学术研究能力指一个人拥有的从事学术研究的素质。这首先要求研究者具有问题意识，即能够发现并提出问题，具体来说还包括收集与整理文献、生成与厘定概念、提出学术命题、设计研究、对学术前沿具有敏感性等。教师教育者作为研究者，理应具备学术研究的能力，因为学术研究本身既是"大学的本体性功能"[①]，又是教师教育者专业发展的基础。第一，教师教育者的学术研究需要广泛阅读专业领域内的相关文献，了解不同类型的研究，并且做出价值判断；需要关注教师教育者这一研究领域的热点问题，并依据教学实践和前人的理论提出有意义的研究问题。第二，教师教育者需要重视思维模式的训练，多运用批判思维去看待问题，多角度思考，这样才有可能得到与其他人不同的创新想法。第三，教师教育者要勤于论文的写作，将发现的问题和所做的思考记录下来，向目标读者清晰、准确地表达自己的观点，细致呈现研究过程，让其他研究者了解并评价他们的研究。

2. 教学研究者

研究教学指教师有计划地采用资料收集、分析和解释的方法，系统地对教学现象和教学问题进行探讨分析的活动。研究教学与"反审教学""创新教学"一样，都以教学为主要对象，其区别在于："研究教学的能力"之"研究"比"反审"更有计划性和系统性，更加强调研究方法的应用。"研究教学"由四部分组成，分别是"理解国内国际教学研究新动向""探讨基础教育教学中现实问题""研究教师教育教学问题与需要"以及"针对教学问题开展自我研究"。

"理解国内国际教学研究新动向"反映了教学研究基础性要求。教师教育者立足教学发展前沿，通过了解和领会国内国际教学研究的新成果、新趋向，为研究教学确立较高的起点和稳固的基础。"探讨基础教育教学中现实问题"和"研究教师教育教学问题与需要"反映的是教学研究领域性要求。教师教育者作为教师教育的主体，探讨教师教育自身存在的

---

① 桑元峰、何菊玲：《大学教师学术能力新论》，《陕西师范大学学报》（哲学社会科学版）2014 年第 4 期。

教学问题以及如何通过教学更好地满足学习者学习、发展的需要等问题是教学研究的基本任务。同时，教师教育要为基础教育服务。若要培养出真正为基础教育所需要的人才，教师教育者应对基础教育的教学特点、发展变革和困境有所了解，探寻、分析和研究基础教育教学特点及现实问题的能力也是教师教育者必需的教学能力。"针对教学问题开展自我研究"反映的是教学研究实践性要求。有专家认为，虽然我们很早就倡导教师反思自己的教学实践，但教师教育者们并没有践行他们倡导教师们做的事情，即研究自己的教学实践。自我研究"是为了更好地理解关于教学'教'与'学'问题而进行的研究"①。自我研究就是教师教育者选择自己在教学实践中实际遭遇的矛盾、冲突和困惑的问题，使用叙事、传记、教学日志、教育故事等方法进行研究，在研究中解决教学问题从而获得教学新知。自我研究是基于反思、在实践中学习、在他人质疑中发展的"'教'与'学'相互增长的过程"②，在"促进教师教育者的专业发展中扮演着极其重要的角色"③。

3. 教师教育课程研究者

作为教师教育课程研究者的教师教育者发挥的主要作用包括使用、改编、补充与开发课程。④ 教师教育者是教师教育知识的创造者，课程开发的过程是教师教育者与教师共同成长的过程，是他们的思想认识与教学实践转变的过程。教师教育课程的开发与教师教育者自身的职业发展相互依存。⑤ 参与课程开发的教师教育者应该掌握前沿的学科内容知识、了解人类学习科学研究的近期发现并愿意尝试新的教学方法和改变对自身角色的认识，这一点恰恰与当前教师教育者职业发展要求中的"教中

---

① John Loughran, "Researching Teaching about Teaching: Self-Study of Teacher Education Practices", *Journal of Studying Teacher Education*, Vol. 1, No. 1, 2005.

② 吕立杰、刘静炎：《在理论和实践之间教与学——西方国家教师教育者"自我研究"运动述评》，《全球教育展望》2010 年第 5 期。

③ 陈时见、王春华：《美国教师教育者的专业发展取向及启示》，《比较教育研究》2012 年第 11 期。

④ 李芒、李岩：《教师教育者五大角色探析》，《教师教育研究》2016 年第 4 期。

⑤ Saad Shawer, Deanna Gilmore and Susan Rae Banks-Joseph, "Student Cognitive and Affective Development in the Context of Classroom-Level Curriculum development", *Journal of the Scholarship of Teaching and Learning*, Vol. 8, No. 1, 2008.

学"趋势吻合。教师教育者使用的课程开发策略包括宏观和微观两类：宏观策略包括教学材料的撰写和评价，课程的改进、发展、补充、调整、计划、实验、设计和扩展；微观策略包括多渠道获取信息、教材作为平台、贯穿教法内容，还包括教学材料优选、弹性排序、课题增补和任务调整等。①

---

① Saad F. Shawer, "Classroom-Level Curriculum development: EFL Teachers as Curriculum-Developers, Curriculum-Makers and Curriculum-Transmitters", *Teaching and Teacher Education*, Vol. 26, No. 2, 2010.

第二章

西方教师教育者研究知识图谱与
可视化分析

"教师教育者"的英文为"Teacher Cducator",指"教师的教师"。西方国家"教师教育"（Teacher Education）的概念早在20世纪30年代就已经出现,[①] 而在中国,"教师教育"这一概念直到1989年才在学术期刊中出现,"教师教育者"这一名词直至2001年才在教师教育研究领域中被首次提出。[②] 教师教育是教育事业的工作母机,是提升教育质量的动力源泉,从中国相关的政策文件中,可以一窥对教师教育队伍建设的需求和导向,例如,教育部等五部门于2018年印发《教师教育振兴行动计划（2018—2022年）》,强调了教师教育质量对提升教师素质能力和建设高素质专业化创新型教师队伍的重要作用,要求"建强做优教师教育,推动教师教育改革发展,全面提升教师素质能力"[③]。著名学者卡普兰认为"大学教师质量的高低对学生的学习结果具有最重要的影响"[④],欧洲委员会的报告也证实了教师教

[①] 《教师教育指导全书》课题组:《教师教育指导全书（上卷）》,人民日报出版社2004年版,第83页。

[②] 朱旭东:《国外教师教育的专业化和认可制度》,《比较教育研究》2001年第3期。

[③] 《教育部等五部门关于印发〈教师教育振兴行动计划（2018—2022年）〉的通知》（http://www.moe.gov.cn/srcsite/A10/s7034/201803/t20180 323_331063.html）。

[④] L. S. Kaplan and W. A. Owings, *Teacher Quality, Teaching Quality and School Improvement*, Bloomington: PhiDelta Kappa Press, 2002, p.56.

育者对教师教育质量的提升发挥着至关重要的作用。① 教师教育者作为教师的教师，承担着培养准教师和促进教师专业学习及成长的重任，是教师高质量培养和专业化发展的关键所在，对教师教育改革和基础教育改革都具有重要的影响。

近年来，中国也涌现不少研究西方教师教育者的论文。例如，黄敏通过对国外教师教育者专业化发展状况的研究，发现国外教师教育者的专业化发展研究主要涉及教师教育者专业化标准研究、身份认同研究、角色研究和发展途径研究四个方面。② 吕立杰和刘静炎从形成与发展、含义与核心思想、意义与局限三个方面对西方国家教师教育者的"自我研究"运动进行了述评，提出了在自我研究中身体力行，公开、合作与重构，观照"活"的矛盾等主张。③ 杨秀玉和孙启林对西方教师教育者从专业角色、压力与挑战、专业知识与能力、专业标准及评价四个方面进行了研究，指出了西方教师教育者研究对加强中国教育实习指导教师的研究与培训的借鉴意义。④ 这些研究无疑对促进中国教师教育者研究的深入发展有着非常积极的借鉴意义。但从目前的研究文献数量来看，中国学者基于西方教师教育者研究文献的内容分析与数量挖掘仍然不多，已有的研究多侧重于某一主题，个别系统性的研究所包含的文献还不够丰富。鉴于此，本书将借助 CiteSpace 5.7. R2 及 Bicomb 2.0 书目共现分析系统等可视化分析软件，对西方教师教育者的相关研究展开知识图谱分析，探讨西方教师教育者研究现状与热点，以期帮助相关研究者把握这一领域的发展脉络与走向，并为后续开展本土化的相关研究提供借鉴。

---

① Rebecca Eliahoo, "Teacher Educators: Proposing New Professional Development Models within an English Further Education Context", *Professional Development in Education*, Vol. 43, No. 2, May 2016.

② 黄敏：《国外教师教育者的专业化发展研究综述》，《外国教育研究》2012 年第 12 期。

③ 吕立杰、刘静炎：《在理论和实践之间教与学——西方国家教师教育者"自我研究"运动述评》，《全球教育展望》2010 年第 5 期。

④ 杨秀玉、孙启林：《教师的教师：西方的教师教育者研究》，《外国教育研究》2007 年第 10 期。

第一节　西方教师教育者研究概况

一　研究思路

1. 文献选择

本书以 Web of Science① 数据库中的 Core Collection 核心合集为数据源，检索年份不限，文献语种选择为英语。以"教师教育者"（Teacher Educators）为主题对文献进行检索，检索截止时间为 2021 年 7 月 31 日，共得到 6865 篇文献。为避免不同检索词造成的文献数据重复、保证检索结果的有效性和准确性，进一步利用 CiteSpace 软件的数据预处理功能对检索到的数据进行除重过滤，最终得到符合条件的文献 5328 篇，作为本节的研究对象。

2. 研究方法

本书主要借助 CiteSpace 软件对收集到的西方教师教育者相关文献进行两方面的分析：第一，对文献发表年度、地区、作者等基本分布特征进行分析，以从宏观层面把握西方教师教育者研究的基本情况；第二，对文献数据进行文献共被引分析，挖掘在教师教育者研究领域具有高中心性和重要影响力的文献，以把握研究的知识基础。

二　文献分布情况

1. 年度载文量分析

学科发文量在一定程度上能反映该领域学术研究的发展动向。② 就教师教育者研究相关文献的年度分布来看（见图 2 - 1），西方有关教师教育者的研究在 2010—2020 年总体呈上升趋势，表明该主题逐渐成为教师教育研究领域的热点议题。从不同年份的载文量来看，西方教师教育者相关研究的发展可大致划分为 3 个阶段：2000—2007 年为低位平稳发展阶

---

① Web of Science 是全球获取学术信息的重要数据库，因研究团队所使用的是 2000 年以后的数据，故检索到的相关文献最早发表年份为 2000 年，特此说明。
② 侯雨佳、张俊芳、邓猛：《近十年国际特殊教育信息化研究的热点与知识基础——基于 Web of Science 期刊文献的可视化分析》，《中国特殊教育》2021 年第 1 期。

段；2008—2014 年为平稳发展阶段；2015—2020 年为高位快速增长阶段，在此阶段，2015 年、2016 年、2017 年的年载文量超过 440 篇，2018 年、2019 年和 2020 年的年载文量更是多达 524 篇、713 篇和 815 篇。至此，西方有关教师教育者的研究被推向了新的高度。

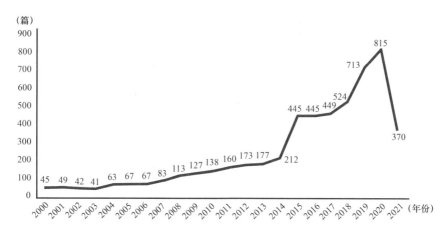

图 2 - 1　西方教师教育者研究年度载文量

2. 地区分布分析

对文献数据的国家合作网络进行分析，可以从宏观层面了解不同国家在教师教育者研究中的发展和贡献程度。在 CiteSpace 中，将节点设置为"国家"，运行后形成了国家的合作网络知识图谱，由于知识图谱统计后的国家数有 113 个，为了更清楚地呈现重要地区在教师教育者研究中的发文情况，知识图谱中仅对发文量排名前 10 的国家进行集中呈现，见图 2 - 2。

对图 2 - 2 所示知识图谱，可以从大小和颜色两个方面进行解读。首先，图中不同的圆圈代表不同的国家，圆圈和其所对应的字体大小代表不同国家的发文数量：圆圈越大，代表该国发文数量越多；圆圈越小，则表该国示发文数量越少。其次，圆圈颜色的不同表明不同国家在教师教育者研究领域的中介中心性不同，CiteSpace 软件中中介中心性超过 0.1

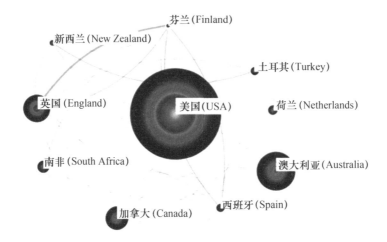

图 2 - 2　西方教师教育者研究地区分布情况

的节点一般被称为关键节点，在图谱中显示为深灰色圆圈。① 西方教师教育者研究发文量排名前 10 的国家和其发文数量依次为：美国 2580 篇、澳大利亚 564 篇、英国 308 篇、加拿大 286 篇、南非 159 篇、荷兰 121 篇、西班牙 101 篇、土耳其 95 篇、新西兰 81 篇、芬兰 73 篇。可以看出，在发文数量方面，美国在这一研究领域处于绝对的核心地位，掌握着教师教育者研究领域的主要话语权。同时，中介中心性大于 0.1 的有美国（0.53）、澳大利亚（0.24）、英国（0.18）和加拿大（0.11），表明这 4 个国家是该领域发文的关键地区，对西方教师教育者研究作出了较大贡献。

3. 学术机构分析

在发文量和中介中心性排名前列的国家中还形成了以世界一流大学为核心的学术研究机构。对学术研究机构的分析可以从中观层面把握主要机构在教师教育者研究领域中发挥的作用。对发文量排在前 10 的机构进行统计排序，从表 2 - 1 可以看出，排名前 10 的学术机构中有 8 所是美国的大学，可见以北卡罗来纳州立大学为代表的美国学术机构在教师教

① 李杰、陈超美：《CiteSpace：科技文本挖掘及可视化》（第 2 版），首都经济贸易大学出版社 2017 年版，第 93 页。

育者研究领域有着非常重要的地位。同时，澳大利亚的莫纳什大学和加拿大的多伦多大学也围绕教师教育者专业素养相关议题进行了一定的探索和研究，并取得了不错的成果。另外，从数据统计的角度来看，这 10 所学术机构的发文总量为 639 篇，仅占所搜集文献总量的 12% 左右。据 CiteSpace 统计的机构相关数据，共有 1100 余所大学发表教师教育者相关的文章。因此，排名前 10 的学术机构发文量占文献总量的比例并不高。可见，教师教育者相关议题已经开始被世界范围内的更多大学机构关注和研究。

表 2 - 1　　　　　西方教师教育者研究前 10 名机构分布情况

排序	机构名称	发文量（篇）
1	北卡罗来纳州立大学（North Carolina State University）（美国）	77
2	俄亥俄州立大学（Ohio State University）（美国）	74
3	密歇根州立大学（Michigan State University）（美国）	73
4	莫那什大学（Monash University）（澳大利亚）	72
5	亚利桑那州立大学（Arizona State University）（美国）	61
6	威斯康星大学（University of Wisconsin）（美国）	59
7	多伦多大学（University of Toronto）（加拿大）	59
8	伊利诺伊大学（University of Illinois）（美国）	56
9	佐治亚大学（University of Georgia）（美国）	54
10	弗吉尼亚大学（University of Virginia）（美国）	54

4. 核心作者分析

从微观层面来看，西方教师教育者研究领域还涌现了一批具有较高影响力的学者。利用 CiteSpace 软件的作者合作网络分析功能，可以统计该领域内发文量较多的学者，发文量排在前 5 的作者如表 2 - 2 所示。从检索到的文献数据来看，罗拉·贾斯蒂斯就职于美国俄亥俄州立大学，是所有作者中在西方教师教育者研究领域发文最多的，共发文 21 篇，总被引 728 次。肖恩·皮斯塔同样就职于美国俄亥俄州立大学，且与罗拉·贾斯蒂斯有着密切的合作关系，其在领域内发表的 14 篇文章中有 12 篇是与罗拉合作完成的，总被引 345 次。克里斯多夫·布朗是美国得克萨斯大学奥斯汀分校的学者，在教师教育者领域内发文 11 篇，总被引 113 次，主要对职前教师教学的理念与实践进行探索。安德鲁·理查兹任职于美国伊利诺伊大学，发表职前体育教师社会化相关文章 10 篇，共被引 39 次。克莱尔·科斯尼克是加拿大多伦多大学在教师教育者相关领域的主要代表学者，主要通过实证的方式研究成为教师教育者应该具备的素养，共发表相关文章 9 篇，总被引 100 次。

表 2 - 2　　　　　　　　　西方教师教育者研究作者分布情况

序号	作者	发文量（篇）
1	罗拉·贾斯蒂斯	21
2	肖恩·皮斯塔	14
3	克里斯多夫·布朗	11
4	安德鲁·理查兹	10
5	克莱尔·科斯尼克	9

三　知识基础

某一学科或领域内文献的共被引分析能够揭示该学科或领域的知识基础。针对某一学科或研究领域知识基础的分析，主要通过对一组共被引频次和中心性都比较高的关键文献获得，被引频次和中心性高低可在一定程度上反映文献的学术影响力和经典程度，[①] 通常被引频次高的文献为学科或领域内被广泛认同的经典文献，相关研究者往往将这些文献所传达的知识和观点作为后续相关研究的重要知识基础。借助 CiteSpace 软件，将节点设定为"被引文献"，对西方教师教育者研究领域自 2000 年以来的文献进行共被引分析，生成文献共被引知识图谱。同时，罗列共被引 15 次以上的关键文献，共 11 篇（见表 2 - 3），这些关键文献从政策基础、理论基础和方法论基础等方面为西方教师教育者的研究提供了知识基础。

---

① 梅伟惠、郑璐：《国际与比较教育研究热点主题与未来展望——基于三种 SSCI 期刊的文献计量与可视化分析（2000—2019 年）》，《比较教育研究》2020 年第 11 期。

1. 西方教师教育者研究的政策基础

通过表 2-3 可知，美国《新一代科学教育标准：源自各州，面向各州》和《共同核心国家标准》等政策文件构成了西方教师教育者研究领域的政策基础。职前教师的培养和教师教育者的专业发展应该以国家政策为依据。美国华盛顿大学的马克·温德赛克特和密歇根州立大学的戴维德·斯特鲁普指出，学生、教师和教师教育者都有责任学习国家政策并在教育系统中发挥新作用，他们强调教师教育者应结合《新一代科学教育标准：源自各州，面向各州》培养职前教师，以使职前教师具备相应的教不同背景学生学习科学和参与科学知识建构的专业素养。① 美国堪萨斯大学的学者梅琳达·莱克及其合作者总结了《共同核心国家标准》下学校教育和特殊教育的发展趋势及对特殊教师教育者的需求，指出教师教育工作者可以将此标准作为基础框架，以促进特殊教育的教师培养和特殊教师教育者的卓越表现。②

2. 西方教师教育者研究的理论基础

从高频共被引文献的统计结果来看，西方教师教育者研究领域通常将教育学和社会学中与教育公平或教师专业发展等相关的经典理论作为其主要的知识基础，用以解释教师教育者的相关问题。其被引频次最高的文献是巴西著名教育家保罗·弗莱雷的著作《被压迫者教育学》，他在书中从文化人类学的角度介绍了其有关教育解放的理论与实践，在世界范围内产生了重要的影响。美国加利福尼亚大学的帕特丽夏·巴克达诺-洛佩斯等人引用弗莱雷识字教育能够解放儿童和他们的父母并赋予其权力的观点，指出教师教育者应该明确家长参与对教育公平的影响，意识到家庭教育的局限性和可能性，积极将家长在家校互动中展现的知识可视化并加以利用。③ 安迪·哈格里夫斯的《专业资本：变革每所学校

---

① Mark A. Windschitl and David Stroupe, "The Three-Story Challenge: Implications of the Next Generation Science Standards for Teacher Preparation", *European Journal of Teacher Education*, Vol. 68, No. 3, April 2017.

② Melinda M. Leko, Mary T. Brownell and et al., "Envisioning the Future of Special Education Personnel Preparation in a Standards-Based Era", *Journal of Exceptional Children*, Vol. 82, No. 1, May 2015.

③ Patricia Baquedano-López, Rebecca Anne Alexander and Sera J. Hernandez, "Equity Issues in Parental and Community Involvement in Schools: What Teacher Educators Need to Know", *Journal of Review of Research in Education*, Vol. 37, No. 1, March 2013.

的教学》也是重要的共被引文献，组成了西方教师教育者研究的理论基础。挪威奥斯陆大学的托恩·德格达尔和爱尔兰都柏林大学的夏兰·萨格鲁引用安迪在专业资本理论中"应对"（Coping）的概念，对 4 位爱尔兰教师在专业认证过程中经历的专业职责、义务、生存和应对策略进行了调查和批判性讨论，并指出创造性应对对于促进和维持教师教育者专业责任的重要性。[①]

3. 西方教师教育者研究的方法基础

在排名前 11 的高频共被引文献中，有 5 部介绍质性研究的书籍，分别为《质性研究及研究设计：五种方法的选择》《个案研究：设计与方法》《质性研究人员编码手册》《定性数据分析：扩展资料手册》《质性研究及研究设计：五种传统的选择》。这表明西方教师教育者研究领域多采用质性研究的方法，有关质性研究的介绍为研究者后续研究的设计和运用奠定了重要的方法基础。在克雷斯韦尔有关质性研究及其设计理念和原则的指导下，美国学者艾莉森·查格娜等人在教师对其所接受的有关全纳教育和协作的培养的看法的质性研究中，采用基于理论的方法，以访谈问题作为指南，提取文本中多次重复出现的想法和概念。[②] 罗伯特·K. 殷在《个案研究：设计与方法》中有关提高质性工作人员研究工作可信度的策略被西方研究者广泛运用，美国学者克里斯多夫·布朗等人在职前教师对将 iPad 应用于幼儿教学的概念和实践理解的研究中，采用成员互查、三角互证和同行核检等策略来提升研究人员工作的可信度。[③] 在《质性研究人员编码手册》中，约翰尼·萨尔达纳提出了质性研究工作者理解编码、完成研究的 6 个部分，包括访谈分析的理论背景、分析备忘录的书写过程、第一轮编码的深层结构化视图、第二轮编码概

① Tone Dyrdal Solbrekke and Ciaran Sugrue，"Professional Accreditation of Initial Teacher Education Programmes: Teacher Educators' Strategies—Between 'Accountability' and 'Professional Responsibility'?"，*Teaching and Teacher Education*，Vol. 37，No. 11，January 2014.

② Alison L. Zagona，Jennifer A. Kurth and Stephanie Z. C.，"Teachers' Views of Their Preparation for Inclusive Education and Collaboration"，*Journal of Teacher Education and Special Education*，Vol. 40，No. 3，February 2017.

③ Christopher P. Brown，Joanna Englehardt，Heather Mathers，"Examining Preservice Teachers' Conceptual and Practical Understandings of Adopting iPads into Their Teaching of Young Children"，*Teaching and Teacher Education*，Vol. 60，No. 11，November 2016.

述、编码后的步骤和基于研究及编码示例的附录，① 为西方教师教育者领域的质性研究工作者提供了详尽的研究指南。

表 2 - 3　　　　　　　西方教师教育者研究领域高频共被引文献

序号	共被引频次	作者	文献
1	100	保罗·弗莱雷 （Paulo Freire）	《被压迫者教育学》 （*Pedagogy of the Oppressed*）
2	43	约翰·W. 克雷斯韦尔 （John W. Creswell）	《质性研究及研究设计：五种方法的选择》 （*Qualitative Inquiry & Research Design*：*Choosing Among Five Approaches*）
3	39	罗伯特·K. 殷 （Robert K. Yin）	《个案研究：设计与方法》 （*Case Study Research*：*Design and Methods*）
4	36	约翰尼·萨尔达纳 （Johnny Saldana）	《质性研究人员编码手册》 （*Coding Manual for Qualitative Researchers*）
5	28	马修·B. 迈尔斯 （Matthew B. Miles）	《定性数据分析：扩展资料手册》 （*Qualitative Data Analysis*：*An Expanded Sourcebook*）
6	22	美国国家研究理事会 （National Research Council）	《新一代科学教育标准：源自各州，面向各州》 （*Next Generation Science Standards*：*For States，by States*）
7	16	帕特丽夏·A. 詹宁斯 （Patricia A. Jennings）	《教师关怀计划对教师社会、情感素养及课题互动的影响》 （*Impacts of the Care for Teachers Program on Teachers' Social and Emotional Competence and Classroom Interactions*）
8	15	约翰·W. 雷斯韦尔 （John W. Creswell）	《质性研究及研究设计：五种传统的选择》 （*Qualitative Inquiry and Research Design*：*Choosing Among Five Traditions*）

---

① Maria Lungu, "The Coding Manual for Qualitative Researchers", *American Journal of Qualitative Research*, Vol. 6, No. 1, 2022.

序号	共被引频次	作者	文献
9	15	安迪·哈格里夫斯 （Andy Hargreaves）	《专业资本：变革每所学校的教学》 （*Professional Capital: Transforming Teaching in Every School*）
10	15	琳达·达琳-哈曼 （Linda Darling-Hammond）	《有效教师的专业发展》 （*Effective Teacher Professional Development*）
11	15	美国国家州长协会最佳实践中心，美国州立学校校长理事会 （National Governors Association Center for Best Practices, Council of Chief State School Officers）	《共同核心国家标准》 （*Common Core State Standards*）

第二节　西方教师教育者研究主题

一　研究思路

1. 文献选择

由于西方有关教师教育者研究的文献总体数量较为庞大，为了更好地聚焦西方教师教育者研究的热点主题，基于研究者本人的研究经验和对国际教师教育者研究情况的基本把握，本书利用英国泰勒-弗朗西斯出版公司提供的网络平台，对其旗下有关教师教育的期刊发文进行了查阅和筛选，确定了不同期刊、不同时期的以教师教育者为主题词，以及与教师教育者研究高度相关的 60 篇文献作为本节的研究对象。涉及《教学与教师教育》《教师教育行动》和《教师教育者》等 19 种刊物。

在论文来源方面，所选择的 60 篇文献来源于 19 种不同的期刊（见表 2-4），均为教师教育研究领域的权威期刊，具有一定的代表性和科学性。就期刊的权威性而言，所选择文献的来源期刊按照其影响因子

（>0.65）排名，前9位的期刊分别为：*Teaching and Teacher Education*、*Physical Education and Sport Pedagogy*、*Teachers and Teaching*、*British Journal of Educational Studies*、*Journal of Education for Teaching*、*Research Papers in Education*、*Teaching in Higher Education*、*Scandinavian Journal of Educational Research*、*European Journal of Teacher Education*，各期刊的影响因子如图2-3所示，图中圆圈越大，该圆圈所代表的影响因子就越大，这9个期刊的影响因子依次分别为：2.183、1.872、1.158、1.133、1.111、1.033、0.814、0.768、0.695，在同类235个期刊中的排名依次分别为：30、41、110、112、117、126、157、163、173。来源期刊所选择的文献数量参见表2-4。

表2-4　　　　　　　　60篇文献来源刊物分布情况统计

序号	刊物名称	文献（篇）
1	*European Journal of Teacher Education*	8
2	*Journal of Education for Teaching*	8
3	*Professional Development in Education*	6
4	*Studying Teacher Education*	6
5	*Action in Teacher Education*	5
6	*Teaching Education*	4
7	*Teachers and Teaching*	3
8	*Teaching and Teacher Education*	3
9	*Teaching in Higher Education*	2
10	*Africa Education Review*	1
11	*British Journal of Educational Studies*	1
12	*Educational Action Research*	1
13	*Educational Research*	1
14	*Human Resource Development International*	1
15	*Physical Education and Sport Pedagogy*	1
16	*Research Papers in Education*	1
17	*Scandinavian Journal of Educational Research*	1
18	*Teacher Development*	1
19	*The Teacher Educator*	1

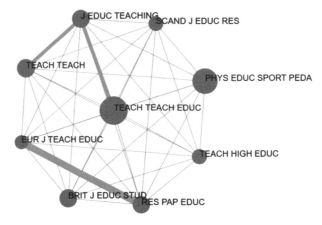

图 2 - 3　高影响因子期刊

注：图中 TEACH TEACH EDUC 代表 *Teaching and Teacher Education*，PHYS EDUC SPORT PEDA 代表 *Physical Education and Sport Pedagogy*，TEACH HIGH EDUC 代表 *Teaching in Higher Education*，RES PAP EDUC 代表 *Research Papers in Education*，BRIT J EDUC STUD 代表 *British Journal of Educational Studies*，EUR J TEACH EDUC 代表 *European Journal of Teacher Education*，TEACH TEACH 代表 *Teachers and Teaching*，J EDUC TEACHING 代表 *Journal of Education for Teaching*，SCAND J EDUC RES 代表 *Scandinavian Journal of Educational Research*。

2. 研究方法

本节的研究工具为由中国医科大学的崔雷教授和沈阳市弘盛计算机技术有限公司开发的书目共现分析系统 Bicomb 2.0① 和社会科学统计软件包 SPSS 20。

具体的研究过程为：第一，将 60 篇英文文献编码为 Bicomb 2.0 软件能够识别的 ANSI 编码文本文件；第二，将编码好的英文 TXT 文档通过新建项目的方式直接导入 Bicomb 2.0 软件，无须翻译；第三，利用 Bicomb 2.0 软件进行关键词的提取，初步提取关键词共 186 个。为提高研究的科学性和有效性，需要对提取的关键词进行标准化处理，剔除与研究无关的关键词，合并意思相近的关键词，如将"Teacher Educators"和"Teacher Educator"合并为"Teacher Educator"、将"Self-Study""Self-Study Methodology"和"Self Study Research"合并为"Self Study"，最终

---

① 崔雷、刘伟、闫雷等：《文献数据库中书目信息共现挖掘系统的开发》，《现代图书情报技术》2008 年第 8 期。

得到与研究紧密相关的关键词 169 个；第四，对关键词进行词频统计，参考关键词词频估算法，结合西方教师教育者的既有研究规模并综合考虑本书所选取的文献样本数，最终确定高频、低频词阈值为 2 次，提取 16 个高频关键词；第五，根据高频关键词生成词篇矩阵和共现矩阵；第六，将高频关键词词篇矩阵导入 SPSS 20 软件，通过样本聚类，生成高频关键词的相似矩阵和聚类树图；第七，将相似矩阵转化为相异矩阵，导入 SPSS 20 进行多维尺度分析，绘制 16 个高频关键词的知识图谱；第八，结合生成的高频关键词、相异矩阵、聚类树图和多维尺度知识图谱，对西方教师教育者的研究热点进行分析与解读。

二　关键词分析

1. 高频关键词分析

本书的有效关键词为 169 个，对标准化后的 16 个高频关键词进行排序，如表 2 - 5 所示。

表 2 - 5　　　　　　　　　　高频关键词排序

序号	关键词	频次	序号	关键词	频次
1	Teacher Educator （教师教育者）	25	9	Professional Standards （专业标准）	3
2	Professional Development （专业发展）	14	10	Higher Education （高等教育）	2
3	Professional Identity （专业角色）	10	11	Teacher Beliefs （教师信念）	2
4	Teacher Education （教师教育）	10	12	Teacher Educator Knowledge （教师教育者知识）	2
5	Teaching （教学）	5	13	Teacher Educator Preparation （教师教育者培养）	2
6	Self Study （自我研究）	4	14	Student Teacher （师范生）	2
7	Research （研究）	3	15	Academic Work （学术工作）	2
8	Professional Learning （专业学习）	3	16	Transition （转型）	2

由表 2-5 可以看出，16 个高频关键词排序呈现的总频次为 91 次，约占关键词总频次的 53.85%，这说明所选取的高频关键词在关键词样本中占有一定比重，具有一定的代表性。其中，排名前 5 位的关键词总出现频次均大于 5 次，依次为教师教育者（25 次）、专业发展（14 次）、专业角色（10 次）、教师教育（10 次）、教学（5 次），其余 11 个高频关键词的总呈现频次均大于 2 且各个关键词之间的总呈现频次差别不大。对高频关键词的统计结果初步表明，西方教师教育者的研究大多围绕教师教育和教师教育者本身的元研究、教师教育者的专业发展、专业角色和教学等方面的主题展开。但对高频关键词的分析只是文献分析的基础环节，还不足以揭示不同高频关键词之间的隐藏信息，因此还需要进一步挖掘数据。

2. 高频关键词的相异矩阵分析

为了更好地挖掘高频关键词之间的深层关系，利用 Bicomb 2.0 共词分析软件对 16 个高频关键词进行共词分析，生成词篇矩阵。将生成的矩阵导入 SPSS 20，选取 Ochiai 系数将其转化为一个 16×16 的共词相似矩阵。采用 1-相似矩阵的方法，得到关键词的 Ochiai 系数相异矩阵（见表 2-6）。相异矩阵的数字能进一步反映西方教师教育者研究中高频关键词的相异性，数字的取值在 0—1：数值越接近 1，表明关键词之间的距离越远，相似程度较低；反之，数值越接近 0，表明关键词之间的距离越近，相似程度越高。

从表 2-6 可以看出，各个关键词距教师教育者的距离由近及远依次为：专业发展（0.359）、研究（0.654）、专业标准（0.654）、教师教育（0.684）、专业角色（0.717）、专业学习（0.769）、教学（0.800）、自我研究（0.800）。这表明，在所选取的 60 篇文献中，西方研究者通常将教师教育者与教师的专业发展、研究、专业标准、教师教育的内涵和教师的职业认同结合起来呈现。对表中系数大小进一步分析可发现，专业发展与教师教育者、专业标准和科研经常在一起呈现，教学和自我研究、教师教育及职业认同较多地在一起呈现。此结果初步表明，在西方已有教师教育者研究中，经常论及教师教育者的专业发展和教学，有关专业发展的研究经常与专业标准和科研共同呈现，而有关教学的研究通常与教师教育者的自我研究和专业角色结合在一起呈现。

表 2—6　　高频关键词 Ochiai 系数相异矩阵（局部）

	教师教育者	专业发展	专业角色	教师教育	教学	自我研究	研究	专业学习	专业标准
教师教育者	0	0.359	0.717	0.684	0.800	0.800	0.654	0.769	0.654
专业发展	0.359	0	0.811	0.831	1.000	0.866	0.691	0.846	0.537
专业角色	0.717	0.811	0	0.776	0.646	0.823	1.000	1.000	1.000
教师教育	0.684	0.831	0.776	0	0.526	0.842	0.817	0.817	1.000
教学	0.800	1.000	0.646	0.526	0	0.500	1.000	0.711	1.000
自我研究	0.800	0.866	0.823	0.842	0.500	0	1.000	1.000	1.000
研究	0.654	0.691	1.000	0.817	1.000	1.000	0	1.000	1.000
专业学习	0.769	0.846	1.000	0.817	0.711	1.000	1.000	0	1.000
专业标准	0.654	0.537	1.000	1.000	1.000	1.000	1.000	1.000	0

三　热点主题聚类分析

通过聚类分析可以更为直观地呈现西方教师教育者研究的各个关键词间的亲疏程度，其基本原理为"物以类聚"，即将不同的关键词依据亲疏程度进行两两合并分类，直至所有关键词被并归。经过分类后的关键词结构性良好，同类内部的关键词相似性最大，同类外部的关键词差异性最大。

将表2-6的高频关键词Ochiai系数相异矩阵导入SPSS 20进行聚类分析，得到的聚类结果见图2-4。从聚类分析图可以直观地看出，西方教师教育者研究的高频关键词可以分为完全平行的三大领域，分别为：教师教育者的培养研究（领域1）、教师教育者的理论研究（领域2）和教师教育者的学术工作研究（领域3）。具体分布见表2-7。

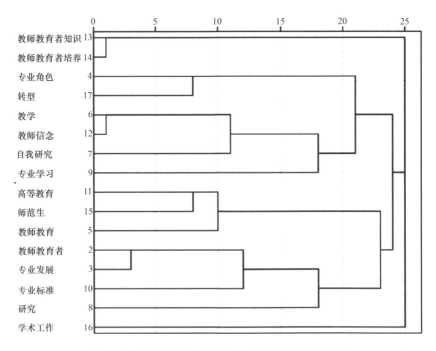

图2-4　西方教师教育者研究高频关键词聚类结果

表 2 - 7   高频关键词聚类结果

领域 1	教师教育者知识、教师教育者培养
领域 2	专业角色、转型、教学、教师信念、自我研究、专业学习、高等教育、师范生、教师教育、教师教育者、专业发展、专业标准、研究
领域 3	学术工作

　　高频关键词的聚类结果可反映不同关键词间的距离，但不能显示不同种类内部各关键词影响力的差异，因此需要借助黏合度思想，用以衡量类团内各主题词对聚类成团的贡献程度，表达每个主题在类团内的聚集过程中所起作用的程度。[①] 黏合度用以计算类团内某一关键词与其他关键词在同一篇文献中分别共现频率的平均值，平均值最大的词为某一类团的中心词，中心词对类团名称和性质的确定有至关重要的影响。利用 Bicomb 2.0 可生成 16 个高频关键词的共现矩阵（表 2 - 8）并进一步计算高频关键词的黏合度（表 2 - 9）。

表 2 - 8   西方教师教育者研究高频关键词共现矩阵（局部）

	教师教育者	专业发展	专业角色	教师教育	教学	自我研究	研究	专业学习	专业标准
教师教育者	25	12	6	5	3	2	3	2	3
专业发展	12	14	2	2	0	1	2	1	3
专业角色	6	2	10	2	2	1	0	0	0
教师教育	5	2	2	10	4	1	1	1	0
教学	3	0	2	4	5	2	0	2	0
自我研究	2	1	1	1	2	4	0	0	0
研究	3	2	0	1	0	0	3	0	0
专业学习	2	1	0	1	2	0	0	3	0
专业标准	3	3	0	0	0	0	0	0	3

---

　　①　钟伟金、李佳：《共词分析法研究（二）——类团分析》，《情报杂志》2008 年第 6 期。

表 2 - 9　　　　　　　西方教师教育者研究高频关键词黏合度

序号	关键词	黏合度	序号	关键词	黏合度
领域 1	教师教育者知识	2		高等教育	0.33
	教师教育者培养	2		师范生	0.42
领域 2	专业角色	1.08		教师教育	1.83
	转型	0.42		教师教育者	3.25
	教学	1.42		专业发展	2.75
	教师信念	0.58		专业标准	0.5
	自我研究	0.75		研究	0.5
	专业学习	0.58	领域 3	学术工作	—

　　分析表 2 - 9 中不同高频关键词的黏合度值不难发现，领域 1 中的中心词不明显，说明关键词教师教育者知识（2）和教师教育者培养（2）的影响力相当，结合共词矩阵与聚类树图可将领域 1 命名为教师教育者的培养研究；领域 2 的中心词为教师教育者（3.25），其他黏合度较高的关键词包括专业发展（2.75）、教师教育（1.83）和专业角色（1.08），据此可以判断领域 2 的研究内容多与教师教育的本质、教师教育者的专业发展和专业角色有关，可将其主题确定为教师教育者的理论研究；领域 3 只包含一个关键词学术工作，因此，可将其命名为教师教育者的学术工作研究。

　　结合高频关键词的聚类树图、共现矩阵和黏合度表可以看出，当代西方教师教育者的研究热点可以划分为三大主题领域。

　　1. 教师教育者的培养研究

　　领域 1 为教师教育者的培养研究，包括教师教育者培养和教师教育者知识两个关键词。教师教育者的培养可通过不同的途径来实现，从宏观上讲，有基于理论的培养策略和基于实践的培养路径。基于理论的教师教育者培养首先强调教师教育者的知识与教师教育者的培养关系密切，培养职前教师的教师教育者应当具备 5 个维度的专业知识：个体知识、情境知识、教学知识、社会学知识和社会性知识。[①] 基于理论的教师教育

---

① A. Lin Goodwin, Clare Kosnik, "Quality Teacher Educators = Quality Teachers? Conceptualizing Essential Domains of Knowledge for Those Who Teach Teachers", *Journal of Teacher Development*, Vol. 17, No. 3, August 2013.

者培养还强调以理论为基础开发教师教育者课程，如以 K－12 职前教师的学习为理论视角开发以社会环境为背景、以学科背景和经验等均不同的博士职前教师为对象、以为新任教师教育者的学习提供指导框架为目的的课程①或基于荷兰的教师教育者专业标准来设计包含主题设计能力、教育教学能力、组织管理能力、交流沟通能力、学习成长能力与具体研究能力 6 种能力的课程。② 基于实践的教师教育者培养强调教师教育者和职前教师应具有探究的立场，③ 要将行动研究作为培养新一代教师教育者的途径，④ 强调要创建具有创新意义的项目供职前教师实践，如参与"成为教师教育者"项目和加入共享合作的共同体来发展教师教育者的知识、提高教师教育者的研究技巧等。⑤

2. 教师教育者的理论研究

领域 2 为教师教育者的理论研究，包括专业发展、教师信念、教师教育和研究等 13 个关键词。通过对上述关键词所载文献的梳理，发现这一类研究可具体划分为 4 个种类：第一，教师教育者的元研究，包含高等教育、师范生、教师教育 3 个关键词；第二，教师教育者的角色研究，包含专业角色和转型两个关键词；第三，教师教育者的专业发展研究，包含教师教育者、专业发展、专业标准和研究 4 个关键词；第四，教师教育者的自我研究，包含教学、教师信念、自我研究和专业学习 4 个关键词。

（1）教师教育者的元研究

教师教育者的元研究主要聚焦教师教育和教师教育者的内涵。在很

---

① Hilary G. Conklin, "Preparing Novice Teacher Educators in the Pedagogy of Teacher Education", *Journal of Action in Teacher Education*, Vol. 37, No. 4, November 2015.

② Mieke Lunenberg, "Designing a Curriculum for Teacher Educators", *European Journal of Teacher Education*, Vol. 25, No. 2, July 2002.

③ Marilyn Cochran-Smith, "Learning and Unlearning: The Education of Teacher Educators", *Teaching and Teacher Education*, Vol. 19, No. 1, January 2003.

④ Jennifer Jacobs, Diane Yendol-Hoppey and Nancy Fichtman Dana, "Preparing the Next Generation of Teacher Educators: The Role of Practitioner Inquiry", *Journal of Action in Teacher Education*, Vol. 37, No. 4, November 2015.

⑤ Clare Kosnik, Yiola Cleovoulou and et al., "Becoming Teacher Educators: An Innovative Approach to Teacher Educator Preparation", *Journal of Education for Teaching International Research and Pedagogy*, Vol. 37, No. 3, August 2011.

多情况下，教师教育往往是职前教师培养的代名词。教师教育本身应有两个聚焦点：学教学和教教学。所谓学教学指学生要通过教师教育这一过程学习教学的知识和技巧，教教学则指教师教育者在这一过程中有主要的责任和兴趣教学生教学。① 西方学者对教师教育者的定义有狭义和广义之分。狭义的定义认为教师教育者指教授教育学和在职前教师教育中教学的大学教师教育者，② 广义的定义则认为教师教育者包括对教师教育、科研、主题研究和教学负有责任的高等教育教学人员、教学实践的导师、学校导师、网络感应的技术支持者以及负责教师持续专业发展的人都是教师教育者，③ 广义的定义也是被欧洲委员会认可并在文档中正式使用的定义。

（2）教师教育者的角色研究

西方研究者基于不同的视角对教师教育者的角色有不同的分类。比较普遍的有教师教育者三身份说、四身份说和五身份说。教师教育者三身份说认为，教师教育者可分为探究中的教师教育者、博览群书的教师教育者、研究型教师教育者④，或可分为教育型教师教育者、反思型教师教育者和学科教师教育者⑤。教师教育者四身份说认为，教师教育者可分为学术型教师教育者、合作型教师教育者、双重性教师教育者和管理型教师教育者，⑥ 或可分为中学教师、高校教师、教师的教师和

① John Loughran, Tom Russell and et al. , "Developing a Pedagogy of Teacher Education", *British Journal of Educational Technology*, Vol. 37, No. 3, November 2010.

② Francesca Caena, "Perspectives on Teacher Educator Policies in European Countries: An Overview", *Working Document for the Peer-Learning Conference 'Education Policy Support for Teacher Educators' of the European Commission*, *Directorate-General for Education and Culture*, Brussels, March 2012.

③ European Commission, *Supporting Teacher Educators for Better Learning Outcomes*, Brussels: European Commission, 2013.

④ Hanne Tack and Ruben Vanderlinde, "Teacher Educators' Professional Development: Towards a Typology of Teacher Educators' Researcherly Disposition", *British Journal of Educational Studies*, Vol. 62, No. 3, October 2014.

⑤ Eline Vanassche and Geert Kelchtermans, "Teacher Educators' Professionalism in Practice: Positioning Theory and Personal Interpretative Framework", *Teaching and Teacher Education*, Vol. 44, No. 12, November 2014.

⑥ Fátima Pereira, Amélia Lopes and Margarida Marta, "Being a Teacher Educator: Professional Identities and Conceptions of Professional Education", *Journal of Educational Research*, Vol. 57, No. 4, July 2015.

研究者。① 教师教育者五身份说认为，教师教育者可分为教师、学者、合作者、学习者和领导者，② 在实现以上角色的过程中，实践与学术相辅相成。③ 然而，在西方国家依然存在教师教育者专业角色认同缺失的情况，主要原因可归结于认识论和社会文化两个方面。就认识论而言，多数教师认为教师知识是一种编码性、科学性知识，是实践性、经验性知识，而这样的知识是不可教的；就社会文化而言，学校教育的社会组织和西方个人主义的教学文化使得教师教育者职业认同的发展变得困难，很多教师认为教学是学校的工作，与自己无关。④ 总之，教师教育者的角色转型和职业认同并不容易，往往要经过一个自我分类、团体接纳和自我验证的过程。⑤ 教师教育者职业认同的发展往往会改变他们对自己作为教师的看法和作为教师的实践，同时引领他们的专业发展。⑥

（3）教师教育者的专业发展研究

教师教育者的专业发展研究可以提升教师教育的专业性，促进职前教师个性化和专业化的成长。⑦ 环境、个体价值、参与实践的程度和通过经验习得的教师领导力是影响教师教育者专业发展的重要因素。⑧ 学习偏好也是影响教师教育者专业发展的重要因素。大多数西方教师教育者通

----

① Anja Swennen, Ken Jones and Monique Volman, "Teacher Educators: Their Identities, Sub-Identities and Implications for Professional Development", *Journal of Professional Development in Education*, Vol. 36, No. 1 – 2, February 2010.

② Cari L. Klecka, Loretta Donovan and et al. , "Who is a Teacher Educator? Enactment of Teacher Educator Identity through Electronic Portfolio Development", *Journal of Action in Teacher Education*, Vol. 29, No. 4, January 2012.

③ Marilyn Cochran-Smith, "Teacher Educators as Researchers: Multiple Perspectives", *Teaching and Teacher Education*, Vol. 21, No. 2, February 2005.

④ Sharon Feiman-Nemser, "Teachers as Teacher Educators", *European Journal of Teacher Education*, Vol. 21, No. 1, July 1998.

⑤ Mahsa Izadinia, "Teacher Educators' Identity: A Review of Literature", *European Journal of Teacher Education*, Vol. 37, No. 4, August 2014.

⑥ Elizabeth White, "Being a Teacher and a Teacher Educator-Developing a New Identity?", *Journal of Professional Development in Education*, Vol. 40, No. 3, April 2013.

⑦ Kari Smith, "So, What about the Professional Development of Teacher Educators?", *European Journal of Teacher Education*, Vol. 26, No. 2, July 2001.

⑧ Hashimah Hashim and Shamsuddin Ahmad, "Professional Journey of the Expert Teacher Educator", *Human Resource Development International*, Vol. 16, No. 4, May 2013.

常倾向于选择同辈咨询、阅读国内外文献、参与国际会议和进行教学实验的方式学习。[①] 此外，榜样角色是成为教师教育者这一社会化过程中不容忽视的因素。[②] 教师教育者的专业发展之路往往会面临诸多困境，如激励指导学生、进行教学反思、建构个体专业化、权衡个人与团体的关系、提升作为教师教育者的教学技巧、采用保守主义还是建构主义的教学方法、应对外部要求与自身教学理念的矛盾冲突等，[③] 对教师教育者在教学实践中所遇到的困境本身的研究也是连接反思、选择和行动，促进教师教育者专业发展的有效方法。[④] 采用何种方式促进教师教育者的专业发展亦是西方教师教育研究的热潮。从宏观层面来看，教师教育者的专业发展有理论取向和实践取向的两种路径。理论取向的发展路径倡导通过建构主义理论、差异教学理论和社会学理论促进教师教育者的发展。秉持建构主义教学理念、践行建构主义教学策略的教师教育者可为教学改革作出贡献；[⑤] 教师教育者关注自身教学理论和实践与差异性教学理论的联系才能满足当今时代下学生的不同需求，才能使得专业话语与专业发展的实现成为可能；[⑥] 教师教育者唯有重视自己作为教师教育者的工作，才能获得公共话语权，实现自身发展并改变社会不公问题。[⑦] 实践取向的发展路径则强调教师教育者要进行叙事研究、自我研究和行动者研究。

---

① Jurriën Dengerink, Mieke Lunenberg and Quinta Kools, "What and How Teacher Educators Prefer to Learn", *Journal of Education for Teaching*, Vol. 41, No. 1, February 2015.

② Greetje Timmerman, "Teacher Educators Modelling Their Teachers?", *European Journal of Teacher Education*, Vol. 32, No. 3, July 2009.

③ Harm Tillema and Lya Kremer-Hayon, "Facing Dilemmas: Teacher-Educators' Ways of Constructing a Pedagogy of Teacher Education", *Journal of Teaching in Higher Education*, Vol. 10, No. 2, January 2005.

④ Harm H. Tillema, "The Dilemma of Teacher Educators: Building Actual Teaching on Conceptions of Learning to Teach", *Journal of Teaching Education*, Vol. 15, No. 3, January 2007.

⑤ Lane Andrew, "Comparison of Teacher Educators' Instructional Methods with the Constructivist Ideal", *Journal of Teacher Educator*, Vol. 42, No. 3, January 2010.

⑥ Tanya Santangelo and Carol Ann Tomlinson, "Teacher Educators' Perceptions and Use of Differentiated Instruction Practices: An Exploratory Investigation", *Journal of Action in Teacher Education*, Vol. 34, No. 4, October 2012.

⑦ Ingrid Spencer, "Doing the 'Second Shift': Gendered Labour and the Symbolic Annihilation of Teacher Educators' Work", *Journal of Education for Teaching*, Vol. 39, No. 3, June 2013.

（4）教师教育者的自我研究

自我研究是舍恩所提出的"反思性实践者"的衍生概念,[1] 可以让师范生将教学看作一项被精心构造、认真创造和谨慎实施的事业,可以帮助教师教育者理解其教学实践的复杂环境并进一步提升教学实践。[2] 西方教师教育者在教学实践中践行着自我研究,通过自我研究的方法创设合作型专业发展项目,探究教师教育者有效发展自我的方式;[3] 通过自我研究的方法探讨将基础性概念传递给师范生的最佳方式;[4] 通过自我研究的方法创造"关联式教师教育"这一术语,并以此为基础,理解自身的实践知识、提升教师教育实践、理解教师教育的全貌、尊重且以同理心对待师范生、帮助师范生面对困难并感受在关联过程中的成长。[5]

3. 教师教育者的学术工作研究

领域 3 为教师教育者的学术工作研究,包括学术工作 1 个关键词。随着经济和社会发展,学术研究能力逐渐被纳入西方教师教育者专业标准。以往的以"教育"为主要工作的专家教师已不能满足社会发展的需求,因此,教师教育者应具备专家型教师和学术工作者的双重身份。[6] 这不仅要求教师教育者发展自己作为行动研究者的能力,作为未来教师的教师和指导者,教师教育者还应教导指引师范生进行实践取向的研究。[7] 尽管

① Donald A. Schön, *The Reflective Practitioner: How Professionals Think in Action*, London: Routledge, 2011.

② Julie Alderton, "Exploring Self-Study to Improve My Practice as a Mathematics Teacher Educator", *Journal of Studying Teacher Education*, Vol. 4, No. 2, October 2008.

③ Eline Vanassche and Geert Kelchtermans, "Facilitating Self-Study of Teacher Education Practices: Toward a Pedagogy of Teacher Educator Professional Development", *Journal of Professional Development in Education*, Vol. 42, No. 1, January 2015.

④ Susan Breck and Jessica Krim, "Practice-Based Teaching: A Self-Study by Two Teacher Educators at the Graduate Level", *Journal of Studying Teacher Education*, Vol. 8, No. 3, September 2012.

⑤ Julian Kitchen, "Looking Backward, Moving Forward: Understanding My Narrative as a Teacher Educator", *Journal of Studying Teacher Education*, Vol. 1, No. 1, September 2006.

⑥ Alexandra C. Gunna, David Berga and et al., "Constructing the Academic Category of Teacher Educator in Universities' Recruitment Processes in Aotearoa, New Zealand", *Journal of Education for Teaching*, Vol. 41, No. 3, February 2015.

⑦ Gerda Geerdink, Fer Boei and et al., "Fostering Teacher Educators' Professional Development in Research and in Supervising Student Teachers' Research", *Journal of Teachers and Teaching: Theory and Practice*, Vol. 22, No. 8, July 2016.

学术研究工作对教师教育者的专业发展、教学实践和知识体系至关重要，但并非所有教师教育者都具备进行学术研究或指导学生进行学术研究的能力。提升教师教育者的学术研究能力，从个体层面出发，需要教师教育者自身成为活跃的学术研究者；从学校层面出发，需要为教师教育者建立有利于合作研究、提高技能、开发共同语言和建立教师教育知识体系的学术研究共同体。[1]

四 研究热点知识图谱分析

利用 SPSS 20 软件对 16 个高频关键词生成的相异矩阵进行多维尺度分析，结合聚类分析结果，可绘制出西方教师教育者研究热点知识谱系（图 2-5），对各关键词之间的隐藏信息进行进一步挖掘。首先，此战略坐标图中的小圆圈对应各个高频关键词所处的位置，如教师教育者、专业发展、研究等高频关键词距战略坐标中心点较近，表明这些关键词的影响力相对比较大。其次，圆圈间的距离表明关键词间的亲疏程度。小圆圈间距离越近表明关键词间的关系越密切，反之，则越疏远。如教师教育者和专业发展、教师教育者培养和教师教育者知识之间距离较近，表明它们之间的关系比较密切。最后，此战略坐标图有 4 个不同的象限，第一象限的关键词主题结构紧密且处于研究的中心地位；第二象限的关键词主体结构比较松散，存在进一步发展的空间，在整个研究网络中有较大的潜在重要性；第三象限的关键词主题领域内部结构紧密，题目明确，有研究机构在正规地对其进行研究，但处于整体研究网络的边缘；第四象限的关键词在整体研究工作中处于边缘地位，重要性较低。[2] 就当代西方教师教育者研究的不同领域而言，领域 1 主要分布在第一象限，表明有关教师教育者培养的研究主题内部结构紧密且处于西方教师教育者研究网络的中心。领域 2 的关键词在四个象限内均有分布，表明西方有关教师教育者理论的研究发展并不均衡。具体来看，领域 2 的专业标

① T. M. Willemsea and Fer Boei, "Teacher Educators' Research Practices: An Explorative Study of Teacher Educators' Perceptions on Research", *Journal of Education for Teaching*, Vol. 39, No. 4, June 2013.

② 崔雷、郑华川：《关于从 MEDLINE 数据库中进行知识抽取和挖掘的研究进展》，《情报学报》2003 年第 4 期。

准、专业发展等位于第一象限，说明这些高频关键词处于整个研究网络的中心且主题内结构紧密；领域 2 的专业角色、自我研究、转型、教学、教师信念位于第二象限，说明这些关键词间的结构较为松散，但有进一步发展的空间和潜在的研究重要性；领域 2 的专业学习和教师教育位于第三象限，表明这两个高频关键词的研究主题明确、内部结构紧密，已有研究者或研究机构在对其进行系统的研究，但处于整个研究网络的边缘；领域 2 的师范生、高等教育、研究和领域 3 的学术工作处于第四象限，表明这些高频关键词尚未引起研究者的足够重视，处于整个研究网络的边缘地带。

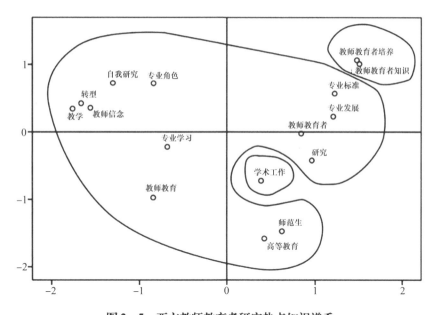

图 2 – 5 西方教师教育者研究热点知识谱系

第三节 西方教师教育者研究启示

通过对西方教师教育者研究的热点主题进行可视化分析，可以发现，国际话语中的教师教育者是一个动态发展的概念。当代西方教师教育者的研究主要有三大热点研究领域：一是教师教育者的培养研究，主要关注教师教育者的培养策略；二是教师教育者的理论研究，具体划分为教师教育者元研究、专业角色研究、专业发展研究和学术工作研究，分别关注教师教育和教师教育者的内涵、不同的专业角色和专业角色的认同缺失、专业发展困境、影响因素与发展路径、自我研究的实践与重要性；三是教师教育者的学术工作研究，强调学术研究的重要性及提升策略。分析与揭示西方教师教育者研究热点能够为中国研究者批判性地借鉴国际经验提供一定的参考。

一　研究视角

就研究视角而言，中国的教师教育者研究仍然需要关注教师教育者的多重角色。对于教师教育者的多重角色，无论是西方学者还是中国学者都从未停止探索的步伐。尽管如此，教师教育者身份认同缺失仍是中国和西方普遍存在的问题，阻碍着教师教育的发展。教师教育者身份认同的缺失是中国当下教育教学中的主要问题之一。大学教师教育者对专业身份和角色的认知，即是对"我是谁"这一基本问题的回答。但是，一些教师教育者对"我是谁"这一问题未能形成准确的理解和认识，表现为只认识到自身作为"教师"的身份，忽视了"教师的教师""研究者"等身份，构成了身份认同的危机，造成了专业认同的迷茫、示范价值的弱化和研究意识的缺失等问题。因此，中国的教师教育者研究仍需关注教师教育者的多重角色，中国的教师教育者仍需增强对自身角色的专业认同，在复杂的教师教育教学实践中发挥不同角色的作用，以促进自身专业发展与中国教师教育事业的发展。

同时，中国的教师教育者研究需要从关注教师教育者的"教教学"（Teaching How to Teach）到关注师范生的"学教学"（Learning How to Teach）。教师教育者如何培养职前教师、如何教他们教学是当代西方和中国教师教育者研究的重要内容。但是，与教学是由教师的教和学生的学组成的双边活动相同，教师教育也是由教师教育者的教教和职前教师的学教共同组成的双边活动。仅从教师教育者教教的视角出发研究教师教育者的培养显然是不够的，这无疑忽略了职前教师在教师教育活动中的主体地位与作用。因此，将中国教师教育者研究的内容从教师教育者如何教拓展到指导职前教师如何学教学（Learning to Teach）、关注师范生作为职前教师的专业发展是中国教师教育者研究不容忽视的问题。

二　研究内容

就研究内容而言，教师教育者的专业发展，尤其是其专业素养问题仍值得深入探究。从国际研究趋势来看，各国学者或机构对教师教育者专业发展的讨论都离不开对其本土实践或政策的观照。对中国教师教育者的研究也应该立足本土实践展开。伴随着中国教师教育从"师范教育"到"教师教育"的话语转变，中国百年师范教育实现了向现代教师教育的过渡，这也标志着中国的教师培养步入一个新的历史时期。① 当前，中国教师教育改革已经进入强调高素质教师队伍建设的新阶段和新时代，习近平总书记提出的"四有"好教师、2018 年《中共中央 国务院关于全面深化新时代教师队伍建设改革的意见》、2019 年教育部等七部门印发《关于加强和改进新时代师德师风建设的意见》等都强调教师的师德建设，要求把师德教育融入教师职前培养、准入、职后培训和管理的全过程，还要求建立健全师德建设工作机制，引导广大教师教书育人、立德树人。② 因此，立足于中国的本土教师教育实践和政策，专业品德应该是中国教师教育者不可或缺的专业素养。教师教育者具有高尚的专业品德，一方面可以规范自身的定位和行为，做到以德立身和以德立学；另一方面可以通过以德施教和以德育德来以自身的道德品质感染和浸润职前教师，为中国培养更多具有高尚师德的未来教师。

西方对教师教育者专业素养相关内容的探讨既体现了教师教育者作为一般教师应该具备的基础教育素养，又兼顾了作为教师的教师应该具备的特殊素养。为建设高素质的教师队伍，中国已经制定了《小学教师专业标准（试行）》和《中学教师专业标准（试行）》等教师专业标准，从专业理念与师德、专业知识、专业能力等方面提出了对合格教师的基本专业要求和教师实施教育教学行为的基本规范，为中小学教师的培养、

---

① 曾煜编著：《中国教师教育史》，商务印书馆 2016 年版，第 14 页。

② 教育部教师工作司组编：《教师教育课程标准（试行）解读》，北京师范大学出版社 2013 年版，第 1—2 页。

准入、培训等提供了重要的依据。① 但中国目前尚无关于教师教育者专业素养的系统研究，并未建立完整的教师教育者专业素养体系。作为教师的教师，教师教育者的教学活动和专业身份都有其特殊性。因此，中国对教师教育者专业素养的研究可以在现有中小学教师素养和中小学教师专业标准的基础上，体现教师教育者专业素养的特殊性。教师教育者的专业身份主要包括：教师、教师的教师和教育研究者，因此，教师教育者除了具有基础的专业知识和专业能力，还应该具有教"教"、教"学教"以及研"教"的专业理念、知识和能力。另外，与中小学教师不同，教师教育者的教学活动除了具有复杂性、实践性的特点，还具有示范性的特征，即教师教育者在教学活动中的一言一行都将影响准教师的教学态度、知识和能力等的形成。② 因此，中国学者应当将示范教学和指导教学等也纳入教师教育者专业素养讨论和研究的范畴。

三 研究方法

就研究方法而言，中国的教师教育者研究应强调教师教育者进行自我研究，以促进个体的专业发展。西方国家的教师教育者为了改变传统教师教育者的研究方法，自20世纪90年代以来一直倡导并践行教师教育者的自我研究。"教师即研究者""反思性教学"和"行动教学"等观念的深入人心，为大学教师教育者的专业发展和成长提供了崭新的视角。中国学者虽已逐渐重视自身的专业发展，但在研究方法上关注自我研究的还不多见，而通过文本分析借鉴国外经验或基于理论建构探索专业发展路径的现象比较普遍。同时，由于教师教育者的教学中普遍存在着教师教育理论与实践隔离的问题，中国研究者开始对传统的在大学教师教育课程中学习教育理论，然后直接在教学实践中用理论指导实践的教师教育模式进行批判。作为教师教育者，应该关注并研究教师教育理论与实践之间的问题，开展自我研究。在自我研究中，教师教育者不仅可以

---

① 教育部教师工作司组编：《中学教师专业标准（试行）解读》，北京师范大学出版社2013年版，第169页。

② 闫建璋、李笑笑：《高校教师教育者的知识结构探析》，《教师教育研究》2019年第4期。

亲身体验教学、提升教学实践的品质，还能够激活、补充或重构教师教育相关的理论知识，妥善处理教师教育理论与实践的关系。因此，中国的教师教育者研究应当倡导教师教育者践行自我研究，通过叙事研究、人物传记、田野日记、反思日记、行动研究等方式促进教师教育者的个体专业化发展。

第三章

国内教师教育者研究的知识图谱与
未来展望

20 世纪 90 年代，"教师教育者研究"在世界范围内受到关注。欧洲教育贸易联合委员会、欧洲委员会、荷兰教师教育工作者协会、美国教师教育者协会等国际机构曾先后根据教师教育者的专业实践行为对其进行描述性定义，例如美国教师教育者协会将"教师教育者"分为 4 类：从事课程教学与科研的高等教育机构的教师；在中小学和高等教育机构中为准教师提供指导或监督临床实践的教师；在中小学校和高等教育机构里围绕教师的高级专业学习开展相关教学活动的教师；其他为教师的专业学习进行设计、实施与评价的机构人员。① 各国研究者如美国学者科克伦·史密斯、荷兰鲍勃·考斯特与梅卡等也先后根据教师专业素养结构，对"教师教育者"作出定义，荷兰学者认为教师教育者是为（准）教师提供教学示范与引导及提供必要帮助的人，同时他们为（准）教师的专业发展提供实质性帮助，最终使其成为胜任教师工作的人。② 在反思已有研究的基础上，当代中国学者也大多从职业功能性的视角来对"教师教育者"进行定义，例如，将教师教育者描述为行走在优秀教育实践者与教育学术研究者间的"跨界人"。③

从"教师教育者"的概念描述来看，教师教育者是负责教师完整职

---

① 郑丹丹：《国际视野下教师教育者的界定》，《现代教育管理》2014 年第 5 期。

② Bob Koster, Mieke Brekelmans and et al. , "Quality Requirements for Teacher Educators", *Teaching and Teacher Education*, Vol. 21, No. 2, February 2005.

③ 龙宝新、陈晓端：《跨界人：教师教育者的身份定位及其关键素养》，《河南师范大学学报》（哲学社会科学版）2020 年第 6 期。

业生涯的专业指导者。这就意味着教师教育者不仅负责职前教师的学历教育，而且承担在职教师继续教育的任务。中国"教师教育者研究"最早可以追溯到 20 世纪 90 年代全面化、制度化的中小学教师继续教育实施时期，当时教师教育制度和实践模式进入相对规范的发展阶段，结合国内教师教育具体事件与教师教育者专业身份的研究开始出现。直至 21 世纪初期，"教师教育者"作为专业术语被国内学者所引证，以"教师教育者"为篇名的期刊论文才逐渐出现。总体看来，国内仍缺乏系统、定量地解释"教师教育者"研究各主题之间的结构关系以及对"教师教育者"整体研究进行反思的研究。因此，运用文献计量学的知识图谱分析法，对中国教师教育者研究的关键词进行统计整理，在全面解释教师教育者已有研究成果的基础上，规划未来中国"教师教育者研究"的方向、优化"教师教育者研究"的内容具有现实意义。

第一节　国内教师教育者研究样本的选择与分析

本书在明确核心概念的基础上，选择中国知网学术期刊数据库作为研究资料来源。采用高频关键词词频统计、高频关键词聚类和高频关键词多维尺度分析的方法对研究领域进行可视化呈现。

一　研究样本的选取

文献检索分为两个阶段。第一阶段为保证研究样本质量，设定核心期刊与 CSSCI 来源期刊作为检索范围。首先，在中国知网期刊数据库中执行"教师教育者"作为题名的高级检索，整理期刊论文 86 篇。其次，将"教师教育者"作为主题词进行高级检索，获得期刊论文 1081 篇。通读检索到的论文摘要，保存题名或关键词中含有"教师教育者"的论文，删除其主旨与"教师教育者"概念范畴相距较远且与教师教育毫无关联的论文。最后，剔除会议信息、会议综述、会议通知、书评、刊物征稿要求、征订启事等非研究型论文，确定 645 篇与研究主题契合的期刊论文。第二阶段鉴于教师教育研究领域的代表性期刊和栏目特色，将《教师教育学报》《教师教育论坛》《当代教师教育》《教师发展研究》纳入检索范围，检索获得期刊论文 30 篇。汇总两个阶段的检索结果，形成包括 675 篇期刊论文的研究样本。期刊论文发表情况如表 3-1 所示。

表 3-1　　　　　　　教师教育者研究的文献样本检索情况统计

时间（年）	2001 年以前	2001—2005 年	2006—2010 年	2011—2015 年	2016—2020 年	2021—2023 年
文献（篇）	16	105	162	203	173	16
比例（%）	2.4	15.6	24.0	30.1	25.7	2.4

注：论文检索截止日期为 2023 年 4 月 25 日。

二　研究工具与方法

本书选择 Bicomb 书目共现分析系统和数据分析软件 SPSS 22.0，进行关键词词频统计、相异矩阵制作、关键词聚类呈现和知识图谱绘制。首先，按 3 种方式对研究样本的关键词进行标准化处理。（1）相同含义关键词统一标定，例如将"核心专业素养""专业素养"统一标定为"专业素养"，"大学教师教育者""高校教师教育者"统一标定为"高校教师教育者"。（2）相似含义关键词聚类处理，例如将"教师教育者专业角色""教师教育者专业身份""教师教育者身份""教师教育者角色""教师专业角色""教师专业身份"等关键词聚类为"教师专业身份"。（3）无实际指代意义的关键词作删除处理，例如删除"认可""定位""思考""再思考""作为""再造"等。其次，运用 Bicomb 书目共现分析系统对标准化处理后的关键词进行词频统计和共词分析，初步确定本领域的研究热点。最后，在 SPSS 软件中导出相异矩阵，进行高频关键词聚类分析，绘制多维尺度象限图，以呈现教师教育者研究的知识图谱和未来研究趋势。

第二节　国内教师教育者知识图谱的呈现与论证

一　高频关键词词频统计与分析

关键词是对研究主题的凝练，词频高低直接说明其在研究领域中的重要程度。因此，高频关键词的词频统计是解释研究重点的主要方法之一。经过对 675 篇期刊论文关键词的标准化处理，统计得到 1222 个有效关键词。根据普赖斯计算公式 $M = 0.749 \sqrt{N_{max}}$ 来确定关键词的阈值，其中公式中 M 为高频阈值，N_{max} 表示区间学术论文被引频次最高值。关键词词频统计显示最高频次为 154，通过公式计算后，研究者团队确定高频阈值为 10，即选取频次≥10 的关键词，得到 29 个高频关键词，排序结果见表 3 – 2。

表 3 – 2　　　　　　　　　样本文献中 29 个高频关键词的排序

序号	关键词	频次	百分比（％）	序号	关键词	频次	百分比（％）
1	教师	154	6.0606	16	教师素养	16	0.6297
2	教师教育	113	4.4471	17	受教育者	15	0.5903
3	教师专业身份	101	3.9748	18	课程改革	14	0.5510
4	教师专业发展	89	3.5026	19	职前教师	14	0.5510
5	教师教育者	68	2.6761	20	研究者	13	0.5516
6	师资培训	56	2.2039	21	职前教师教育	12	0.4723
7	继续教育	33	1.2987	22	反思性实践者	12	0.4723
8	教育者	31	1.2200	23	网络教育	12	0.4723
9	教师培训者	30	1.1806	24	教师个体反思	12	0.4723
10	中小学教师	24	0.9445	25	师德	11	0.4329
11	远程教育	19	0.7477	26	教师教育课程	11	0.4329
12	学习者	19	0.7477	27	教师学习	11	0.4329
13	课程	18	0.7084	28	高校	11	0.4329
14	高校教师	17	0.6690	29	专业素养	10	0.3935
15	专业实践	16	0.6297	合计		962	37.8591

从表 3 – 2 可以看出，29 个高频关键词总呈现频次为 962 次，约占关键词出现总频次的 38％。具体来看，排序前 10 位的关键词词频均大于 20 次，依次为教师（154 次）、教师教育（113 次）、教师专业身份（101 次）、教师专业发展（89 次）、教师教育者（68 次）、师资培训（56 次）、继续教育（33 次）、教育者（31 次）、教师培训者（30 次）、中小学教师（24 次）。这一结果显示，中国教师教育者研究主要围绕"如何促进教师

教育者的专业发展"（教师教育、教师教育者、教师专业发展）、"怎样建构教师教育者的专业身份"（教师、教师专业身份）、"怎样理解教师教育者的专业责任"（师资培训、继续教育）等基本问题展开。

二　高频关键词的相异矩阵分析

利用 Bicomb 共词分析软件将上述 29 个高频关键词进行共词分析，生成词篇矩阵，然后将词篇矩阵导入 SPSS 22.0 统计软件，选取 Ochiai 系数将其转化为一个 29×29 的共词相似矩阵，采用（相异阵数据 = 1 − 相似矩阵数据）的算法，得到高频关键词 Ochiai 系数相异矩阵。相异矩阵中的数值表明数据间的相异性，数值越接近 1，关键词间的距离越远，相似度越小；反之，数值越接近 0，关键词间的距离越近，相似度越大。

表 3 − 3 反映的是词频排序在前 9 位的关键词与"教师教育者"的密切程度。距离由远及近依次为："教师培训者""教育者""师资培训""继续教育""教师""教师专业身份""教师教育""教师专业发展"。相比于其他高频关键词，与"教师教育者"关系最为密切的两个关键词是"教师专业发展""教师教育"，如此，"教师教育者""教师专业发展""教师教育"组成了本领域的核心关键词组，揭示研究领域核心主题：一是中国教师教育者的专业责任，二是中国教师教育者专业发展。这与高频关键词词频分析的结论是符合的。

表 3 − 3　　　　　高频关键词 Ochiai 系数相异矩阵（部分）

	教师	教师教育	教师专业身份	教师专业发展	教师教育者	师资培训	继续教育	教育者	教师培训者
教师	0	0.620	0.785	0.878	0.970	0.910	0.942	0.942	0.970
教师教育	—	0	0.710	0.878	0.861	0.934	1	1	0.983
教师专业身份	—	—	0	0.967	0.963	0.986	0.982	0.945	1
教师专业发展	—	—	—	0	0.776	0.955	1	0.923	0.980
教师教育者	—	—	—	—	0	0.983	0.978	1	1

	教师	教师教育	教师专业身份	教师专业发展	教师教育者	师资培训	继续教育	教育者	教师培训者
师资培训	—	—	—	—	—	0	0.950	1	0.848
继续教育	—	—	—	—	—	—	0	0.968	0.541
教育者	—	—	—	—	—	—	—	0	1
教师培训者	—	—	—	—	—	—	—	—	0

然而无论是关键词词频分析，还是词语关联程度分析，都只能浅层地描述"教师教育者研究"的核心研究主题，并不能解释关键词组间的结构关系以及多个关键词相辅相成的子研究领域。为完整阐释教师教育者研究中具体包括哪些研究主题、研究主题之间如何相互关联等深层次问题，需要继续利用 SPSS 22.0 统计软件生成关键词聚类谱系图。

三 高频关键词聚类谱系图分析

聚类谱系图显示高频关键词之间的远近关系。聚类分析即对高频关键词进行组合分析，能够展示国内教师教育者研究的具体领域。关键词聚类分析的原理是以它们成对在同一篇文章中出现的共词频率作为分析对象，利用统计学方法把关联密切的关键词聚集在一起形成团组。

进行关键词聚类分析时，先以最有影响的关键词（核心关键词）生成聚类，再由聚类中的核心关键词及相邻的关键词组成一个新聚类。关键词越相似，它们的距离就越近，反之则越远。将表中的高频关键词相异系数矩阵导入 SPSS 22.0 统计软件运行计算，得到的聚类结果如图 3 - 1 所示。

领域 1 代表教师教育者的专业责任，指导中小学教师继续教育的研究。该领域共有 9 个关键词，聚合为两个组别。组 1 的关键词为"继续教育""教师培训者""中小学教师""学习者""网络教育""师资培训""远程教育"，组 2 的关键词为"受教育者""师德"。

组 1 代表继续教育范式研究。20 世纪 90 年代末，基于教师教育者经验的继续教育范式研究开始出现。继续教育是中国在对中小学教师各科教材教法和学历补偿教育任务基本完成或接近完成的基础上发展起来的，

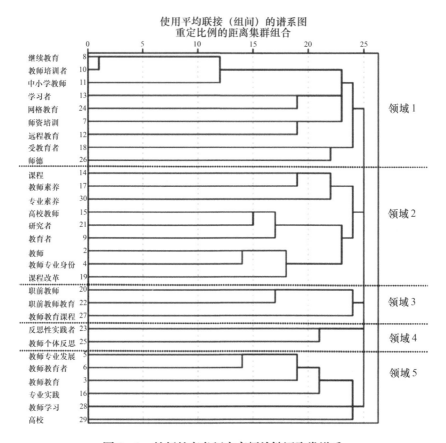

图 3-1　教师教育者研究高频关键词聚类谱系

它是一项崭新的具有重大意义的开创性工作。[①] 这项工作的开展代表着国内教师教育进入规范化、制度化阶段，与教师教育者相关的研究也随之开始出现。20 世纪 90 年代末，国内学者开始关注教师教育者以何种方式承担教师教育任务并成长为合格的中小学教师培训者。1998 年年底，教育部门进行教师教育布局和结构调整，形成了以师范大学和其他科研院所为主的继续教育格局，面向基础教育的新课程培训成为继续教育的主要内容。在新课程培训向纵深发展的同时，继续教育实效性的问题，以及教师教育者如何快速提升中小学教师专业教学水平的继续教育内容和

---

① 卢红：《谈中小学教师的继续教育》，《教育理论与实践》1995 年第 4 期。

继续教育模式创新成为这一时期的研究重点。20 世纪 90 年代末，本主题的研究随着相关教育政策的颁布继续深化。1999 年，教育部颁布了《中小学教师继续教育工程方案（1999—2002 年）》和《关于实施"中小学教师继续教育工程"的意见》，不仅推动中国中小学教师继续教育走上了制度化的轨道，而且为教师教育者作为培训主体的专业职能提供了相应的研究视域。[①] 基于教师教育者经验的继续教育范式研究，重点在于强化教师教育者作为师资培训的责任身份，将教师教育者指导中小学教师继续教育的主要内容、基本格局以制度标准加以规范，同时明确了继续教育的课程内容设计应由教师教育者依据自身经验并深度思考国内基础教育发展实际来统筹规划。在这一时期，尽管国内基于教师教育者经验指导中小学教师教育的研究文献乏善可陈且呈零散化分布，但是其对于国内教师教育者作为专业群体的全面认知及后续怎样培养合格的教师教育者的学术贡献是值得肯定的。

2000—2010 年，基于中小学教师发展需求的继续教育范式成为研究热点。教师教育者的专业化身份和专业化行为开始受到关注。首先，有研究者指出，教师教育者通过两种方式参与继续教育：一是通过学历补偿教育（学历层次提高的教育），采取阶段化、规范化、制度化方式培养优秀的中小学教师；二是通过非学历教育，包括新任教师培训、教师岗位培训、骨干教师培训、教师自身选择的培训方式，短期性指导中小学教师的专业发展。其次，教师教育者指导教师继续教育的多元模式被反复论证，比较常见的有"高校模式""教师中心模式"以及"网络教育模式"。最后，国内研究者认为，继续教育的内容需要改进，教师继续教育课程设计需要从"教学型课程"转向"学习型课程"，即从由教师教育者设计、规定中小学教师普遍学习的课程转向依据中小学教师教学实践需求的课程设计。[②] 继续教育内容的改进聚焦中小学教师的专业发展需求、尊重教师经验、发挥其同伴榜样作用、倡导教师参与式学习，[③] 这些

----

① 孙建明：《新世纪中小学教师继续教育若干变革及发展建议》，《上海教育科研》2007 年第 6 期。

② 李军靠：《学习型课程：教师继续教育课程的应然取向》，《中国成人教育》2004 年第 4 期。

③ 李锐：《中小学教师继续教育有效模式的探索》，《继续教育研究》2008 年第 5 期。

研究促使中国中小学教师在继续教育中转变为真正的学习者，也推动教师教育者向学习指导者的角色转型。基于中小学教师发展需求的继续教育范式研究受两方面因素影响：一是自20世纪90年代以来，国际社会对教师教育者作为专业群体的描述，使教师教育者的专业形象更加丰满，其作为中小学教师指导者的责任内容日渐翔实；二是国内"教师教育者"作为正式学术概念被澄清和论证，教师教育体系更加完善，培养面向21世纪的高素质中小学教师成为现实需求。因此，基于中小学教师发展需求的继续教育范式研究是这一时期国内的关注重点，这是在中国"教师教育者"研究初期，在国际教师教育发展的反思借鉴中，具象化梳理教师教育者专项职能的研究。这方面的研究多以思辨研究或经验总结为主，缺乏大规模的实证调研，但是明晰教师教育者作为专业指导者的身份，以及其如何成为合格专业人的论述无疑是对先前研究的突破，也为后续研究提供了方向。

2010年以来，教师教育者指导中小学教师教育范式的研究呈现两方面变化。一方面，从先前基于教师教育者经验的继续教育范式、基于中小学教师需求的继续教育范式的研究转向探索基于教师专业标准的继续教育范式研究。2012年2月10日，教育部为促进中小学教师专业发展、建设高素质中小学教师队伍，相继颁布了《小学教师专业标准（试行）》和《中学教师专业标准（试行）》。基于此，大量指向专业标准的继续教育课程开发研究相继出现，有学者提出：首先，教师教育者需要依据专业标准设置不同学段的教师培训课程目标并根据教师实际诉求和项目重点调整具体的课程目标；其次，根据确定的课程目标设计课程内容；再次，在课程内容选择上匹配教师专业标准基本维度、领域和基本要求；最后，综合上述所有步骤，形成有效的课程设计。[①] 在这一时期，基于临堂学习的继续教育模式研究开始受到重视，国内学者指出，教师教育者需要走进中小学教学一线，亲身体验中小学教育教学的具体情境，洞察中小学教师在教学中存在的问题，然后基于教师专业标准，选择具有典型性和时代感的问题作为焦点问题，继而在适切情境中，将焦点问题呈

---

① 李迪：《教师继续教育新取向——基于"专业标准"的教师培训》，《成人教育》2016年第10期。

现给中小学教师，进而引领中小学教师在共同实践中分享观点、交流经验、汇集默会知识。教师教育者要启发中小学教师将实际案例与教育理论结合起来进行分析提炼、抽象概念，以及尝试将理论运用到真实的教学实践中，完成知识迁移。[①] 在基于教师专业标准的继续教育范式研究中，教师教育者时刻围绕中小学教师专业化发展问题做出教育思维调整、教育方法改进。

另一方面，基于问题情境的实证研究开始出现，继续教育中的现代性因素受到更多关注，研究者从符合新时代教师教育有效模式的视角，进一步探索教师教育者的基本任务。例如，在前期已有的"网络教育模式"探索与实践的基础上，进一步拓展完善了基于现代信息技术平台的远程继续教育模式，与之相关的大规模在线课程也被运用到继续教育实践过程中。"慕课学习与在职教师发展需求之间存在着内在契合点。促进在职教师的慕课学习、倡导保护慕课知识产权与遵守共享许可协议、推广基于学分制的在职教师继续教育模式、允许教师自主选择慕课课程与学习内容、给予在职教师有关慕课学习的物质支持。"[②] 基于专业标准的继续教育范式研究，进一步强化了教师教育者引领中小学教师专业发展的责任意识，也为教师教育者参与教师教育活动提供了更为明确的发展方向和评价标准。

组2解释的是教师教育者引领中小学教师道德建设的研究。聚合的关键词为"受教育者""师德"。20世纪90年代，国内素质教育的大规模开展全面引发教师道德建设问题的反思，此时教师教育者与中小学教师都是师德建设的主体，也都是师德建设中的受教育者。在大力推行素质教育的时代氛围中，国内学者提出："首先要加强教师思想道德素质的教育和培养，树立体现时代精神的师表形象，以正确的世界观、价值观作为人类灵魂工程师的动力源泉和精神支柱，使教师真正在思想道德上实现高定位、高标准，真正清楚自己在素质教育中的特殊地位和所肩负

---

① 胡玉华：《基于"临堂学习"的教师继续教育培训模式》，《教育理论与实践》2011年第2期。

② 徐红梅：《慕课：在职教师继续教育的新途径》，《教育理论与实践》2016年第5期。

的育人使命。"① 这一时期，教师道德建设成为一种宏观社会层面的教育思潮，并不是教师教育者的专职任务。教师教育者与中小学教师都是师德建设的对象，而德育建设方式是内省式的，即"充分利用教书育人中的无穷乐趣和园丁收获硕果时的成就感和自豪感，鼓励和鞭策教师个体，使他们在高起点上塑造自身的行为并把这种行为变成一种自觉自为的追求。"② 这种个人反思范式的师德建设环境使教师教育者与中小学教师成为彼此的学习对象。教师个体之间互帮互助的过程促进了优秀教师以及高水平教师教育者的成长。

2000—2010 年，师德建设的内容得到了充分补充，师德培训模式的设计与实施成为中小学教师继续教育中的重要内容。教师教育者开始承担中小学教师道德培育、提升的责任。国内研究者开始意识到教师道德建设不仅仅是内省式的主观因素发挥作用，而是客观因素与主观因素共同作用的结果。外在客观因素既包括社会期望、职业声望、现实地位等宏观因素，也包括学校管理体制、人际关系、群体观念、集体目标等微观因素。③ 客观因素作用于主观因素从而激发教师道德的提升。基于此，要充分赋予教师教育者引领中小学教师道德建设的任务。在继续教育过程中，教师教育者需要：规划、设计有效的德育培训模式，将中小学教师视为道德主体，强化中小学教师的道德知识、道德选择与道德实践；尽可能回归教师教育教学实践生活，培养教师自身的实践反思意识；促进受培训者间的交流和沟通，实现教师群体的资源共享④，以更有效地提升教师道德水平。在 2000—2010 年的研究中，教师教育者成为师德建设的指导者，以继续教育为平台，规划并实施对中小学教师专业品德培育、提升的具体工作。

2010 年以来，教师教育者引领师德建设的研究进一步拓展，强化了教师教育者在师德建设中作为指导者和评价者的双重主体身份。伴随

---

① 胡移山：《素质教育对教师素质的新要求》，《辽宁高等教育研究》1998 年第 1 期。

② 梁丽萍、赵东升：《师德现状与师德建设》，《山西大学学报》（哲学社会科学版）2000年第 2 期。

③ 马娟、陈旭、赵慧：《师德发展的影响因素及其作用机制》，《教师教育研究》2004 年第6 期。

④ 姚林群：《当前师德培训的问题与策略分析》，《江西教育科研》2007 年第 5 期。

"立德树人""四有好教师"精神在教育领域的推广，教师专业化发展受
到更深层次的重视，教师道德的内涵也发生相应转变，从停留在经验、
习俗层面的教师职业道德向伦理理性的方向发展，传统的教师职业道德
向专业伦理过渡。基于此，国内有学者将现代师德体系解释为 3 个部分：
最核心层面是教师对学生的道德关系；中观层面是教师对教职岗位、同
事或者教师自身的道德关系；教师对家长、社会、国家等的道德关系居
于最外围。① 在这样的时代背景中，教师教育者作为师德培训的指导者，
首先致力于德育课程的深化和改进，以整体提高新时代教师的师德师风
水平为目标，将研制《中小学师德修养培训课程指导标准》作为紧迫且
重要的任务。② 其次积极创新教师道德培养方式，例如：基于各个教学程
序、教学环节组合而成的系统工程——远程师德教育模式的应用③，教师
教育者指导中小学教师在继续教育体系中自觉转型为虚心的、认真的受
教育者；激励中小学教师借助良好的平台、充裕的资源，努力培育和提
升符合新时代教育要求的专业品格和专业道德。

　　领域 2 描述的是教师教育者专业素养体系建构研究。本领域研究由 9
个关键词构成，关键词同样聚合为两个组。组 1 是教师教育者专业素养
内容的研究，由"课程""教师素养""专业素养"组成。20 世纪 90 年
代，国内学者对于教师教育者的认识一直较为模糊，对于教师教育者主
要以教师培训者的形象加以描述，直到 2001 年，朱旭东在教师教育者认
可制度的建议中首次使用了"教师教育者"一词，开启了国内教师教育
者本体论的新一轮研究。④ 与此同时，国外教师教育者的相关研究被国内
借鉴，教师教育者的专业素养逐渐被解释和澄清，教师教育者专业素养
的研究使教师教育者的形象逐渐清晰化。

　　2010 年以前，国内对于教师教育者专业素养的研究大多是对国外研
究的评述和反思。国内学者主要参考的是西方教师教育者本体论的相关
研究，以及国外教师教育者专业标准方面的研究，提出教师教育者的专

---

① 刘次林：《师德之反思：德性的视角》，《教育发展研究》2015 年第 Z2 期。
② 黄四林、周增为、王文静等：《中小学师德修养培训课程指导标准的研制》，《北京师范大学学报》（社会科学版）2019 年第 1 期。
③ 任祥：《基于远程教师教育背景下的师德教育探讨》，《教育与职业》2009 年第 23 期。
④ 朱旭东：《国外教师教育的专业化和认可制度》，《比较教育研究》2001 年第 3 期。

业素养主要由专业知识（文化素养）和专业能力两部分构成。在专业知识（文化素养）部分，国内学者认为，任教学科及学科延展性知识、教育类（心理、教学知识）、关于人的发展的知识等三维知识体系即教师教育者的专业知识。这种知识类型划分基于一般教师从事教学的常态化理解，并没有结合教师教育者自身的特点。在专业能力方面，学者们将教师教育者的专业能力归纳为专业内容方面的能力、交流与反思方面的能力、组织能力、教育学方面的能力四维能力结构①。这种能力结构的划分，只是对国外相关研究的理论归纳和推演。当然，在这一时期，国内学者并没有忽视国内教师教育者自身专业发展所面临的现实境遇：在师范院校学科专业综合化的同时，教师专业化培养的诉求在强化。教师教育在众多的学科专业中被"湮没"的同时，要求教师教育的专业化，这成为一组矛盾。在这一矛盾中，人们必然要呼唤专业化的教师教育者——没有专业化的教师教育者，不要说培养更高质量的专业化教师，恐怕连教师教育的存在都成问题。面对这样的生存环境，通识素养、学科专业素养、教育学素养成为教师教育者公认的素养指标。遗憾的是国内学者并没有将国外研究的引鉴与国内教师教育者的发展实际深度融合，国外的借鉴研究局限于概念转化、理论推演，而国内本土化研究偏重于经验反思，因此，这一时期国内教师教育者专业素养体系的建构停留于构想层面。如此，教师教育者专业素养的研究虽然具备了以专业能力、专业知识为主要内容的研究雏形，但专业素养指标的凝练仍然较为局限。

2010 年以来，国内学者充分考察教师教育实践现状，描述实践领域中的教师教育者形象并归纳其实践素养，同时，在参考国外更契合该主题研究成果的基础上，将教师教育者专业素养以指标分解的方式建构起来。学者们继续发掘当今信息时代教师教育者所应具备的专业知识体系和专业能力体系。这一时期，教师教育者承担教师教育课程开发、教师教育环境创建、教师教育共同体联络的关键任务，伴随教师教育者实践身份的明晰，其专业知识可以划分为 3 个层次：第一层次"教"要求具

① 杨秀玉、孙启林：《教师的教师：西方的教师教育者研究》，《外国教育研究》2007 年第10 期。

备广博的文化知识、高深的专业学科知识、扎实的教育理论知识；第二层次教"教"要求具备关于如何教学的学科教学知识、教师教育教学法知识；第三层次教"学教"要求具备关于学习者的知识、元认知知识。① 此外，国内学者充分引鉴国外最新研究，例如关注荷兰教师教育工作者协会在教师专业知识基础方面的研究，将教师专业知识领域归纳为三大具体领域，共10项具体的专业知识指标，即核心领域知识（教师教育专业知识、教学法知识、作为学习者的知识、教学及指导方面的知识），特定领域知识（教师教育项目类知识、教师教育学科类知识），扩展领域知识（教师教育背景知识、教师教育组织知识、课程开发与评估知识、教师教育者研究知识）。② 综上所述，国内教师教育者专业知识的研究越来越充分和具体，主要依据教师教育者所承担的 3 个方面专业任务，即作为指导教师教育实践、从事教师教育教学、从事教师教育研究来规定专业知识的范围，并不断细化具体的内容。2010 年以来，教师教育者专业能力的研究也有了一定的突破，例如刘鹂将教师教育者教学能力的指标建构于教师教育者实践身份理解的基础上，并集合了多位国内从事教师教育多年的专家学者，以德尔菲质询的方式，明确了以"教师教育者开展教学活动的能力（教学设计的能力、教学实施的能力、教学评价的能力），教师教育者研究发展教学的能力（反省教学的能力、研究教学的能力、创新教学的能力），聚焦教学的影响能力（示范教学的能力、交流教学的能力、教学浸润的能力）"③ 为主要内容的三维结构教师教育者教学能力体系。与此同时，国内学者开始批判将教师教育者"专业能力"等同于"教学能力"的研究困境。国内学者指出，除了教师教育者的教学能力，管理能力（引领能力、组织能力、文化协调能力、组织沟通能力）、共同体建构能力（内部共同体建构能力、外部共同体建构能力）、专业发展能力（更新知识基础的能力、专业学习的能力、专业反思能力、

---

① 闫建璋、李笑笑：《高校教师教育者的知识结构探析》，《教师教育研究》2019 年第 4 期。

② 平翠、高宗泽：《教师教育者的知识基础：荷兰的视角》，《外国教育研究》2015 年第 3 期。

③ 刘鹂：《教师教育者教学能力探析》，《陕西师范大学学报》（哲学社会科学版）2016 年第 1 期。

专业创新能力）同样是专业能力的重要组成部分。① 综上所述，国内研究者对于师教育者专业知识（文化素养）与专业能力的建构是长期性、延续性的过程，是将教师教育者专业知识与专业能力有机聚合为有机关联的结构性整体的过程。

近年来，国内学者在前期"专业知识＋专业能力"研究的基础上，尝试拓展了教师教育者专业素养的内容。有研究者梳理了美国教师教育者的素养结构与课程框架，发现美国教师教育者的素养结构实际由5个部分组成：个人教学知识（教育自传与教学哲学）、情境素养（理解学习者、学校、社会的专业素质）、教学法素养（教学理论、教学方法、课程开发能力）、社会文化素养（与多元文化、文化相关性、社会正义相关的素养）、民主合作素养（参与合作、理解民主团体进程、解决文化冲突的能力），② 在此基础上提出教师教育者通过专业课程学习与基于共同体的教师教育研究能有效帮助其有效沟通教育理论与实践、提升自身实践能力和研究能力，从而形塑更加完整的教师教育者专业素养。在国外研究借鉴、反思的同时，本土化实践工作助推了本领域研究的拓展。2014年12月5日，根据《教育部关于实施卓越教师培养计划的意见》（教师〔2014〕5号）和有关申报遴选要求，经高等学校申报、省级教育行政部门推荐、专家会议遴选并经网上公示，教育部确定了80个卓越教师培养计划改革项目。2018年10月，教育部发文实施卓越教师培养计划2.0。在这样的时代背景下，基于卓越教师培养以讨论教师教育者专业成为研究需要。"这并非出于对学术'时尚'的追随，而实际上是出于对小学教师教育者研究之迫切性的体认和对卓越教师培养计划中小学教师培养困境的忧虑。卓越教师培养背景下的小学教师教育者研究，应该可以反哺卓越小学教师的培养，提高卓越小学教师培养的质量。"③

由此，教师教育者的领导力素养受到关注，教师教育者应具备以先

---

① 赵英、李丹阳：《论高校教师教育者的四维能力结构》，《当代教师教育》2018年第2期。

② 崔藏金、王鉴：《美国教师教育者的素养结构与课程框架——以美国哥伦比亚大学教师教育专业博士生培养项目为例》，《比较教育研究》2020年第4期。

③ 陈威、王睿：《卓越教师培养背景下小学教师教育者专业化研究探赜》，《教育探索》2017年第6期。

进的教师价值品质引领教师教育事业、以坚定的个人信念成就教师教育者个体与群体的职业理想、以强有力的教师教育者的领导力形塑未来教师的领导力。[①] 同时，教师教育者的"基础教育素养"被发掘出来，这种素养并没有确切的规定性定义，国内学者将其描述为教师教育者对基础教育的认知、态度、技能素养。[②] 目前看来，中国教师教育者专业素养研究已经从特定领域、局部化研究范式转向了探寻教师教育者整体素养结构的范式，但已有的研究尚不充分，主要原因有两个：一是研究者对教师教育者专业素养的建构仍然停留于经验反思和理论推演层面，缺失对国内教师教育者专业素养发展情况的实证调查；二是未充分将中小学教师专业素养的研究成果与教师教育者专业素养发展进行有机结合，例如，教师教育者的专业精神、专业信念等部分并没有引起国内学者的重视，导致本是相辅相成的内容产生不同程度的交叉、重复、割裂。

组 2 描述国内教师教育者的专业身份研究。包括"高校教师""研究者""教育者""教师""教师专业身份""课程改革"关键词。教师教育者专业素养体系建构的重要依据是教师教育者专业身份确认，两者是相互依存的。换句话说，国内教师教育者专业身份的研究是其专业素养体系建构的基础部分和必要前提。

国内将"教师教育"作为专业术语的研究最早出现在 20 世纪 80 年代。[③] 直到 20 世纪 90 年代，"教师教育者"这一学术概念还没有被国内学者明确援引，但是与之相关的研究已经出现。这些研究结合了中国教师教育的具体事件，从一些维度廓清了国内教师教育者最初的专业身份。研究起源于对教育政策的解读。国家教育部门相继于 1991 年印发《关于开展小学教师继续教育的意见》，于 1996 年 12 月发布《关于师范教育改革和发展的若干意见》以及 1999 年颁布《中小学教师继续教育规定》《中小学教师继续教育工程方案（1999—2002 年）》等政策文件，明确提

---

① 许立新：《论教师教育者领导力的养成———一种专业化的视点》，《当代教师教育》2010年第 1 期。

② 唐智松、李婷婷、唐艺祯：《教师教育者基础教育素养：问题及对策》，《教师教育学报》2018 年第 5 期。

③ 参见任榜坤《困惑中的新疆教师教育》，《新疆教育学院学报》1989 年第 2 期。首次引用"教师教育"这一专业术语。

出："建立健全高等学校及各有关部门积极参与、各级各类师范院校为主体的中小学教师继续教育开放型培训系统，初步建成中小学教师继续教育现代远程教育网络，开展教师继续教育现代远程教学的试点工作。"国内研究者认为，继续教育实践不同于中华人民共和国成立至20世纪90年代之前，局部化、短期化的教师培训工作也不局限于师范专业的学历教育。这场教师教育活动的目标是对已经达到国家规定学历的中小学教师进行以提高政治思想素质和教育教学能力及教育科研能力为主要目标的全面培训，标志着中国教师教育进入制度化、全面化阶段。其任务是通过培训使每个教师在现有基础上得到进一步提高并培训出一定数量的骨干教师和学科带头人，使其中一部分逐步成为中小学教育教学专家，高等师范院校仍然是教师教育的主要平台。国内相关研究表明，中小学教师继续教育的开展真正构建了中国教师教育的雏形，标志着中国教师教育成为一项规范化工作。基于此，在这一时期，在高等师范院校及相关培训部门全方位承担教师教育任务，包括继续教育任务的专业教师被认为是教师教育者。

21世纪初，国内"教师教育者"作为一个学术概念被正式提出，教师教育者的专业身份在本土化经验反思与国外相关研究的借鉴中逐渐具体化。一方面，研究者在理解国内教师教育实践现状的基础上指出："教师教育应当是一项专业教育，专业教育需要在专业学院中完成，专业学院需要建立专业学科，专业学科要以专业知识为基础，专业知识由专业教授来创造和传递……"[1] 由此，教师教育者应是高等专业院校专门从事教师教育工作的教育者，其作为核心的身份是专业教师且自身既是理论研究者也是实践专家。也有国内学者指出，中小学校的校长同样是教师教育者，原因有3个：其作为教师教育者是组织教师继续教育的责任主体，是引领教师专业发展的责任主体，是创建反思合作型教学文化的责任主体。[2] 校长在教师教育中的作用和地位非常关键，校长作为教师教育者身份意识欠缺的现象也受到关注，国内相关研究主要批判了校长对于

---

① 朱旭东：《专业化视野中大学化教师教育的十大观点》，《教师教育研究》2005年第1期。

② 王少非：《校长的教师教育者角色刍议》，《山东教育科研》2002年第7期。

教师专业发展的重要性认识不足、校长缺乏对教师专业发展的规划、校长在组织教师校本培训方面工作欠缺、校长对教师专业发展的经费支持不足等问题。① 另一方面，国内研究者借鉴国外相关研究，总结了教师教育者的专业身份确认的两种视角。一是借鉴国外学者哈米顿、瑞真斯潘的双重角色论②，即将教师教育者视为指导和帮助（准）教师学习如何教学的责任主体以及在教师教育中发挥榜样示范作用的双重专业身份。二是借鉴学者吾佰尔思与霍威的多重角色论，将教师教育者的专业身份描述为：准教师的学习过程的促进者；准教师的反思技能的激励者；新的教师教育课程的研发者；允许准教师最终进入教师职业之门的看门者；教育研究者；中小学校教师专业发展的促发者；帮助准教师成为团队一员的引导者；与外界沟通的协作者。③ 综上所述，这一时期，中国教师教育者的身份研究相对于 20 世纪 90 年代有了明显突破，"教师教育者"作为确切的概念被提出，其专业身份特征也逐渐从抽象走向具体。

2010 年之后，中国教师教育者的专业身份得到更加清晰的确认。教师教育者不仅是高等教育领域的教师教育者，而且是基础教育领域以及教育机构中的教师教育者。④ 在此基础上，国内学者参考中小学教师专业标准以及关注教师专业发展的现实需求，对教师教育者的专业身份进行理论建构。例如，许多国内研究者从社会学视角对高校领域的教师教育者进行描述，将促进教师专业发展以及教师教育者与教师专业发展的关系作为判断教师教育者角色的存在依据和实现方式的价值预设与理论基础，以此分析国内教师教育者的多元角色。有学者认为，教师教育者是身体力行的榜样示范者、使人立志的专业教育引领者、促成合作的专业实践联络者。⑤ 还有学者认为，教师教育者的专业身份有 5 个维度，即教

①　阮为文：《校长：作为教师教育者》，《教育科学研究》2005 年第 7 期。

②　Kari Smith, "Teacher Educators' Expertise: What Do Novice Teachers and Teacher Educators Say?", *Teaching and Teacher Education*, Vol. 21, No. 2, February 2005, pp. 177–192.

③　Jean Murray, "Becoming a Teacher Educator: Evidence From the Field", *Teaching and Teacher Education*, Vol. 21, No. 2, February 2005.

④　康晓伟：《教师教育者：内涵、身份认同及其角色研究》，《教师教育研究》2012 年第 1 期。

⑤　王加强：《教师教育者的多元角色分析——基于教师专业发展视角》，《当代教育科学》2011 年第 23 期。

师的教师、研究者、指导者、守门人（教师入职评价者）、课程开发者。①综上所述，当前的国内研究基本建构起"3 维内在特征 + 2 维外在特征"的教师教育者专业身份。内在特征即教师教育者作为教师教育领域的个体教师形象，应具备教师教育领域的专业课程设计与实施者、专业教育研究者、专业教育实践指导者的身份特征；外在特征是教师教育者在整个教师教育活动中，作为社会化参与者所应具有的专业形象，即应具备教师教育领域的专业示范者、专业联络者的角色属性。当然，这一时期，教师教育者专业身份的研究并不局限于对专业身份的理论阐释，也开始探索影响教师教育者专业身份建构的影响因素。

近年来，国内学者结合中国教师教育者专业发展的现实问题，分析教师教育者身份建构的影响因素。一方面，对于客观影响因素的分析，研究者主要聚焦于教师教育大学化的趋势和教师教育者在高等教育领域中地位不高的关键问题。例如，有研究者指出，高校教师教育者专业身份认知模糊是由 4 个方面原因造成的：（1）高校教师教育者自身岗前培训较为低效；（2）高校教师教育者专业成长的方式有限；（3）学术分离造成高校教师教育者间缺少合作；（4）国内教师教育学不构成独立的二级学科。②另一方面，国内研究者进一步分析了教师教育者在专业发展中常面临身份认知冲突的现实问题即专业身份建构的主观因素分析，具体表现在：（1）角色职责认知模糊，即高校教师对于自身的角色认知与定位不契合学校发展的整体要求。（2）角色调节失衡，比较明显地体现在教育者与学者角色失衡、管理者与其他角色失衡这两组冲突中。教育者与学者角色的失衡主要具象为教学与科研的冲突，即教师将大量精力投入学术研究等科研活动，忽视教书育人本分"重科研、轻教学"导致教学水平低下、教学效果不佳、师范生培养质量缺乏保障。（3）角色扮演偏离，即高校教师受自身文化心理的影响，高校教师的角色表现偏离社会、学校、学生的期待。③身份建构影响因素的研究是为了让教师教育者

---

① 李芒、李岩：《教师教育者五大角色探析》，《教师教育研究》2016 年第 4 期。

② 刘径言：《高校教师教育者的专业成长：特征、困境与路径》，《教师教育研究》2015 年第 3 期。

③ 李姝婧、康秀云：《高校教师角色冲突：样态、成因、调适》，《思想政治教育研究》2020 年第 2 期。

更好地关注个人生存及专业发展的内部与外部环境，从而明晰专业身份，在此基础上积极主动地理解和提升个人专业素养。

综合来看，近年来本领域的研究，阐释了高校教师教育文化建设与改进的重要性，以及教师教育者个体需要明确教育研究者、教育实践指导者、教育教学者的三重身份，进而在学术研究与教育教学中谋求专业发展的平衡。这些研究为新时代教师教育者专业素养体系的分析与建构提供了一定参考。但是，现有研究也主要是宏观视域的经验反思式研究，与教师教育者在新时代专业责任、专业发展现实境况的联系性不强，研究深度不足。

领域 3 代表教师教育者中职前教师培养的专业责任研究，这一部分由 3 个关键词组成："职前教师""职前教师教育""教师教育课程"。虽然如何培养师范生的问题在之前国内师范教育领域研究中已经占有一席之地，但是将职前教师培养作为教师教育者专业责任是对先前教师教育的深化和延伸，逐渐成为"教师教育者研究"领域的重要组成。这是因为 20 世纪 90 年代，中国教师教育进入"师范生培养 + 在职教师继续教育"阶段，教师教育者的专业身份开始受到关注。进入 21 世纪后，教师教育者作为专业实践主体的概念凸显。在 21 世纪初期，培养职前教师已经成为教师教育者的一项专业责任。专业责任意味着教师教育者有别于先前师范生培养传统，在整个职前教师培养过程融入了专业化、伦理性的责任品质。

研究者将培养专业教师的理论总结为 3 种取向①：其一是理智取向，即将（准）教师视为教育理论的应用者与实践者，将理论性知识视为教师专业发展的基础。教师教育的根本任务在于尽可能有效地传授理论性知识，实现理智取向最有效的方式就是采取传授的模式，向专家学习。其二是实践—反思取向，即将（准）教师视为反思性实践者，将教学工作视为融入教师个体经验与生活的实践，将实践性知识视为教师专业发展的基础。其三是生态取向，即强调结合学校的教学文化来培养（准）教师，其关注的重点不在教师专业发展的知识基础，而在它的环境与机制。2010 年之前，本领域的研究重点关注国内师范生培养范式

---

① 李振峰：《论教师教育理念的发展》，《教育探索》2005 年第 2 期。

（职前教师培养范式）的改变，即由"理智主义取向"的培养范式转向"实践—反思"取向的培养范式。培养范式的转变，引发了对教师教育者专业责任伦理的关注。首先，培养范式的转变需要教师教育者发现以及改进自身责任意识不足的缺陷，例如，教育实践时间设置不足、理论学习与教学实践相脱离、教学实践环节管理不到位等普遍化问题。相应地，教师教育者在"实践—反思"取向的职前教师培养范式中需要承担新的责任：开发和设计全程性、延续性教育实习模式，将职前教师的理论传授与实践指导充分结合；设计教育实践型课程内容、丰富师范生实践经验；保持合作品质、加强与师范生的专业交流。[①] 其次，培养范式的转变要紧密结合素质教育和第八次基础教育课程改革背景，改变师本位的传统培育思维，融入生本化的教育理念。这要求教师教育者发现职前教师培养过程中弱化学生主体意识、遏制学生创造性、压抑学生潜能发挥、忽视学生情感的现象，进而努力规划和设计"生本课堂"，实施"生本教研"，执行"生本评价"。[②] 尤其是21世纪的前十年，国内学者在师范教育领域中师范生培养研究的基础上聚焦教师教育者的专业责任问题，继续拓展研究。将教师教育者作为专业实践者的专业伦理意识与热爱教师教育事业、关爱学生成长的高尚品质融入职前教师培养的过程，将其转化为具体的责任伦理行为。

2010年至今，教师教育者负责职前教师专业培养的责任行为研究在职前教师培养的内容改进、培养方式创新、培养评价方案设计、教学方法改进等更为具体的研究领域中进一步深化，国外相关研究的借鉴分析与本土化实证研究增多。在国外研究的引鉴方面，有学者关注了澳大利亚墨尔本大学职前教师培养的课程设置研究。该校创设了"3 + 2 课程设置模式"，3年学士学位课程在学科所属学院里完成，课程类型分为拓展课程、选修课程、专业课程、其他课程，师范生进入教育学院后进行两

---

① 王淑莲：《地方院校师范生培养的实践教学改革对策》，《中国大学教学》2008年第5期。

② 纪德奎、张忠恒：《"师本"到"生本"：师范生培养范式的转型》，《西北师大学报》（社会科学版）2006年第3期。

年的教育理论学习与教育实习。① 研究者据此启示国内教师教育者提升自身的课程素养，注重理论研究型课程与教学实践类课程的有机搭配，真正融入以人为本的职前教师培养理念，不断提升和改进课程设计。还有学者分析了英国实行的实践取向教师教育改革，强调在真实情境中培养教师，确立"以学校为基地"的教师培养模式，建立"教学学校"联盟，由卓越的中学直接培养职前教师。② 基于此，研究者倡导国内教师教育者强化与高校教师、中小学教师、地方政府管理者联合的专业意识和专业能力，以更为有效地改进职前教师培养的方式。在国内实证研究方面，国内学者关注了职前教师课程评价在 21 世纪的改革与创新。学者们高度重视传统的以测试为基础的课程评价使职前教师困囿于专业知识的掌握，而无法有效培养其面对真实教育情境时思考、分析、解决问题的能力的问题，主张教师教育课程评价需要在匹配中小学教师专业发展需求方面着力。参照《小学教师专业标准（试行）》和《中学教师专业标准（试行）》中所体现的"教师信念与责任""教师知识与能力""教师实践与体验"等，将其作为新时代教师教育课程评价方案制定的基本依据。这就要求国内教师教育者明确表现型教师教育课程评价的专业责任行为，包括：检测职前教师全面且整体的专业素养、注重职前教师在真实情境中的表现、发挥职前教师在课程学习中的主体作用、促进职前教师可持续发展的实现。教师教育课程评价方式出现了档案袋评价法、微格教学评价法、课堂观察评价法、开放性试题与小论文结合等多种评价法，多元评价模式代替了单一、僵化的纸笔测验性评价。③

此外，国内研究关注了现代信息技术环境对职前教师培养的影响，鼓励教师教育者对教学方法进行改进。例如，视频案例教学法的主要优势在于：以视频案例的丰富性、互动性激发学习者的学习热情；以视频

---

① 金美月、景敏：《墨尔本大学中学职前教师培养课程设置研究》，《数学教育学报》2014年第 2 期。

② 毕妍、王国明、张欣：《英国"教学学校"职前教师培养政策探析》，《外国教育研究》2018 年第 4 期。

③ 周文叶：《职前教师教育课程评价：范式、理念与方法》，《教师教育研究》2014 年第 2 期。

案例的情境性、内隐性实现教师教育课程的目标。① 视频案例教学的研究致力于：帮助教师教育者明确教师教育目标，厘清案例应用目的；精选案例资源，巧设课程思考问题；组织拓展教学活动，延伸原理性知识学习。从而以更贴近职前教师发展实际的方式，实现高质量的教师教育。

从现有研究来看，教师教育者培育职前教师的专业责任行为研究过于琐碎，研究者期待教师教育者在教育教学的各个方面进行专业提升，缺失整体性、系统性、时效性研究。

领域4描述的是教师教育者的人格特质研究，包括"反思性实践者"和"教师个体反思"两个关键词。人格特质指的是在不同的时间与不同的情境中保持相对一致的行为方式的一种倾向。② 国内学者对于教师教育者的人格特质研究是围绕"专业反思者"来进行论证的，这是基于教师教育者专业身份的拓展性研究。本主题的研究尚未形成相对独立的研究领域，潜藏在"教师教育者"理论建构或是专业身份解析的相关研究中。

契合本主题的研究主要出现在2010年之后。在经历20世纪90年代对于教师教育者身份的初步探索，以及21世纪前十年对于教师教育者的概念建构阶段后，国内学者对于教师教育者的专业身份有了更深刻的感悟，试图总结国内教师教育者的核心形象。在21世纪初期，国内学者已经开始关注教师教育领域的"实践性反思"这一关键行为。例如，卜玉华在探讨国内教师教育及其研究发展问题时指出，教师教育研究的核心理念是教育理论与实践关系的结构性转向，教师教育及其研究的基本趋向是从"培养技术熟练型的教师"向"培养反思性实践者"转变。③ 教师教育研究任务的转变，需要教师教育者做出相应调整，一方面教师教育者应该深入了解中小学教师的教育教学实践，另一方面教师教育者需要具备一定的专业实践性知识。总而言之，教师教育者自身应成为一名

---

① 杨跃：《职前教师教育课程中视频案例教学管窥》，《教师教育研究》2010年第4期。

② 王洪才：《论创新创业人才的人格特质、核心素质与关键能力》，《江苏高教》2020年第12期。

③ 卜玉华：《教师教育及其研究何去何从——从教育理论与实践的关系展开的思考》，《教育理论与实践》2004年第11期。

专业的实践反思者。

2011 年教育部颁布《教师教育课程标准（试行）》，在"实践取向"这一基本理念中明确指出教师是反思性实践者。培养反思性实践者是职前和职后教师教育的重要目标。① 要使教师成为反思性实践者，教师教育者就需要成为一名专业实践反思者的理念得到广泛认同。换句话说，政策的颁布加速了国内学者对于教师教育者作为反思者形象的探寻。学者们主要从两个方面概括这种形象：一方面，从教师教育者如何在教学中进行实践反思来描述。有学者指出，教师教育者在培养未来教师的反思品性方面肩负重要职责。在培养"反思性实践者"的过程中，教师教育者不仅仅需要承担专业理论讲授者的角色，同时需要全身心投入教师教育实践过程，辅导（准）教师提升解决实践问题的能力。② 教师教育者的专业实践反思应体现在整个教师教育过程中，包括基于实践取向重构教师教育课程体系、建构基于实践场域的教师教育课程实施模式、建构多元化参与的教师教育专业实践共同体。③ 即使教师教育者远离教学实践场域，也应该保持实践反思的品行，充分借助仿真技术、微格教学等现代信息技术手段，进行虚拟实践现场的构建，结合分层练习、教学研讨、多元点评、整合实践的教学模式促进自身向专业反思型专家的方向发展。④ 另一方面，从教师教育者如何在专业研究中进行反思来进行描述。教师教育者要通过回忆和描述亲身经历的教学实践，使那些长期隐于教师教育者思想内部的东西外显化，在反思、解释中寻找共性的东西，⑤ 逐步培养教师教育研究的反思性品质。

综上所述，国内对教师教育者人格特质的研究主要从教师教育者为什么需要成为专业反思者，以及怎样成为一名专业实践反思者的视域来展开论述。然而目前这个领域的权威性文献数量较少，研究内容多为经

---

① 王艳玲：《教师形象的内源性考察》，《中国教育学刊》2011 年第 2 期。

② 蔺红春：《教师教育"技术理性"培养模式的反思与超越》，《当代教育科学》2016 年第 5 期。

③ 孔宝刚：《培养作为反思性实践者的教师之困境与出路》，《当代教育科学》2016 年第 14 期。

④ 滑红霞：《教师教育中虚拟现场的理论与实践》，《教育理论与实践》2020 年第 13 期。

⑤ 吕立杰、刘静炎：《在理论和实践之间教与学——西方国家教师教育者"自我研究"运动述评》，《全球教育展望》2010 年第 5 期。

验总结，研究深度不足。

领域 5 描述的是教师教育者的专业发展路径探索，主要包括"教师专业发展""教师教育者""教师教育""专业实践""教师学习""高校" 6 个关键词。教师专业发展即教师教育者所培育对象的专业性问题，始终是教师教育领域持续关注的主题，然而教师教育者的专业性及发展问题常常被忽视。国内本主题的研究出现在 2010 年之后，教师教育者的专业发展路径研究是在"教师教育者"概念发展的基础上进行探索的。

首先，国内学者认为，"教师教育者的自我研究"是基础性的专业发展路径。教师教育者是教师教育专业实践中的主体，专业主体的专业发展意愿与行动力，很大程度上决定了自身专业发展的质量。西方教师教育研究中所提倡的教师教育者积极进行"自我研究"，实现专业水平提升的理念被国内学者所重视。例如，澳大利亚学者约翰·洛克伦关于教师教育的教育学的论述，可以印证教师教育者的"专业性"根源于教师职业的实践性和专门性，他提出了一个重要的观点：理解"教教"和"学教"。[1] 由此可见，教师教育者的专业发展扎根于个人的教育实践，教师教育者在日常的教育生活中实现专业地教（学科教学）、专业地学教（学习如何教学）以及专业地教教（教育教师群体如何教学）。此外，国内学者指出，教师教育者需要在专业生活中，转变自己的专业态度，保持理性的专业角色认同，注重专业理论与专业实践的相互关照，注重持续性的自我评价。[2] 唯有如此，教师教育者才能具备敏锐的教师教育问题意识，实现专业研究和专业教学水平的提升。

其次，加强教师教育专业的制度化建设是教师教育者专业发展的重要路径。国内学者认为，教师教育者的专业发展困境与宏观的社会、学校环境息息相关。在教师教育学科制度建设、专业组织结构、专业评价机制都不完善的前提下，教师教育者很难提升自身的专业水平。因此，

---

[1]　John Loughran, *Developing a Pedagogy of Teacher Education*: *Understanding Teaching and Learning about Teaching*, London: Routledge 2005, pp. 1 – 10.

[2]　张勇、张滢：《论教师教育者的教育问题意识及提升策略》，《教育理论与实践》2015 年第 11 期。

国内学者认为，教师教育者的专业发展需要在以下几个方面着力：（1）建设教师教育学科制度（专业体系建设、专业学会建设、专业刊物建设）；（2）建立教师教育者的专业组织（实体的教师教育学院、虚拟的网络合作组织）；（3）规范教师教育者的评价体制（建立教师教育者的专业标准、构建教师教育者的专业评价学术体系）；（4）完善教师教育者的协同机制（参与教育教学实践、深入开展合作对话）。① 国内学者认为其中最为关键的是教师教育者专业标准的建构。2010 年以来，美国教师教育者专业标准、荷兰教师教育者专业标准被先后引荐到国内。学者们在分析解读的基础上，提出了国内教师教育者专业标准建构的理论构想，但是截至目前，仍然未有激励国内教师教育者专业发展的专业标准指标体系出现。

最后，教师教育者的专业培训是教师教育者专业发展的关键保障。国内学者参考了国外教师教育者的专业培训的相关研究，例如艾吉团队对索马里外语教师教育者的培训研究、② 学者海耶斯在 1997 年参与斯里兰卡基础英语教育培训计划中对教师教育组培训模式的研究、③ 伦贝尔团队对于教师教育者培训计划的研究。④ 在此基础上，国内学者主张教师教育者也需要进行长期或短期的专业培训，以实现专业意识、专业知识、专业技能的更新，从而实现专业发展。⑤

综上所述，国内教师教育者的专业发展路径研究较为晚进。教师教育者的个人研究、教师教育者专业的制度建设、教师教育者的专业培训是教师教育者专业发展的主要路径。但是就目前已有的研究看来，本领域的研究主要停留于理论构想层面，目前最适合国内教师教育者提升专业素养的路径是什么、现代信息技术环境下教师教育者如何提升自身专

---

① 李铁绳、袁芳、郝文武：《教师教育者专业发展的社会学分析》，《高教探索》2016 年第5 期。

② Julian Edge, "The Somali Oyster: Training the Trainers in TEFL", *System*, Vol. 13, No. 2, 1985.

③ David Hayes, "Cascade Training and Teachers' Professional Development", *ELT Journal*, Vol. 54, No. 2, 2000.

④ Mieke Lunenberg, "Designing a Curriculum for Teacher Educators", *European Journal of Teacher Education*, Vol. 25, No. 2, 2002.

⑤ 黄敏：《国外教师教育者的专业化发展研究综述》，《外国教育研究》2012 年第 12 期。

业发展水平等问题都被忽视了。

四　高频关键词象限分布图分析

为进一步探寻关键词之间隐藏的内涵，利用SPSS 22.0统计软件对29个关键词构成的相异矩阵进行多维尺度分析，结合聚类分析结果，绘制出教师教育者研究热点象限分布图（图3－2）。

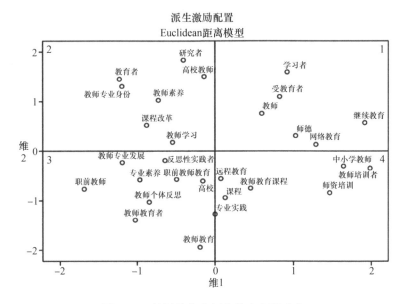

图3－2　教师教育者研究热点象限分布

如图3－2所示，各关键词所处的位置由小圆圈表示，小圆圈之间的距离远近代表关键词之间的密切程度。在多维尺度坐标轴划分的4个象限中，第一象限至第四象限分别位于图右上、左上、左下、右下区域。根据解释原则，第一象限的主题领域内部联系紧密且处于研究网络的中心地位；第二象限的主题领域结构松散，有进一步发展的空间，在整个研究网络中具有较大的潜在重要性；第三象限的主题领域内部联系紧密、题目明确，有研究机构对其进行正规的研究，但是在整个研究网络中处于边缘地位；第四象限的主题领域在整个研究网络中处于边缘地位，重要性较小。① 从图 3 – 2 中可以看出，聚类谱系图结果中各研究领域所包含的关键词分别位于不同象限，说明它们在"教师教育者"总体研究中所受到的关注程度以及研究成果的丰富程度有很大差别。结合高频关键词聚类谱系图与高频关键词象限分布图，我们发现在教师教育者研究中，领域 1、领域 2 的研究已经较为充分，只在相关部分仍有进一步深化研究的空间；领域 3、领域 4、领域 5 的研究尚不充分，亟待关注与拓展。

　　教师教育者指导中小学教师继续教育的专业责任研究（领域 1）的关键词分布在第一、第四象限。其中大部分关键词位于第一象限，"中小学教师""教师培训者""师资培训""远程教育"处在第四象限。21 世纪，现代信息技术与学校教育教学的深度融合成为现实，中小学继续教育研究与实践受到更多复杂因素的影响与挑战。新时代中小学教师专业发展的内容日益更新，只有具备适应信息时代的专业知识和专业技能才能适应未来学校教学，作为教师教育者只有具备更加综合的素质才能有效发挥专业职能。教师教育模式的创新，尤其是远程教师教育的发展是该研究领域中更具挑战性的问题，目前国内对于这几个方面的研究还比较有限，需要引起更多关注。

　　教师教育者专业素养体系建构研究（领域 2）的大部分关键词位于第一、第二象限，说明国内对于教师教育者专业素养方面的研究有了一定基础，其中关于高校教师教育者专业身份建构、专业角色认同的研究较为充分。"专业素养"是领域 2 中唯一分布在第三象限的关键词，说明未来教师教育者专业素养指标建构需要持续关注。"课程"是唯一分布在第四象限的关键词，说明在高等教育深化改革的当今时代，教师教育者课程开发、设计、实施方面的专业素养还没有得到应有的重视。

　　教师教育者培养职前教师的专业责任研究（领域 3）的关键词分布在第三、第四象限，关键词分布较为零散，说明本领域的研究很不充分。高速发展的信息时代背景下，知识爆炸性增长导致一部分职前教师（师范生）专业研究热情减弱，加之职前教师（师范生）未来就业的方式和

---

　　① 崔雷、郑华川：《关于从 MEDLINE 数据库中进行知识抽取和挖掘的研究进展》，《情报学报》2003 年第 4 期。

门类更加多元，专业发展需求呈现破碎性、不确定性等特征，为了培养面向 21 世纪的高质量教师，教师教育课程设置、课程实施复杂多变。目前，职前教师的核心素养、专业品质、专业信念等方面缺失实质性研究，这就无法将教师教育者的专业责任意识与专业行为真正建立在理解职前教师实际的基础上。因此此研究领域仍然具备向人本方向深入探索的空间，未来这方面的探索势必会随着中国教师教育理念的完善、制度与技术化环境的改善而逐渐深化。

教师教育者人格特质研究（领域4）的关键词均位于第三象限，关键词彼此之间相对紧凑，说明目前教师教育者作为"反思性实践者"的人格特质受到了关注，但是研究尚不充分。虽然国内学者对于教师教育者作为指导、帮助教师专业发展的专业化群体，其本身应成为专家型教师，而作为专家型教师，专业反思、反思性实践品质应成为其核心专业素养的观点已经达成共识，但是关于教师教育者如何成长为专业反思者的研究还比较有限，论证也不够深刻，如何支持教师教育者成为反思性实践者的研究也较为薄弱，亟待发掘和补充。

教师教育者的专业发展路径研究（领域5）的大部分关键词分布于三、四象限，关键词彼此之间距离较远。说明教师专业发展路径研究不充分。国内研究中，教师专业发展的问题受到较多关注，教师教育者发展问题则常常被忽视，目前已有的研究也仅仅局限于从理论层面提出教师教育者发展路径的构想。

正如卡西尔所指出的，人是符号的动物，而不是理性的动物。我们只有将人定义为符号的动物，才能揭示人的独特性，也才能理解人类面临的一条新的路即文化之路。[①] 目前，中国教师教育者研究"三维度＋五范畴"的研究体系表明，国内教师教育者研究是建立在教师教育者文化理解基础之上的，能够全面诠释教师教育者作为专业人的生命价值。各个主题之下的研究内容虽然有一定关联性，但是关联性不强，许多研究并不充分。例如，在教师教育者专业素养研究方面单极化思维明显，许多研究仅局限于单一专业素养指标的论证；教师教育者专业身份研究大

---

① ［德］卡西尔：《人论》，唐译编译，吉林出版集团有限责任公司 2014 年版，第 1—5 页。

多为思辨性、临时性研究，缺乏与教师教育者专业责任、专业发展实际境况的紧密联系；对教师教育者身份的研究集中在高校教师教育者群体，忽视了其他教育机构以及中小学的教师教育者，研究对象较为局限。总体来看，目前国内研究的局限性主要有 3 个原因：一是本领域的实证研究较为缺乏，对教师教育者作为专业群体的专业发展境况认知不够深刻；二是国内教师教育者专业标准处于缺失状态，对教师教育专业发展价值取向研究不够深刻；三是教师教育者个体发展与群体发展的研究视域彼此混淆。

第三节　国内教师教育者的研究总结与未来展望

教师教育者的聚类谱系图、象限分布图综合显示，中国教师教育者研究主要围绕教师教育者的专业责任、教师教育者的专业身份、教师教育者的专业素养 3 个维度展开，具体在指导中小学教师继续教育、承担职前教师培养、教师教育者专业素养建构、教师教育者人格特质研究、教师教育者专业发展路径 5 个领域取得了较为丰富的研究成果。但是国内教师教育者的研究仍然呈现割裂化、局部化，教师教育者既是特定专业领域中的制度化群体，也是富有崇高教育情怀的生命个体，由此，未来对于教师教育者的研究更需要具有整体性的探索精神，将专业发展境遇与教师教育者的个人实际紧密结合起来。

一　注重教师教育者的本土化研究

目前，中国教师教育者研究存在的主要问题是国外研究成果的引证成为国内研究的主要依据。不能扎根于本民族文化传统中的教师教育者研究，注定无法对中国教师教育问题"对症下药"，注重教师教育者本土研究是十分紧要的时代课题。

首先，要传承中国历史悠久的教师教育文化。中国现代意义上的"师范教育"可以追溯到清末民初时期，梁启超先生《论师范》一文为中国师范教育议论之发端，文章强调"欲革旧习，兴智学，必以立师范学堂为第一要义"①。在此之后，中国"师范学校"如同雨后春笋般逐渐发展起来。先有盛宣怀的南洋公学成立，而后有京师大学堂师范馆（1902年《钦定学堂章程》颁布）、京师大学堂正式开办，湖北师范学堂、直隶师范学堂、张謇的通州师范学校、张之洞的三江师范学堂等也先后设立。1904年《奏定学堂章程》颁布，标志中国独立的师范教育制度得以建立，初开初级师范学堂与优级师范学堂，师范教育形成体系化和规模化。20世纪二三十年代，国内师范大学的发展以及师范类课程与教学的持续改革，使师范教育达到了一个新的高峰。各革命根据地、解放区的师范教育也处于持续建设中，推动了农村师范教育的发展。中华人民共和国成立之后，党中央对师范教育极为重视。1951年，时任教育部部长马叙伦在第一次全国初等教育和师范教育会议上提出"师范教育是整个教育的中心环节"②。1952年相关规程制度颁布，确立了以高等师范学校（师范学院或师范大学）、师范专科学校和师范学校"三级一体"的师范教育体系，突出了高等师范学校的核心作用与地位，师范教育呈现整体发展态势。改革开放之后，中国师范教育紧密结合国际化发展趋势，在20世纪八九十年代向教师教育的方向转型。

其次，教师教育者的本土化研究需要紧密关注国内教师教育者的实际，建设具有中国特色的教师教育理论体系，重视新时代教师教育理论的发掘。中国"师范教育"转型具有历史必然性和时代意义，新的教师教育文化模式已经诞生，但这并不意味要抛弃旧的师范教育模式，而是将原有"师范教育研究"在新时期教育环境中重新建构，要始终将"教师教育者研究"植根于中国本土化教师教育实践中。研究者需要深刻理解中国教师教育范式的转型，体会国内师范教育的文化外延、文化表征与文化模式的创新发展，体会中国传统师范教育文化的革新、传承与发展过程，努力将优秀传统师范教育理论植根于新时代教育潮流中并赋予其新的价值意义和功能。③

---

① 马啸风主编：《中国师范教育史》，首都师范大学出版社2003年版，第5页。
② 马啸风主编：《中国师范教育史》，首都师范大学出版社2003年版，第5页。
③ 潘芳、刘远杰、覃泽宇：《后师范教育时代下我国师范生培养路径的构建》，《广西师范大学学报》（哲学社会科学版）2013年第6期。

二　全面认识教师教育者专业素养

教师专业素养指"教师拥有的有关教学的知识、能力和信念的集合"[①]。专业素养指标在教师专业发展中处于核心地位，具有动态发展的特征，随着教育环境变化，教师教育者在不同时期专业发展需求不同，专业素养指标也需要随之调整。教师教育者的专业素养指标体系研究，既是明确教师教育者作为专业实践者的重要内容，也是教师教育者适应不同阶段教师专业发展环境、适应教师教育任务的必要条件。

结合相关研究来看，国内学者对于教师教育者专业素养指标主要从3个方面来进行建构。其一，从教师专业素养的学理性概念出发，对教师教育者的专业素养进行建构。将教师教育者的专业素养同样界定为专业信念、专业知识、专业技能的集合。其二，从教师教育者专业胜任力的角度出发来进行思考。例如，国内学者认为，教师教育者既承担教师教学育人的任务，也承担指导教师专业成长的任务。因此，教师教育者需要具备双重性质的专业素养："一方面教师教育者应该是大学的学者，对本专业有较深入的研究，有扎实的专业理论素养；另一方面教师教育者应该有一定的中小学实践工作经历，对本专业领域的实践活动相当熟悉。"[②] 其三，从教师教育者个体身份特征出发来进行思考，将教师教育者视为专家型教师，在教师专业素养的基础上，教师教育者应具专业精神、专业理念、专业知识、专业能力、专业人格等专业素养，将知识与实践、认知、情感、态度及价值观有机融合。从目前的教师教育者专业素养指标体系建构研究来看，前期已经取得了一定的成果，但是随着信息时代的来临，以及社会对于卓越教学的期待，教师教育者的专业素养变得更为丰富和具体。如何将适应当代教师教育环境的教师教育者必备素养指标与传统素养指标兼容以实现教师教育者的生存适应性、如何从多元且繁杂的专业素养中甄选并确定教师教育者的核心专业素养，是值

[①]　李兆义、杨晓宏：《"互联网＋"时代教师专业素养结构与培养路径》，《电化教育研究》2019 年第 7 期。

[②]　王鉴：《跨界的能动者：教师教育者专业成长路径探析》，《中国教育学刊》2019 年第 7 期。

得深入思考的内容。

三　系统建构教师教育者专业标准

专业素养指标体系体现的是教师教育者个人从事教师教育活动所应具备的基本素质、基本能力，素养指标的凝练以及研究仍然是一种理论的假说，是对专业化教师教育者发展的一种向往与期待。换句话说，各式各样的指标体系只能为教师教育者的专业发展廓清内容、理清方向，真正驱动教师教育者培育专业素养、实现持续发展的重要举措在于专业标准的提出和确定。专业标准的设计将从制度层面上对教师教育者专业发展进行系统的规范，是教师教育者培养、准入、培训、考核的基本依据。只有具备了明晰的专业标准，才能保障专业从业者的质量。由此，国内教师教育者的专业标准设计成为当前十分关键的研究领域。

国内在此方面的研究较为薄弱，已有研究主要集中于引荐和描述国际相关教育机构以及其他西方国家相对成熟的教师教育者专业标准。国内学者对不同专业标准进行研究，总结、归纳应该从哪些方面对教师教育者的专业发展进行规范与引领。例如，国内学者对于美国教师教育者的专业标准、荷兰教师教育者的专业标准都进行了深入、细致的讨论，这些讨论明晰了教师教育者专业标准对于教师教育者专业发展的重要意义、价值，也提出了建构中国教师教育者专业标准的思考。但是已有研究仍然停留在经验反思的层面，中国还没有正式出台具体的、条目清晰的、契合本土教师教育实际发展需要的教师教育者专业标准。国内教师教育者专业标准的设计，需要在当代教师教育者专业素养指标归纳、建构的基础上，深入调查教师教育者面临的专业发展困境，在综合考量国内教师教育价值取向、资源分布、支持环境等因素的实际情况后，通过范围性的试点与专家学者的反复论证最终形成。国内教师教育者专业标准研究既是扎根于现实的学术探索，又是引领本土教师教育未来发展的思想积淀。

四　理解并合理应用多元研究方法

对样本期刊论文的分析发现，国内对于教师教育者的研究主要为思辨范式的研究。"教师教育者研究"是一项关于专业人群的研究，最终要回归到教师教育者的生命个体，换句话说，教师教育者研究应当使教师教育者自觉认清专业角色，学会谋求专业发展，体验并实现生命价值。然而，目前的研究正如同佐藤学所指出的，在教育学话语体系中，我们始终围绕着"教师教育者应当如何"的规范性逼近以及"如何成为教师教育者"的（生成性）教育性逼近来展开讨论。这两种逼近都忽视了"教师教育者是怎样一种角色""教师教育意味着什么"的存在论逼近。以往的教育学话语常常从外侧认识并控制教师教育者实践的命题性认识，今日所求的更应当是在制度化学校内部产生的对具体事件的认识与解读。在以往"命题性认识"方法的基础上，要求从内侧叙述教师教育者亲身体验的经验世界，探讨其含义的"陈述性认识"方法。进而可以说，需要开发使内侧的故事性认识与外侧的命题性认识交叉循环的方法论。① 因此，在未来的教师教育者研究中，研究者以叙述的方式，关注教师教育者个人化的反思与改进，是体现人本关怀、走进教师教育者心灵深处的可能路径，通过这种方式，教师教育者研究的空间会得到持续深化、拓展。

---

① ［日］佐藤学：《课程与教师》，钟启泉译，教育科学出版社2003年版，第208—215页。

第四章

国外教师教育者专业标准建构研究
文献综述

　　教师专业发展是教育高质量发展的一项重要指标。由于社会对教师的高期待和教师自身的发展诉求，教师专业发展逐渐成为人们关注的焦点。教师教育者是教师的教师，是培养教师的核心力量，其专业发展质量直接影响着教师教育的质量，而教师教育的质量又影响着教师的质量。

　　近年来，随着世界各国教师教育改革的推进与发展，越来越多的政府机构和学者认识到，教师教育改革成败的关键在教师教育者，而专业化发展是教师教育者整体质量的保障。通过梳理相关研究，我们发现国外有关教师教育者专业发展研究主要包括专业标准研究、专业身份认同研究、专业角色研究等。其中，教师教育者专业标准研究是最重要的研究领域之一，美国和荷兰是制定和出台教师教育者专业标准的两个典型国家，本章将从背景、进程、内容等方面梳理其教师教育者专业标准构建的整个过程，探讨其共性与个性，以期为中国教师教育者专业标准的构建提供镜鉴。另外，我们试图探寻国外教师教育者专业发展的新趋势，这将有利于拓展教师教育者研究内容，为中国教师教育者多元化发展提供借鉴思路。

第一节　国外教师教育者专业标准构建的背景

　　随着教师教育改革的推进与发展，越来越多的学者认为，教师教育者是一个具有多元文化背景的专业的群体，他们有自己独特的身份和特定的专业发展需求。① 因此，基于本国的实际发展需求和国际教师教育的改革目标，各国教育组织和学者积极探寻教师教育者专业标准的研究与制定，从而为其教师教育者专业发展提供规范与目标，在一定程度上保障了本国教师教育者专业发展整体质量与水平。美国和荷兰是较早关注教师教育者专业标准的研究与制定的两个国家。

一　回应提高教师教育质量的国际背景

20 世纪后期，教育在经济发展和国力竞争中的地位和作用愈加凸显，随着世界范围内教育改革进程的不断推进，改革的范围逐渐从"教育质量"扩展到"教师质量"②。尤其是经济合作与发展组织（OECD）在 20 世纪 90 年代陆续发布的有关教师质量及其教师教育现状的研究后，教师教育逐渐成为全球共同关注的话题，教师教育改革在各国逐渐受到了重视。同时，教师教育者的重要性及其专业发展质量逐渐成为各国研究的重点。这主要是由于人们越来越清楚地意识到，教师教育者的专业化发展直接影响着教师及其专业化质量。教师教育者是否需要进行专业发展、如何进行专业发展，以及如何从外部保障教师教育者的专业发展、架构其专业标准框架与维度，俨然成为各国政府和相关组织关注的焦点和中心。

欧洲教师教育协会提出，教师教育者质量高低会引起"连锁反应"，即教师教育者质量直接影响教师教育质量，教师教育质量则直接影响职前教师培养质量和在职教师培训质量，而职前教师和在职教师质量则会影响其专业教学质量，最终影响基础教育质量。该协会认为，教师教育者应该有其自身的专业表现特质及其专业发展的具体标准和要素，最终促进这一群体的自主和终身专业发展。

二　形成本国教师教育质量的外部保障

美国教育部在 1983 年公布的《危机中的国家》中不仅指出当下美国

---

① 马笑岩、陈晓端：《当代英国教师教育者专业发展模式评析》，《现代大学教育》2021 年第 6 期。

② 姚琳、石胜男：《美国教师教育者标准述评》，《外国中小学教育》2015 年第 9 期。

教师整体专业能力不能满足美国社会的期望与要求的状况，也剖析了教师职前培养与在职培训中的问题，建议通过推进教师教育改革和优化教师职前和在职培训项目来解决这一问题。① 这一报告的公布，使美国社会对教师教育质量及其教师教育改革的重要性有了更加明确的认识。而作为教师教育的主体——教师教育者的质量也逐渐成为关注焦点。1986 年，美国卡耐基基金会发布的《准备就绪的国家：21 世纪的教师》是美国 20 世纪 80 年代教师教育改革和教师职业的重要报告，报告中明确了几项重要举措：（1）成立全国专业教学标准委员会，其主要职责是建立教学职业的高标准，向达到标准者颁发资格证书，证书有教师资格证书和高级教师资格证书两种；（2）改善学校环境，增加教师专业自主权；（3）优化教师队伍结构，建立指导教师制度，引领其他教师达到学术和教学的高标准。② 从该报告中，我们可以看出教师质量和教师教育质量是其教育改革的重点：一方面，强调构建全国性的专业教学标准，以此来保障教师质量的发展；另一方面，呼吁构建适应当下社会需求的教师教育，确保教师教育质量。全国教学与美国未来委员会于 1996 年提出了"十年发展目标"，即建成普惠所有学生的高质量学校教学。要实现这一目标，不仅要把好学生的入学质量关，更要制定高标准的教师入职关和在职发展标准。同时，委员会要求根据制定标准的需求建立相应的教师教育及其专业发展组织。③ 2001 年，出台了《不让一个孩子掉队》的教育法案，该法案进一步明确了提高学生成绩的关键在于教师质量的保障。2009 年，美国政府开始实施"力争上游"计划，政府不仅重视教师培训质量，而且敦促各州制定适合自身的职前教师培养和在职教师培训评价标准。由此可见，卓越教师和教学是美国政府一直以来的关注点，教师教育者作为保障教师质量的最重要主体，相应地受到了关注并在不同时期对其专

---

① 陈德云：《美国优秀教师专业教学标准及其认证：开发、实施与影响》，北京师范大学出版社 2012 年版，第 63 页。

② 段晓明：《问责视角下美国教师教育的变革走向——基于政策文本的分析》，《比较教育研究》2013 年第 10 期。

③ Cari L. Klecka, Sandra J. Odell and et al., *Visions for Teacher Educators: Perspectives on the Association of Teacher Educators' Standards*, Lanham: Rowman & Littlefield Education, 2009, p. 153.

业标准进行完善与优化。

从 20 世纪 90 年代开始，荷兰的教育财政和教育组织转向学校自治，以便于落实学校负责教育质量这一理念，这一转变首先从高等教育和职业教育开始。1993 年，荷兰教育部发布了《专业展望》全国报告，该报告主要明确了教师职业的优势，以及提高教师专业教学能力的重要性。由此，荷兰政府相继出台了一些政策，主要从教师薪资、学校自主权、教师工作评价、教师专业化基本要求、教师教育绩效评价等方面为教师发展和教师教育质量提供外部保障。由此可见，这一时期荷兰政府也将关注点落在教师专业发展和教师教育质量上，从外部政策上建立教师专业发展和教师教育质量的保障机制，从而确保本国教育质量的稳步发展。

三　突破教师教育者专业发展的现实困境

进入 20 世纪 90 年代，初任教师教学实践能力变得越来越重要。因此，美国职前教师的培养和在职教师的培训模式也发生了转变。教师培养模式的改变对传统的重视理论学习的教师教育提出了挑战，由此逐渐出现了重实践、弱理论的教师培训模式与路径，中小学教师作为职前教师实习指导的主要承担者，其角色和功能也逐渐发生了转变。教师教育者群体的扩大，以及这一群体的整体质量成为人们共同关注的焦点，标准引领已成为教师专业发展的重要路径。美国教师教育者协会是美国教师教育者专业标准的制定主体，其根据发展需求制定教师教育者专业标准，对其进行不断地修订与完善，旨在为其教师教育者专业发展提供框架依据，从整体上保障其教师教育者专业发展质量，从而确保其本国教师教育质量。

20 世纪 90 年代，荷兰基础教育中出现了严重的教师紧缺问题，主要是选择教师教育专业的大学生越来越少、教师专业性要求高、大学教师教育培养质量出现问题等造成的。① 因此，荷兰社会和政府将关注点转至职前教师教育质量培养和教师教育质量提升等方面。尤其是随着教师专

---

① Bob Koster and Marco Snoek, "A National Curriculum for Teacher Education: A Dutch Case Study", *Journal of In-Service Education*, Vol. 24, No. 3, 1998.

业化的深入推进，作为教师专业发展引路人的教师教育者是否需要专业化成为人们讨论的重点。起初，荷兰教师教育工作者协会主要关注教师教育工作者的专业素养和专业能力的研究，提出了构建教师教育者专业标准的构想。在荷兰国内教师专业化程度越来越高的状况下，教师教育者专业化已成为其必由之路。荷兰教师教育工作者协会在理论架构和实践调查的基础上，制定了保障其本国教师教育者专业发展的标准框架，以确保其专业发展能力，最终促进教师和教师教育者的共同专业发展，为其基础教育质量提供保障。

第二节　国外教师教育者专业标准构建的进程

一　专业标准初建阶段

美国教师教育者协会成立于 1920 年，主要由高校、中小学学区和各州教育局的代表组成，是美国目前唯一一个致力于提升中小学和大学教师教育者的质量及专业化发展的国家级会员组织。目前，美国教师教育者协会已有近 1300 名教师教育者会员，包含 650 多所代表性大学院校、500 多个主要学区和地方教育部门。[①] 作为一个专业学术团体，美国教师教育者协会不仅积极参与国家层面有关教师教育的讨论和相关政策的制定，也在实践层面通过自己明确的目标使命、举办的年会和工作坊及创办的特色刊物和机构等为教师教育者的专业发展指引着方向和路径。20世纪 90 年代，随着美国国内对教师和教师教育质量的逐步关注，美国教师教育者协会将研究的重点转至教育者，形成研制教师教育者专业标准的共识。

美国教师教育者协会认为，教师教育者专业标准的研究需要达到 4 个方面的目标：制定标准；与标准相配套的评价机制；达到标准所需要的支持；对于促进教师教育者、教师教育、教学方面的有效作用。其中，最后一条目标意味着需要关注教师教育者专业标准对于准教师甚至中小学的学生可能会带来深远的影响。

---

① Association of Teacher Educators, "About ATE" (https://ate1.org/about-ate).

　　于是，1992年美国教师教育者协会发起为教师教育者确立标准的项目，成立了教师教育者专业标准研制任务小组。在此后的两年时间里，"任务小组"主要研究教师教育者专业标准该如何发挥其认证基础的作用和教师教育者专业标准的草案拟定工作。1995年，任务小组根据调查结果形成了一份最初的调查报告——《教师教育者认证》，这给美国教师教育者协会代表大会提供了长期的工作议题。通过教师教育者和代表大会投票，最终决定接受教师教育者专业标准的大部分内容。同时，美国教师教育者协会代表大会派遣"任务小组"继续进行修订工作，在全国举行听证大会寻找丰富教师教育者专业标准的途径。①1995—1996年，美国教师教育者协会在全国三分之一的地方举办了听证会。同时，在诸如全国教师教育认证州指导协会（NASDTEC）的会议、ATE年会、AACTE的会议等全国性会议上，就教师教育者专业标准草案进行了讨论，收集了各方反馈意见。经过众多教师教育者4年的精心筹备，研究小组首先从杰出的教师教育者那里获取第一手相关资料，然后对这些资料进行筛选、评估，将其中一部分资料融入标准。美国教师教育者协会最终于1996年2月第一次正式通过了教师教育者专业标准，具体包括7大专业标准。之后美国教师教育者协会组建了一个新的委员会，即美国专业教学标准全国委员会，该委员会成功研发与实施了美国优秀教师专业教学标准，建立了世界上第一个优秀教师标准与认证体系，负责组织专家论证、实践应用及评估该教师教育者专业标准。

　　荷兰教师教育工作者协会是一个非官方、非营利性的独立组织，其前身是荷兰大学教师培训协会，为保障荷兰教师的专业地位而创建。1975年7月1日，荷兰大学教师培训协会正式更名为教师教育工作者协会，总部设在奈梅亨。②荷兰教师教育工作者协会成员主要由教师教育各个相关领域的专家学者组成，具体包括大学教师、中小学教师、中等职

①　Cari L. Klecka, Sandra J. Odell and et al. , *Visions for Teacher Educators*: *Perspectives on the Association of Teacher Educators' Standards*, Lanham: Rowman & Littlefield Education, 2009, p. 153.

②　陈志强：《荷兰教师教育工作者专业标准的演变及特点》，《外国教育研究》2012年第1期。

业教育学院教师、教育局局长、教育杂志的编辑、教师培训机构负责人以及教师教育机构的研究人员等。① 在专业标准具体的开发过程中，该协会俨然成为被公众认可的发起者、组织者和协调者，以其权威性召集业内人士，充分征求他们的意见和建议，最终形成新的规章制度和专业标准并予以公布实施。

在教师专业化运动的推动下，荷兰教师教育工作者协会开始反思教师教育工作者是否也应该专业化、制定并实施有关教师教育工作者专业标准是不是这一群体专业发展的重要途径。20 世纪 90 年代中后期，荷兰政府和教师教育工作者都逐渐认识到，随着中小学教师专业发展质量的逐步提高，从事教师培养的师资主体——教师教育者的专业发展能力也自然需要提升，规范其专业发展行为、制定相应的标准有利于提高教师培养的质量、促进教师发展专业化。为了提高荷兰教师教育者的总体水平、提高教育工作者的专业素质，荷兰教师教育工作者协会在 1998 年的年会上提出构建"教师教育工作者专业标准和促进教师教育工作者专业发展"的建议，基本上确定了专业标准的框架：第一，专业标准既要促进教师教育者的专业发展，也要考虑建立提高教师教育者教学质量的外部监控；第二，专业标准应兼顾教师教育者不同的教学经历；第三，专业标准应该面向未来且能够反映教师教育的未来发展方向；第四，教师教育专业标准指标要具有可操作性。基于此，1999 年 1 月，荷兰教师教育工作者协会在工作会议上对教师教育工作者专业标准初稿进行了讨论和修订，在同年 6 月颁布了国内第一个教师教育工作者的专业标准。除此之外，为更快、更稳地达到预期目标，荷兰教师教育工作者协会基于标准研发出一套教师教育者"自我评估、专业发展的注册程序"，具体见图 4 - 1。

二　专业标准实施与完善阶段

美国教师教育者专业标准（1996 年版）发布后，美国教师教育者协会将其作为自 1997 年开始每年一度的"卓越教师教育者"的评选依据。

---

① 陈志强：《荷兰教师教育工作者专业标准的演变及特点》，《外国教育研究》2012 年第 1 期。

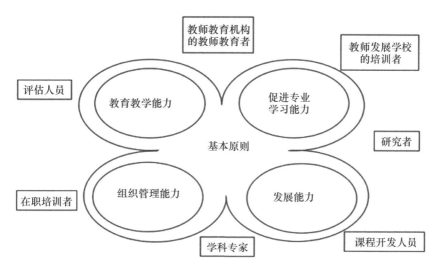

图 4 - 1　荷兰教师教育工作者注册程序

"卓越教师教育者奖"主要用于奖励有突出贡献的教师教育者。随后，教师教育者专业标准（1996 年版）的应用范围逐步扩大，其影响力也显著增强，不仅得到了许多教师教育专业组织的认可，一些高校的教师教育项目也以该标准为框架培养教师教育者。

20 世纪 90 年代初期，荷兰的教师教育者被视为特殊的和隐藏的专业群体。荷兰教师教育工作者协会认为教师教育的范围比较广，既包括职前和在职教师教育，也包括高校的教师教育。因此，在实施对象方面，1999 年版的教师教育工作者专业标准既面向职前教师教育，又面向在职教师教育，还面向高校的教师教育工作者。但从具体内容来看，1999 年版的教师教育工作者专业标准首先面向的是高校的教师教育工作者，其次是中小学的教师教育工作者，最后是其他教师教育机构的工作者。

从这一阶段专业标准的使用者和受用者来看，主要面向的是高校的教师教育者，这是因为教师教育者专业标准的目的在于提升教师教育者的专业发展能力与水平，从而发挥其引领和导向作用，在一定程度上保障教师教育质量，提升职前教师和在职教师的专业能力。

经过几年的实践，美国教师教育者协会开始对教师教育者专业标准进行修订与完善。2003 年，时任美国教师教育者协会主席弗朗西斯万·

塔希尔任命了第二个教育者标准制定工作小组即教师教育者标准全国委员会，主要工作是对 1996 年版教师教育者专业标准进行修订，补充明确专业发展水平的评价程序和细则。这次的教师教育标准全国委员会委员主要包括高等学校的教师教育者、中小学一线在职教师和美国教师教育者协会成员等。委员会主要通过问卷调查、小组焦点讨论、深入访谈和个人实践写作等方式修订和完善 1996 年版的教师教育专业标准。经过 5 年的实践，于 2008 年初步形成了新一版的教师教育者专业标准草案，与 1996 年版相比，标准内容由 7 项增至 9 项。这个版本的出现，标志着美国教师教育者专业标准开始进入广泛的应用与实施阶段。[①]

经过几年的实施与推广，荷兰教师教育工作者协会认为 1999 年版教师教育工作者专业标准还存在一些问题：原有标准中涉及教师教育者专业道德方面的内容较少；专业目标针对性不够，只针对高校的教师教育者，而忽视了中小学教师教育者，等等。基于以上原因，荷兰教师教育工作者协会对 1999 年版的专业标准进行了修订与完善。

21 世纪初，由于教师专业发展学校和基于工作场所学习理论等的兴起，荷兰也开始了以中小学为基地的教师教育改革，这不仅促进了荷兰教师教育改革的高质量发展，也带来了教师教育者内涵的变化。荷兰学者提出，除了来自大学教师教育机构的教师教育者，中小学教师也是教师教育者，他们是职前教师教学实践中的指导教师，为职前教师在班级管理、合作学习、教学设计与指导、指导学生等方面提供专业支持。[②]

2003 年版专业标准共实施了 5 年，为了进一步夯实教师教育者专业性，荷兰教师教育工作者协会在行动中进行反思，逐渐发现专业标准在实施和推进过程中的问题和困境：首先，由于对教师教育者专业标准内涵的界定过于宽泛和笼统，反而使教师教育者无法聚焦专业标准的核心，使其在实践中难以把握专业发展的内涵；其次，忽视了教师教育者内涵

① 陈时见、王春华：《美国教师教育者的专业发展取向及启示》，《比较教育研究》2012 年第 11 期。

② Anja Swennen and Marcel van der Klink, *Becoming a Teacher Educator：Theory and Practice for Teacher Educators*, Dordrecht：Springer, 2008, p. 209.

的不断发展，从而使得现有的专业标准受众面小，这在一定程度上影响到教师教育者群体的发展目标；最后，在实践中，荷兰教师教育工作者协会本身还需要不断发展与建设，需要完善教师教育者注册程序和制度，以保障专业标准的设计和实施。荷兰教师教育工作者协会在反思中对2003 年版专业标准进行修订与完善，于 2008 年 2 月推出了新的教师教育工作者专业标准，即 2008 年版专业标准。

三　专业标准深入推进阶段

美国教师教育者专业标准 2008 年版出台后，在实践与反思的基础上，美国教师教育者协会给出了 2008 年版专业标准的实施建议，期望教师教育者能根据自身专业发展基础与未来专业发展定位，依据 2008 年版专业标准，有效地实施与反思，最终获得自身专业发展能力的提升。

美国教师教育者协会建议的实施途径主要有：（1）初步了解教师教育者工作性质与专业角色；（2）设计教师教育者的专业发展计划；（3）参与教师教育者的年度考核与评估；（4）积极构建教师教育者共同体，围绕教师教育领域进行讨论；（5）建立教师教育者发展的专业成长记录袋；（6）根据自身特点与实际需求设计求职履历；（7）在教师教育专业毕业班运用此标准，建立工作坊实践手册；（8）设计教师教育者发展项目；（9）基于标准要素有针对性地发展专业；（10）通过建立教师教育工作坊或召开美国教师教育者协会工作会议宣传此标准；（11）此标准作为教师教育者资格证书认证和具体表现的评估参照；（12）作为调查研究小组为开展教师教育者主题研究提供基础；（13）向其他美国教师教育者协会的工作团队宣传此标准；（14）在美国教师教育者协会年度会议反思此标准的实施效果；（15）引导学术界探讨教师教育者的专业内涵与专业角色；（16）此标准作为收集教师教育者工作状态的参照标准；（17）为培养教师教育者开发博士生项目；（18）明确教师专业发展学校中教师教育者的专业角色，以明确其所应承担的专业责任；（19）此标准作为评选年度杰出教师教育者的重要参照依据。

从以上美国教师教育者协会建议的 19 种教师教育者专业标准的实施途径来看，为了面向更加广泛的教师教育者群体，美国教师教育者协会鼓励从两个方向实施该标准：一是专业理论方面，强调基于此标准更加深入地明确教师教育者的专业内涵、专业角色与专业发展内容等，找准自身专业发展的理论依据与方向，为进行专业实践提供理论支持与保障；二是专业实践方面，强调实践中的专业责任与专业反思，为自身专业发展实践提供一定的基础，如求职履历的制作、专业成长袋的记录、专业资格证书的认证等。

从美国教师教育专业标准实施现状来看，仍存在一些问题，如缺少高质量的教师教育项目设计、教师教育者多元文化背景还不能满足目前学生的需求、教师教育者反思—行动—反思的过程还不够扎实等，但不能否认该标准为美国的教师教育发展作出的巨大贡献。该标准的制定以提升教师教育者的教学能力、文化素养、创新思维等为目的，有力地推进和提升了美国教师教育者的学术水平、实践水平、职业发展水平。[①]

荷兰教师教育者专业标准的实施主要依托的是相互联系的教师教育者专业发展项目，即教师教育者知识基础项目、教师教育者专业质量项目、教师教育者专业发展课程项目，与教师教育者认证程序息息相关。

教师教育者知识基础项目于 2009 年开始实施，主要是为荷兰教师教育者的专业行为提供理论基础和参考框架。荷兰教师教育工作者协会根据舒尔曼教师知识模型理论，结合荷兰教师教育者的专业知识基础，提出了教师教育者知识基础项目的 3 个主要领域，即核心知识、特定知识和扩展知识。[②] 其中，核心知识是要求所有教师教育者掌握的知识，主要包括教师教育专业知识、教师教育专业教学知识、学习者知识、专业教学与指导知识。特定知识主要针对教师教育专业培养目标和学科特定的知识，包括教师教育专业培养的入职类别和所教学科类别。[③] 教师教育者

---

①　姚琳、石胜男：《美国教师教育者标准述评》，《外国中小学教育》2015 年第 9 期。

②　平翠、高宗泽：《教师教育者的知识基础：荷兰的视角》，《外国教育研究》2015 年第 3 期。

③　Mieke Lunnberg, Jurriën Dengerink and Fred Korthagen, *The Professional Teacher Educator Roles, Behaviour and Professional Development of Teacher Educators*, Rotterdam：Sense Publishers, 2014, p. 89.

知识基础项目为荷兰教师教育者提供了一个开放的应用框架和系统。荷兰教师教育工作者协会通过问卷调查和实地调查，分析了该项目的实效性。从结果来看，知识基础项目扩充了现有的知识体系，满足了不同类教师教育者的专业知识学习诉求，得到了荷兰教师教育者的普遍认同。

教师教育者专业质量项目进一步发展了荷兰教师教育者专业标准及其认证程序。2003 年，荷兰教师教育工作者协会研制出与 2003 年版专业标准匹配的自我评价、专业发展与注册认证制度。在自我评价中，2003 年版专业标准是教师教育者自我评价的核心依据。同时，荷兰教师教育工作者协会筛选符合要求的评价者对教师教育者提交的专业成长记录袋进行评估，判定申请者是否能够通过注册。如果通过，申请者就会成为注册教师教育者。荷兰教师教育工作者协会每 4 年对注册教师教育者进行评估，主要从 3 个方面进行评估：（1）明确的专业发展目标；（2）多样化的专业发展活动；（3）专业发展效果。

教师教育者专业发展课程项目自 2010 年开始实施。该项目为期 1 年，需要参加的教师教育者完成 130 小时的学习，其中包括 42 小时的线下学习。课程结束后，参加的教师教育者会就会通过课程合格注册。该项目课程共包括 4 个方面的内容，即教师教育教学法、专业指导、教师教育研究、拓宽专业网络。其中，在"教师教育教学法"中，"自我反思"是一个核心内容。自我反思主要是通过研读"知识基础"中的"教师教育教学法领域"相关文献，对其进行梳理与反思，最终形成示范教学能力。[①] 在"专业指导"中，主要围绕支持教师教育专业学生反思学习进行，对其进行指导，从而使其形成从事教师教育工作的基本能力。在"教师教育研究"中，主要从 3 个方面进行专业学习：一是独立从事一项教师教育研究；二是运用比较研究法对自我反思研读文献进行分析；三是运用前期学习开发一种研究工具。在"拓宽专业网络"中，主要通过创建或参加某一专业学习小组，形成专业学习共同体，从而拓宽专业研究网络，最终实现专业学习共同体的共同发展。

---

① 平翠：《荷兰教师教育者的"知识基础"研究》，硕士学位论文，东北师范大学，2015 年。

第三节 国外教师教育者专业标准构建的内容

一 美国教师教育者专业标准的具体内容

美国教师教育者协会将其基本使命表述为：在所有机构中促进教师教育者的主张、公平、领导力和专业化，为所有层次学习者的素质教育提供支持，通过典型的实践和研究项目推动优质教师教育的发展。[①] 正是基于这一基本使命和目标定位，1996 年版的专业标准侧重广泛的教师教育者的专业发展，具体见表 4-1。

表 4-1 美国教师教育者专业标准（1996 年版）

标准维度	具体内容
标准一	展示教师教育专业所需的知识、技能和态度
标准二	研究并形成与教学和教师教育相关的一个或多个学术领域
标准三	系统探究和反思自身专业实践，并认同终身专业发展
标准四	在不同教师教育培养项目的发展、实施和评价中发挥领导作用，能够基于公平理论接纳多样性和差异性，在项目实施过程中能够做到公平、公开、严格，目标性明确
标准五	以有效的方式方法与中小学、大学、州教育部门、专业协会和专业共同体定期进行合作，以促进教学、学习和教师教育发展
标准六	做有知识的、有建设性意见且具有批判性思想的倡议者，提倡为学生提供高质量教育
标准七	为教师教育专业的发展作出贡献

资料来源：Association of Teacher Educators, *Standards for Teacher Educators* (https://atel.org/standards-for-teacher-educators).

[①] Association of Teacher Educators, "Vision and Mission Statement" (https://atel.org/mission).

从表 4 - 1 可见，美国教师教育者专业标准全方面规范教师教育者的专业发展，不仅体现在其自身的专业教学能力、示范能力和反思能力上，还鼓励和支持教师教育者促进教师专业发展的引领和合作能力，重视教师教育者的专业影响力和专业奉献精神。

进入 21 世纪，为了应对教师教育变革的挑战，美国教师教育者协会着重从 3 个方面发挥作用：一是发展优质培训教师项目以满足美国学校对高质量教师培养的需求；二是在分析教师培养和长期职业发展相关的问题与实践的过程中关注合理评估要求和教育公平问题；三是为协会成员个体专业成长倡导开展合作伙伴关系、加强职前职后联系并实现多元教师发展。[①] 美国教师教育者协会在实践与反思的基础上，对 1996 年版专业标准进行了完善与优化，以期形成更加开放、多元与包容的教师教育者专业标准。具体可见表 4 - 2。

表 4 - 2　　　　　　美国教师教育者专业标准（2008 年版）

标准维度	具体标准要素
示范教学	1. 对有不同学习需求的学习者进行有效示范和指导 2. 在职前教师、在职教师和教师教育者群体中发挥示范作用，形成批判性思维和解决问题的能力 3. 根据最新研究需求，完善课程从而达到最佳实践成果 4. 以发展学生的反思能力为目标，进行示范反思性教学 5. 说明恰当的主题内容 6. 能展示恰当的、精确的专业内容 7. 能够运用实用技术并根据主题进行系列授课和教学评价 8. 具备指导新入职教师和教师培训者的能力 9. 能够促进自身教学实践及其应用发展 10. 能够基于现行教育政策和研究指导，开展教学实践活动

---

① Association of Teacher Educators, "Position Framework" (https://ate1.org/resources/Documents/Pdfs/ATE%20Position%20Framework.pdf).

标准维度	具体标准要素
文化素养	1. 能从事满足多样化社会需要的教学实践活动
	2. 能将社会文化融入教育教学研究
	3. 能融入不同的专业群体
	4. 具备减少职前教师、在职教师以及其他教育工作者偏见的方法
	5. 能从事促进社会公正的活动
	6. 开展与学生的家庭、文化和所在社会群体有关的教学
	7. 能够基于学生的发展特点和学习风格，有针对性地设计教学
	8. 具备对特殊学生和家庭的积极引导态度
	9. 具备自身文化和其他文化的共性知识并能积极推广
	10. 能够进行有关文化及文化差异的研究
	11. 为满足不同学习者需要，能够掌握和推广多种评价手段
	12. 招聘具有多样化文化背景的教师和教师教育者
学术研究	1. 能够围绕教学、学习和教师教育中的理论与实践问题进行研究
	2. 能够积极关注和应用教师教育的最新进展
	3. 能够主动将新知识与现有知识进行联系
	4. 能够主动参与和开发教师教育项目
	5. 能够将自身研究应用于专业教学实践、教师教育项目或专业课程
	6. 能够进行教师教育项目与方案评估
	7. 能获得用于研究和实践服务的基金支持
	8. 能向教师教育机构拓展和推介研究成果
	9. 能够进行行动研究
	10. 能够有针对性地评价专业学习目标和学习成果
专业发展	1. 能系统地反思自身专业实践和专业学习
	2. 能够基于一定的专业学习目标进行专业发展
	3. 能够不断地反思以构建个体教学哲学系统
	4. 能积极参与教师教育协会和其他学术团体组织的学习活动并对其进行反思
	5. 能够将自身生活经验应用于专业教学和专业学习
项目发展	1. 能够设计和开发可行的教师教育项目
	2. 设计和开发的教师教育项目能通过官方批准或认定
	3. 积极评估并实施教师教育课程和教师教育项目
	4. 能够构建教师教育项目的标准并在不同层面上开发和实施教师教育项目
	5. 能够开发和推广有效的和有影响力的教师教育项目

续表

标准维度	具体标准要素
合作与沟通	1. 能够形成跨学科、跨学校的专业发展合作关系 2. 能支持中小学教师教育的发展 3. 能参与教师教育相关政策的决策 4. 形成和具备跨学科的专业能力 5. 能够参与并形成教师教育内的相互促进关系体系 6. 能够参与优化教师教育项目的合作研究项目 7. 能够获得从事教师教育改革的资金支持并积极倡导合作
公共宣传	1. 通过论坛、专业活动和与政策决策制定者合作等途径，提升所有学习者的素养 2. 能够在参与本地、州联邦和国家制定政府政策和法规的人中进行宣传，从而支持和改善教师教育与专业学习 3. 能够积极解决受教育政策影响的教师教育问题
教师教育专业	1. 积极参与地方、州、国家或国际等各级的教师教育专业组织 2. 可以编辑和审阅教师教育组织机构将要出版和在发表中的原稿 3. 能够明确哪些是可以促进教师教育专业发展的资源 4. 能够编撰和开发教师教育专业教材和电子资源 5. 能够招聘有专业前景的职前教师 6. 能够招聘未来的教师教育者 7. 能够向卓越教师教育者学习，促进自身的专业发展 8. 能够为职前教师设计入职前指导计划 9. 支持职前教师专业发展组织以促进职前教师教育质量 10. 能够积极倡导并提升教师教育标准质量
专业视野	1. 积极参与关注教师教育改革的专业学习团体 2. 能够提升教师教育领域内的创新能力 3. 能够掌握和展示技术能力 4. 能够积极学习全球性的新专业知识 5. 能够研究并运用创新能力 6. 能够将自身实践与全球性新专业知识结合，将其运用于基础教育的课程教学

资料来源：Association of Teacher Educators, *Standards for Teacher Educators* (https：//atel. org/standards-for-teacher-educators).

2008 年版教师教育者专业标准的内容主要涉及示范教学、文化素养、学术研究、专业发展、项目发展、合作与沟通、公共宣传、教师教育专业、专业视野方面。同时，从教师教育者标准在实践应用表现特征的视角，分析了该标准对促进教师教育者自我研究和合作研究的积极作用。

其中，示范教学维度要求教师教育者在专业知识、专业技能、专业发展与反思研究、教育技术应用、教学评估、最优化教学选择等方面做出示范或表率，要熟悉评价技术和手段，具备反思研究的能力以及在教师教育过程中选择最佳的教学实践路径。文化素养维度要求教师教育者具备文化胜任力，促进教师教育改革与发展中社会公平与正义观的发展。学术研究维度要求教师教育者致力于对学术研究作出应有的贡献，为教师教育发展以及相关知识基础的拓展作出学术贡献。专业发展维度要求教师教育者对教师教育改革与发展实践开展系统的探究、反思，努力提升自身的教师教育专业实践能力，从而在教师教育方面积极致力于可持续的专业发展。项目开发维度要求教师教育者具备组织开展教师教育项目的主题设计、项目实施和效果评价的能力，从而使教师教育改革与发展项目具有严肃性、相关性并且得到理论研究和成功实践的支撑。合作与沟通维度要求教师教育者具备合作与沟通能力，能够定期与相关单位或部门开展有效的沟通与合作，以改善或促进教师教育的教学、学术研究以及学生的学习等。公共宣传维度要求教师教育者具备较强的社会参与能力以及建设性的社会倡导能力，积极倡导并为学生提供高质量的教师教育。教师教育专业维度要求教师教育者具备教师教育专业化相关的能力，从而为教师教育专业的提升作出贡献。该项标准包括 10 项指标和 11 类成果。专业视野维度要求教师教育者对构建教学、学习和教师教育的愿景作出贡献。作为教师教育者，需要创新教师教育的教学和学习，拓展教师教育的研究与实践视野，不断思考诸如应用技术、系统思维和国际视野等问题。

从表 4 - 2 可见，与 1996 年版相比，2008 年版的教师教育专业标准强调教师教育者的专业态度，不仅关注教师教育者专业发展共同体的建立与发展，而且注重教师教育的现实情况，强调形成多元化、全球化、科技化和合作发展的教师教育理念。

两个版本的教师教育者专业标准逐渐强调教师教育者的文化胜任力和学术研究，期望教师教育者在教师教育领域中发挥积极作用，规范了出色的教师教育者应该具有的素养，表达了人们对教师教育者这个群体的期待。

二 荷兰教师教育工作者专业标准的具体内容

荷兰1999年版的教师教育工作者专业标准主要从以下方面规范教师教育工作者的专业发展：一是从事教师教育工作的必备素养；二是对职前教师和在职教师专业发展的影响；三是突出专业反思的重要性，强调通过专业反思途径发展教师教育者的专业能力；四是社会对教师教育工作者的期望。具体见表4-3。

表4-3   **荷兰教师教育工作者专业标准（1999年版）**

标准维度	具体内容
标准一	了解职前教师（学生）的发展，协助和指导准教师的发展，负责自身的专业发展
标准二	教师教育者能够基于现实需求确立自己的教育愿景
标准三	具备良好的专业发展态度，具有倾听与创新的能力，能够为职前教师提供反馈，能够运用专业能力解决问题
标准四	以教师和职前教师的教学实践问题为发展原点，能够进行专业反思，能够进行跨学科整合研究与实践且形成良好的师生关系
标准五	能与职前教师形成合作团体，进行教师教育领域的研究
标准六	具备从事教师教育专业的基本能力，包括专业知识能力、专业教学能力、专业组织能力、团队运作与沟通能力和个人专业成长能力

资料来源：Mieke Lunnberg, Jurriën Dengerink and Fred Korthagen, *The Professional Teacher Educator Roles*, *Behaviour and Professional Development of Teacher Educators*, Rotterdam: Sense Publishers, 2014, p. 81.

荷兰2003年版的专业标准在1999年版的基础上进行了补充与完善，从专业知识、专业技能、专业态度、专业品质和专业价值观5个不同维度进行了详细描述。与1999年版相比，2003年版的专业标准增加了"专业品质"和"专业价值观"，这两个维度的指标要素关注的是教师教育者的职业道德规范，强调在职业道德规范下进行专业发展，关注教师教育者整体的专业发展。

表4-4 **荷兰教师教育工作者专业标准（2003年版）**

标准维度	具体内容
专业知识	1. 具备广博且深厚的教师教育知识 2. 在跨学科的教学背景下，具备跨学科和多学科的知识结构
教学技能	能够通过多样化的教学方法和教学策略引导学生的专业学习与发展
专业态度	1. 持续关注自身的专业发展和专业成长 2. 具备坚定的专业态度
专业品质	1. 培养良好的专业品质 2. 对教师教育这一职业怀有高度的热情，对工作充满强烈的责任感
专业价值观	1. 能够以开放的态度对待学生和同行 2. 主动与学生和同行进行交流互动，与他们建立良好的合作关系

资料来源：Mieke Lunenberg, Fred Korthagen and Anja Swennen, "The Teacher Educator as a Role Model", *Teaching and Teacher Education*, Vol. 23, No. 3, 2007.

荷兰2003年版的教师教育工作者专业标准的内容包括了解实习教师的专业发展、促进和监督实习教师的专业成长以及推动自身的专业发展。除此之外，协会进一步对教师教育工作者专业知识深度和广度、专业能力诸如理解沟通能力、人际交往能力和组织协调能力等方面作出了要求。

2008年版的专业标准的目标在于促进和提升荷兰教师教育领域所有的工作者的专业发展能力与水平。从内容来看，主要聚焦3个方面：一是促进职前教师（教师教育专业学生）学习与发展的必备能力；二是引领在职教师专业成长的必备能力；三是实现自身专业发展的必备能力。从使用主体来看，2008年版的专业标准扩大至高校教师教育者、中小学教师教育者以及教师教育培训和研究机构的工作者。这不仅符合当时基于工作场所学习的潮流，也从受众群体上涉及了与教师教育改革和发展有关的人员，这在一定程度上保障了教师教育改革与发展的深入推进。具体可见表4-5。

表 4 - 5　　　　　　**荷兰教师教育工作者专业标准（2008 年版）**

标准维度	具体内容
专业能力	1. 人际交往能力：与学生和其他教师教育工作者建立良好的人际关系，融洽愉快地工作 2. 教育教学能力：运用教学策略创造积极的学习氛围，促进学生的个性化学习 3. 组织管理能力：有效组织课堂教学并能妥善处理教学突发事件 4. 交流合作能力：能够与学生和其他教师教育工作者进行有效沟通与合作 5. 创新工作能力：能够积极更新专业知识，具有创新能力 6. 个体发展能力：能够基于自我表现，通过实践反思改进和提升教育教学能力
专业知识	全面的专业知识：在跨学科和多学科的教师教育背景下，具备多样化的专业知识结构
教学技能	扎实的教学技能：掌握并有效运用教学方法实现教学目标，提升学生学习效果
专业态度	发展的专业态度：关注自身的专业发展和专业成长
专业品质	优秀的专业品质：具有从事教师教育工作的热情、责任感和专业精神
专业价值观	积极的专业价值观：与学生和其他教师教育工作者建立积极的联系

资料来源：VELON，*Beroepsstandard*（http：//www. velon. nl/beroepsstandard/beroepsstandard_schoolopleiders）.

2008 年版专业标准中的每个部分都列出了相对应的指标和所需证据。从横向上看，不同岗位和不同背景的教师教育者都能够在标准中找到与自身对应的要求，从微观（如教学、学术等）和宏观（如项目发展、教师教育发展等）的角度看，标准的范畴也几乎涵盖了教师教育者专业发展的各个方面并提出了不同的要求。从纵向上看，整个标准对不同层次的教师教育者（如初任教师教育者、成熟教师教育者、优秀教师教育者）的发展要求都适用，对教师教育者的基本能力要求和特殊能力的要求贯穿了教师教育者的一生。

三　美国与荷兰教师教育者专业标准的特点分析

1. 专业标准制定主体的权威性和专业性

美国和荷兰教师教育者专业标准都是由教师教育者协会制定与完善

的。从发展历史来看，美国教师教育者协会和荷兰教师教育工作者协会都是非官方的协会组织，其协会成员都是由大学教师教育者、中小学一线教师、教师教育机构成员、教师教育研究人员等组成，他们是教师教育的利益攸关方。两个协会是专业标准制定的主体，是以提升教师教育者专业发展及其质量为宗旨的国家级协会组织。每一版专业标准的制定及其修改和完善过程，都是由美国教师教育者协会和荷兰教师教育工作者协会组织教师教育领域的各类专家，形成教师教育者专业标准的研发共同体，在研发共同体内，所有成员具有同样的目标、相同的专业期望与专业发展，这有助于发挥其在专业标准制定过程中的主动性且实现相互补充，有利于保障专业标准的专业性与权威性。

2. 专业标准实施主体的适切性与发展性

从专业标准制定目标来看，美国教师教育者协会和荷兰教师教育工作者协会以促进本国教师教育者整体质量为指导思想，面向本国不同发展阶段、不同类型的教师教育者，包括高校的教师教育者、中小学的教师教育者、教师教育机构的工作人员、教师教育研究人员、各个学区和教育行政部门人员等。从实施主体来看，这些群体基本上涵盖了教师教育的各个领域，如理论研究领域、实践领域、教师教育管理部门、教师教育培训部门等，这充分体现出专业标准实施主体的适切性。

同时，专业标准的实施主体表现出发展性的特点，主要是实施主体对象的不断发展与扩大。第一版专业标准主要关注教师教育者在职前教育领域的指导与发展，随着教师教育改革的深入推进与教师教育者内涵的不断发展，在第二版和第三版专业标准中，关注点逐渐扩大到教师教育领域的所有人员。

3. 专业标准内容的全面性

从美国和荷兰教师教育者专业标准的具体内容来看，基本包含了专业发展的各个方面。如 1996 年版美国教师教育者专业标准包括专业知识、专业技能与专业态度等方面，2008 年版拓展到教师教育发展的各个领域，包括示范教学能力、文化素养、学术研究、专业发展、项目发展、合作与沟通、公共宣传、教师教育专业、专业视野。1999 年版荷兰教师教育专业标准包括专业知识、专业技能和专业态度，2003 年版和 2008 年版拓展至 5 个方面，即专业态度、专业知识、教学技能、专业品质和专业价值观。从以上专业标准构成的基本维度来看，其逐步构成一个内容全面的整体，专业标准内容涉及的领域比较广，涵盖的内容也比较全面。

通过对比美国教师教育者专业标准和荷兰教师教育工作者专业标准，我们不难发现，其具有一些相同的要求与规范。首先，明确规定了从事教师教育工作的必备专业素养；其次，重视教师教育者对职前教师和在职教师专业发展的引领与影响并规范了如何去做；最后，明确形成专业发展共同体的重要性及其范围。两个版本的专业标准各有侧重，美国1996 年版的专业标准更加强调以教师教育项目为依托进行专业发展；荷兰 1999 年版专业标准侧重基于职前教师的现有基础，在促进学生发展中实现自身发展。

第四节　国外教师教育者专业发展模式

随着各国对教师教育的不断重视，教师教育者的专业发展越来越受到关注。越来越多的学者认为，教师教育者是一个具有多元文化背景的、专业的群体，他们有自己独特的身份和特定的专业发展需求。美国和荷兰通过教师教育者专业标准的制定和实施，推进其教师教育者专业发展能力和整体发展质量。其他国家虽没有制定和颁布针对教师教育者的专业标准，但也在致力于通过开拓多样化的专业发展途径，促进本国教师教育者的专业发展。本节主要对英国教师教育者专业发展模式作简要介绍。

英国研究者较早对教师教育者开展了研究，主要聚焦其身份认同、专业角色、职业发展等方面。[①] 20 世纪 80 年代至 21 世纪初，英国研究者倾向于认为，教师教育者是设计教师教育课程、开发教师教育课程并指导教师候选人教学实践的教师。[②] 21 世纪初，随着伙伴学校、基于工作场所的学习理论等的兴起与发展，中小学教师的身份也发生了转变。英国

---

① Jean Murray, "Becoming a Teacher Educator: Evidence from the Field", *Teaching and Teacher Education*, Vol. 21, No. 2, 2015.

② Bob Koster, Mieke Brekelmans and et al., "Quality Requirements for Teacher Educators", *Teaching and Teacher Education*, Vol. 21, No. 2, 2005.

研究者认为，具有较高教学水平和丰富经验的中小学卓越教师应成为教师教育者。中小学教师教育者是职前教师教学实践中的指导教师，也承担职前教师培养过程中的支持学生学习与发展、班级管理与组织、课程资源开发、毕业考核以及新任教师培训等方面的工作。[①] 随着教师教育一体化、终身学习取向的发展，越来越多的学者认同教师教育贯穿一个人的整个职业生涯，是一个涵盖职前教师培养、新教师入职、在职教师早期专业发展和持续专业发展的线性过程。英国研究者认为，教师教育者是教师的教师，即在职前教育课程中对准教师的入职和专业学习进行指导或在职教育课程中促进在职教师进一步发展的人，统称为教师教育者。[②]

由于受教师教育者工作的多样性及文化背景的多元化等的影响，英国研究者立足多维视角，对教师教育者的专业发展研究从某一方面研究过渡到对其专业角色、专业能力与实践、专业发展阶段与途径等方面。教师教育者专业发展模式是在其专业发展过程中表现出来的各种各样的"实践路径"和"发展样态"。在不同专业发展理论的引导下，英国教师教育者在专业发展过程中，逐渐形成了不同的实践路径与发展策略。

一　基于标准的培训发展模式

与美国、芬兰等国家一样，英国研究者认为，教师教育者培训的标准化等同于其学习、发展和支持教师发展等方面，不符合专业标准的教学会影响职前教师和其他教师的信念和能力。培训以各类教师发展标准为依据、以培养其持续专业发展观为目标，形成了两种主导的培训发展模式。

1. 以中小学为主导的校本培训

英国政府相继出台了一系列教师标准，如《职前教师培养标准》《合格教师标准》《入职教师标准》《卓越教师标准》《高级教师标准》等，

---

① Jean Murray, "Teacher Educators' Induction into Higher Education: Work-Based Learning in the Micro Communities of Teacher Education", *European Journal of Teacher Education*, Vol. 31, No. 2, 2008.

② Anja Swennen and Marcel van der Klink, *Becoming a Teacher Educator: Theory and Practice for Teacher Educators*, Dordrecht: Springer, 2008, p. 36.

从专业品质、专业知识和专业技能 3 个方面入手，具体规定了每个阶段教师应具备的专业素养。中小学教师教育者具有"双重身份"，他们既是中小学教师，也是教师教育者。不同阶段的教师标准为各个阶段教师及教师教育者提供专业发展依据，有助于实现教师教育者一体化。英国学校培训与发展司负责教师教育者的培训，针对其不同发展阶段，以不同的教师标准为依据、以中小学为基地进行培训。

其中，国家培训项目和教学学校是典型代表。国家培训项目以提升中小学教师教育者的理论专业素养为核心目标，培训内容围绕专业素养、专业知识与理解、专业技能 3 个大方面进行，培训形式采取集中授课与自主研修结合的方式。教学学校为新的和有经验的教师教育者提供高质量的培训、发展和支持。[①] 2016 年 7 月，英国教育部发布了教师专业标准，为教师教育者的高质量专业发展提供了更明晰的框架和方向，明确提出教师专业发展要以有力的证据和专业知识为基础，鼓励通过多种途径促进其形成核心知识、专业知识和拓展知识等。

英国校本教师培训协会与中小学共同合作，逐渐形成了以中小学为主导的培训形式。培训课程以建构主义为理论依据，以卓越教师标准和教师专业发展标准为框架，从教学法、有效指导、持续专业发展、基于教学实践的研究等方面，着力提高其基于反思实践的专业能力和增强自我体验的专业知识。同时，强调培训团队的专业化与全面化，培训专家由符合国家培训专家标准的学科教学专家、优秀的中小学教师教育者、培训机构的专业培训人员等组成。[②] 中小教师教育者要完成包括课程培训、反思、专业发展提升 3 个阶段、共计 150 小时 60 学分的为期 1 年的培训学习。课程学习结束后，其将通过全国校本教师培训协会的课程学习合格认证。[③]

---

① Department of Education：National Partnership Project：Training and Development Agency for school（https：//www. gov. uk/government/organisations/training-and-development-agency-for-schools）.

② The National Association of School-Based Teacher Trainees：Teacher Educators Programme.（https：//www. nasbtt. org. uk/events-type/teacher-educator-programme/）.

③ The National Association of School-Based Teacher Trainees：Teacher Educators Programme.（https：//www. nasbtt. org. uk/events-type/teacher-educator-programme/）.

2. 以高等教育机构为主导的培训

2011年10月，结合英国教师教育政策与发展的趋势，在英国国家教学和支持学习的专业标准框架和英国高校教师专业标准框架的基础上，英国高等教育学院颁布了《教师教育者指导纲要》。该指导纲要不仅为高等教育中新入职的教师教育者和"过渡"的中小学教师教育者提供了一个基本的自我专业发展框架，也为教育管理部门考核教师教育者的人员提供了依据。在欧洲的许多国家，高等教育的教师只有在接受正规的课程后，才能在高等教育中任教，例如英国最近推出的教师教育者专业发展项目。

英国大学教师教育委员会（UCET）对符合教师培训机构认证标准的高等教育机构进行认证，即教师教育者每年要承担一项教师继续专业发展项目并开发和设计职前教师教育计划等。通过认证后的高等教育机构负责新入职高校教师教育者的培训，参加教师教育者专业发展项目已经成为高校新入职教师教育者的培训常态。该项目以教师教育者指导纲要和基于工作的学习为依据，从角色认同、组织学习、教师教育专业知识、基于工作的学习、专业课程、学术研究6个方面入手，组织教师教育者的培训学习，以实现其专业学习、核心知识和专业价值观等方面的持续专业发展。[1]

基于标准的培训发展模式以教师教育机构为主导，是英国教师教育者自上而下的专业发展，在迎合英国教师教育发展的同时，各利益攸关方的伙伴合作关系为专业发展提供外部保障，注重应用建构主义范式，有利于教师教育者形成专业知识基础，从整体上提升教师教育者的专业发展水平。但这种专业发展模式忽略了教师教育者的专业发展自主权，使教师教育者处于被动的地位，成为特定理论知识的接受者。同时，不利于教师教育者获得实践性知识和形成持续专业发展意识。

二 基于工作场所的共同体发展模式

21世纪初，伴随着基于工作场所学习理论的兴起，英国在教师教育

---

[1] The Higher Education Academy: *Becoming a Teacher Educator: Guidelines of Introduction* (https://core.ac.uk/download/pdf/7179243.pdf).

改革中逐渐形成了"以学校为基地"的大学与中小学的伙伴合作模式和教师教育伙伴学校。基于工作场所学习理论倡导正式和非正式学习经验在教师教育者专业发展中的重要性，既要"学教"（Learning to Teach），又要"教学"（Teaching to Learn）。① 以"合作、共享"为特点的教师伙伴学校不仅为教师教育者提供了"学教"与"教学"的环境，也为其创建了正式学习与非正式学习的环境。目前，英国开展的教师伙伴学校有两种：一是主要以大学为基地，聘请中小学教师教育者为职前教师的导师；二是以中小学为基地，高校教师教育者指导中小学教师进行教学研究。这两种类型的教师伙伴学校的突出特点是以学校为基地，为教师教育者创建一个有效和可持续的专业发展环境，以实现教师教育者专业发展为目标，形成以实践为中心的专业发展共同体，在共同体中教师教育者与职前教师、中小学教师共同合作、分享，最终实现专业发展的愿景。

诺丁汉大学是较早与当地中小学建立教师伙伴学校的大学之一，以诺丁汉大学为基地，聘请当地中小学教师教育者为学科指导教师和管理协调人员。作为合作伙伴关系的一部分，中小学教师教育者在培训与培养好教师方面起着至关重要的作用。其中，学科指导教师主要负责职前教师教学实践的管理与评价、设计与计划实践课程、支持与提升职前教师的专业学习。② 该项目的突出特点是实现了教师教育者正式学习与非正式学习的融合，促使其反思自身的教学实践，以此促进其专业发展。一方面，正式学习基于教学实践，突出教师教育者在教学实践中的指导，即"教学"；另一方面，非正式学习贯穿日常交流、教师学习共同体、学术研究与基金支持，实现了"学教"。

英国研究者较早关注通过创建一个有效的、可持续的专业发展共同体来促进教师教育者的专业发展，同时他们认为成功的专业发展共同体已经成为教师和教师教育者专业发展最有效的方式之一。其中，自2010 年以来实施的支持教师教育伙伴关系项目（STEP）是最好的例

---

① Alison Fuller and Lorna Unwin, "Learning as Apprentices in the Contemporary UK Workplace: Creating and Managing Expansive and Restrictive Participation", *Journal of Education and Work*, Vol. 16, No. 4, 2003.

② University of Nottingham, "Teacher Education Partnership Programme" (https://www. nottingham. ac. uk/education/schools-partnership-gateway/partnership/index. aspx).

证，该项目由英国西南地区卓越教师培训中心资助，旨在促进教师教育者专业能力、支持英国西南地区教师教育者的专业发展项目。支持教师教育伙伴关系项目以西南地区中小学伙伴学校为基地，以促进与提升中小学新教师教育者和经验不足教师教育者的专业发展为目标，从持续专业学习、基于工作的学习、共同体的学习、公共服务4个方面支持与提升中小学教师教育者的专业发展。① 同时，支持教师教育伙伴关系项目协同区域教师教育论坛促进了区域内教师教育者的专业发展和区域内教师教育实践共同体的持续发展。自2010年项目开展以来，每年有120多名教师教育者和70多家组织机构参与此项目。其中，约95%参与项目的新教师教育者认为该项目达到了预期的结果。鉴于支持教师教育伙伴关系项目的成功经验，英国文化教育协会促成英国西南地区卓越教师培训中心和英格兰卓越教师培训中心的合作并向英格兰其他地区推广项目的经验。

基于工作场所的学习理论为分析教师教育者工作的复杂性、专业发展等方面提供了理论依据，学习共同体为教师教育者的专业发展提供环境和平台。一方面，实现了同行之间的支持与专业对话；另一方面，促成了教师教育者支持教师进行探究和行动研究，发挥了其促进教师发展的作用。但在发挥优势的同时，其面临如全方位的持续支持、高质量的指导团队等挑战。

三 基于学历提升的激励模式

学历提升是英国中小学教师教育者专业发展最重要的途径之一，也是其向高校教师教育者过渡的最重要的方式之一。其中，有代表性的是苏格兰特许教师计划和英格兰的教师专业发展基金项目。

苏格兰特许教师计划是中小学教师教育者专业发展的重要形式，主要目标是提升其持续专业发展能力。该计划以特许教师专业标准为依据，以专业价值观、专业知识与理解、专业态度、专业实践4个维度15项具

① Southwestern Centre for Excellence in Teacher Training, "Supporting Teacher Education Partnership" [https：//C：/Users/Administrator/Downloads/Learning％ 2520South％ 2520West1％ 20 (2). pdf].

体专业标准为原则,以"单元教学课程"为课程内容的教育硕士学位提升计划。① 苏格兰特许教师计划每期为期 15 个月,课程类型有面授课程、在线课程、实践课程,共由 3 个阶段组成,过程评价贯穿项目的整个过程,通过评价后方可进入下一阶段的学习。第一阶段包括相关教育政策、在线课程、专业发展规划、反思日志等课程,主要围绕中小学教师专业发展规划、有效的自我评估与教育政策进行。该阶段的评价主要由所在学校的校长、项目指导教师、中小学教师教育者自身完成,评价方式以过程性评价为主,评价内容包括专业发展计划、反思日志、在线学时。第二阶段以专业实践为核心展开,从专业价值观、专业知识与理解和专业态度 3 个方面进行。该阶段的评价主要由项目组、工作坊成员以特许教师专业原则为标准对中小学教师教育者的教学实践视频、教学反思进行评价。第三阶段聚焦课题研究,鼓励中小学教师教育者从专业知识、实践和教学行为中确定一个研究领域,进而在该领域中确定一个主题进行研究,采用定性与定量相结合的研究方法。② 该阶段突出教学与研究相结合,通过课题研究提升中小学教师教育者的专业发展。通过整个项目考核的特许教师将获得硕士学位和经苏格兰教学委员会认证的专业资格证书。同时,特许教师候选人在课程学习过程中,每完成两个模块的学习且通过考核,就可获得每年约 1000 英镑的加薪,通过整个项目考核且获得特许教师资格的人员每年有约 6000 英镑的加薪。

特许教师计划自 2003 年开展以来,每年约有 1000 名的中小学教师教育者申请参加并获得特许教师资格。③ 一方面,该项目提升了教师教育者专业发展的基本素养;另一方面,在体现其专业地位的同时,确保发挥其最大价值、保持卓越的专业发展水平,从而促进其专业发展一体化的形成。

在高等教育中,教育博士学位已经成为高校教师教育者的必要条件。其中,东伦敦大学和伍尔弗汉普顿大学的教育博士项目是典型代表。教

---

① Scotland Government, "Chartered Teacher Programme for Scotland" (https：//chartered. college/chartered-teacher).

② Scotland Government, "Chartered Teacher Programme Structure" (http：//chartered. college/chartered-teacher/chartered-teacher-programme-structure).

③ Scotland Government, "Chartered Teacher Programme for Scotland" (https：//chartered. college/chartered-teacher).

育博士基金项目面向英格兰已获得教育或相关领域的硕士学位、至少具有 3 年教学经历或其他支持学生学习的优秀中小学教师教育者，以实现教师教育者的持续专业发展与学习的能力为目标，以研究方法、基于教学实践的反思性研究、实地调研三大模块课程为内容，项目要求博士学位论文围绕教学实践开展，至少要用两年时间来完成博士学位论文。[①]

英格兰教育博士基金项目的突出特点是实现了方法与实践的有机结合，以教学实践为核心，构建了教师教育者专业发展的情境，从而使其专业发展过程成为一个有意义的整体，提升了教师教育者批判思维能力、反思能力与合作能力等。另外，该项目强调实地调研的重要性，搭建教师教育者与课程学习和论文写作之间的桥梁，促进其专业知识与技能、专业思维与理解、专业价值观、专业实践等的发展。但这种专业发展模式体现了主流话语对教师教育者专业发展的影响，反映了特定意识形态要求，这在一定程度上有碍于教师教育者学术发展和知识的自主权。

四　基于反思的自我研究模式

自 20 世纪 80 年代初以来，自我反思已成为各种类型实践者自我发展的重要途径。伯班克认为，要改变教师教育者在专业发展模式中的被动状态，把专业发展作为一个过程来看，鼓励教师教育者在自身教育实践中进行反思研究。

自我反思强调教师教育者的反思过程并在这一过程中获得实践知识、促进自身发展。正是在这一情况下，"自我研究"应运而生，它是教师教育者作为教师的教师，对自己的实践进行系统反思的一种行动研究方式，是教师教育研究领域迄今为止最重大的一次发展。[②] 英国教师教育向一体化发展过渡的过程中，教师教育者的自我学习需求与意向占主导地位。基于反思的自我学习模式正是从教师教育者的专业学习角度出发，以反思为载体，教师教育者通过自我学习，提升其专业发展内驱力，从而为

---

① Department for Education，"The Educational Doctorate Fund Programme"（https：//www.gov.uk/guidance/educational-doctorate-fund-programmes-for-teachers-and-school-leaders）.

② Julian Kitchen, Darlene Ciuffetelli Parker and Tiffany Gallagher, "Authentic Conversation as Faculty Development：Establishing a Self-Study Group in an Education College", *Journal of Studying Teacher Education*, No.4, 2008.

实现其终身的持续专业发展奠定基础。

伦敦大学教育学院研究团队开展了为期两年（2016—2017 年）的教师教育者自我研究实践项目，该项目从了解英格兰的教师教育者是如何在反思实践中开展自我学习、如何拓展其自我学习的方式与途径等方面入手，目的是促进教师教育者自我学习的发展、提高其持续专业发展的信心与能力、引导教师教育者树立终身学习的理念。研究团队采用定性与定量相结合的研究方法，对 280 名左右的教师教育者进行了调查，调查研究从 3 个方面进行：一是教师教育者开展行动研究与自我学习的现状；二是教师教育者自我学习的途径；三是支持与鼓励教师教育者采用自我反思、专业对话等方式，研究自己的专业实践。[①] 同时，研究团队中有经验的教师教育者主要为研究对象提供必要的理论和方法上的指导与支持。

研究团队调查发现，尽管专业发展总是受到个人志向、目标和信念的影响，但教师教育者都有实现自我专业发展的需求，自我研究对其专业学习、知识获取和知识生成等都有积极的促进作用。基于反思的自我学习是教师教育者在对自身教育教学实践及环境充分理解的基础上，通过合理设计研究计划，以自主学习、独立发掘专业学习资源、向其他有经验的教师教育者学习为主要途径的专业发展过程。从自我学习研究的内容来看，高校教师教育者关注职前教师及职前教师教育方面的研究，而中小学教师教育者更多地聚焦其专业身份、课堂教学等，主要是因为他们认为教学是首要责任。从自我学习成果方面来看，主要有基于反思的调查研究、学术论文和研究课题等形式。[②] 研究团队认为，一方面，自我学习为教师教育者对专业学习和实践知识的重新反思提供了机会；另一方面，专业支持、学术伙伴关系、专业学习共同体等对其自我学习的发展和持续性都有积极的影响。

基于反思的自我研究模式为教师教育者进行自我反思构建了自我发展框架。教师教育者认识到专业发展是一个过程，是通过认知、反思、

[①] University of London，"Self-Study of Teacher Education Practices"（https：//london. ac. uk/courses/teacher-development）.

[②] University of London，"Self-Study of Teacher Education Practices"（https：//london. ac. uk/courses/teacher-develop-ment）.

实践的自我发展过程。但由于教学对象的转变、难以满足学术研究方面的期望等，中小学教师教育者在自我学习中遇到了一定的困难与挑战。因此，支持其作为学者和研究人员的发展是其专业发展的一个至关重要的方面。随着教师教育发展的新趋势，自我发展研究以新的方式不断发展和壮大，英国研究者倾向于关注自我学习原则、影响自我学习因素等方面。

五　基于实践的变革型发展模式

随着教育结构、教学、学习方式等的变化，教师的工作、学习与发展环境也发生了变化，如公共监督的加强、多元化的问责方式、衡量学生学习成绩的多样化、深度教学与深度学习等，这带来了教师思维方式、学习方式、专业发展等方面的变化。教师教育者作为教师教育改革的主力军，越来越多的研究者关注教师教育者的身份及其工作责任，强调他们在自身专业发展的过程中，不仅要提升自身专业发展能力，更要为社会变革作出贡献。[1] 基于此，英国学者提出了教师及教师教育者的新专业化，即教师教育是实践取向的过程，教师教育者的专业发展是完善与革新的过程，变革型的专业发展更能体现一体化与变革方式，平衡其身份与工作复杂性、责任与标准之间的矛盾。[2] 新专业化理念的提出，使学者开始思考教师教育者专业发展的终极目标是促进自身发展，还是促进社会的变革。

苏格兰卓越课程改革在全球化、社会变革的大背景下开始，其突出了变革方式对教育卓越和社会公平的积极促进作用。卓越课程以学习者为中心，基于其社会价值观，目的是使学习者成为成功的学习者、自信的个体、负责任的公民和有效的贡献者，是苏格兰首次对包括学前阶段、义务教育阶段和高中阶段教育连贯的课程改革。[3] 教师及教师教育者作为

---

[1] Garry F. Hoban, *Teacher Learning for Educational Change*, Buckingham: Open University Press, 2002, p. 68.

[2] Garry F. Hoban, *Teacher Learning for Educational Change*, Buckingham: Open University Press, 2002, p. 141.

[3] Scottish Government, "Curriculum for Excellence: Building the Curriculum Framework for Learning and Teaching" (https://www2.gov.scot/resource/doc/226155/0061245.pdf).

卓越课程改革的实施者，促进有效的学习、实现改革预期目标是其专业发展的目的。在这一过程中，教师教育者积极主动地了解卓越课程的背景，在实践和环境条件的基础上，批判性地反思实践和专业发展信念、增强自身的专业自主能力、选择和确定自主学习路径的权利，最终实现自身的专业发展。一方面，卓越课程的实施促进了教师教育者专业素养的提升，如包容的关系、职业道德、合作性与互动性、灵活性与发展性、改变的意识、自我调节、探究取向、知识建构等；另一方面，卓越课程体现了社会变革时期教育的积极促进作用，即社会公平与卓越的实现。

专业发展是反思和探究的结合，是一种变革型的活动，在通过教育实现社会公正的过程中，教师的价值观尤为重要。基于实践的变革型发展给教师及教师教育者带来了一种积极维度上的专业发展，有利于促进更公平的教育体系的实现。同时，教师教育者的知识基础、主动性、适应性及外部保障资源等方面直接影响着这种专业发展模式的成效。

通过对美国和荷兰不同版本教师教育者专业标准，以及英国教师教育者专业发展模式的梳理，我们不难发现，教师教育者专业标准和专业发展模式在教师教育者专业发展过程中具有重要作用。一方面，专业标准和专业发展模式满足了不同教师教育者的发展需求，这就为处于不同背景下的教师教育者提供了可选择的专业发展与实践提升路径；另一方面，专业标准和专业发展模式为其教师教育者专业发展提供了框架和依据，有利于促进本国教师教育者的整体专业发展质量的提升。对美国和荷兰教师教育者专业标准和英国教师教育者专业发展模式进行研究，可以为中国教师教育者研究提供一定的镜鉴。

首先，我们要聚焦教师向教师教育者转型的实践探索与问题研究。一方面，要加强教师教育者转型过程中的身份认同研究。教师教育者的专业身份认同是其从事教师教育研究及专业发展的基础，引导其认同专业身份，是教师向教师教育者转型过程中的重要问题。另一方面，要关注新教师教育者的知识重构。由于身份的转型，新教师教育者需要进行知识重构，构建以"教师教育"为核心的知识框架，从而为其专业发展奠定知识基础。

其次，我们应该关注基于实践的持续专业发展及其理论研究。一方面，要为教师教育者基于实践的专业发展创造环境。要根据不同阶段教师教育者的发展需求，建立区域化的教学学校发展联盟。促进基于工作场所的自我研究，从而增强教师教育者整体专业发展质量。另一方面，要引导教师教育者持续专业发展。终身学习已成为新时期必备素养之一。因此，要在实践基础上，发挥其持续专业发展内驱力，引导教师教育者树立持续专业发展意识。

最后，我们应进一步建立教师教育者专业发展的保障机制。一是要在现有教师教育标准、各类教师专业标准的基础上，制定适合中国新时代的教师教育者专业标准，为其专业发展提供外部保障和衡量依据。二是要依托教师教育项目，为其提供专业发展环境。如何设计更加科学、合理的专业发展项目，引导更多的教师教育者参与其中是未来研究的挑战之一。三是要完善教师教育者认证制度，规范其认证程序、促进其初级专业发展，为教师教育者整体质量发展提供保障。

第五章

新时代教师教育者核心素养的
理论探析

进入新时代，教师教育面临新的机遇与挑战。为适应时代发展需要、办好人民满意的教育，《中共中央 国务院关于全面深化新时代教师队伍建设改革的意见》中提出了将教师作为"教育发展的第一资源"①，同时明确指出"有的教师专业水平需要提高，其素质能力难以适应新时代人才培养的需求"②。影响教师专业水平的因素很多，教师教育者无疑是其中最活跃、最具能动性的因素之一。优质的教育需要优秀的教师，优质的教师教育需要优秀的教师教育者，特别是在国家重视教师教育体系建设、强调"把办好师范教育作为第一职责"③的今天，教师教育者自身的质量会从前端对教师培养的质量造成影响。要达成培养卓越教师、教育家型教师的目标，首先要有优秀的教师教育者。因此，研究讨论教师教育者的素养特别是核心素养理论就有了明确的意义。

第一节　教师教育者核心素养意涵

一　核心素养的含义

素养作为 21 世纪人才培养的着力点，可理解为"人在真实情境中

---

① 《中共中央 国务院关于全面深化新时代教师队伍建设改革的意见》（http://www.moe.gov.cn/jyb_xxgk/moe_1777/moe_1778/201801/t20180131_326144.html）。

② 《中共中央 国务院关于全面深化新时代教师队伍建设改革的意见》（http://www.moe.gov.cn/jyb_xxgk/moe_1777/moe_1778/201801/t20180131_326144.html）。

③ 《深化新时代教育评价改革总体方案》（http://www.xinhuanet.com/politics/2020 - 10/13/c_1126601551.htm? baike）。

作出某种行为的能力或素质"①，可用于"解决问题并实现自我"②。素养影响人们的创造力、创新力以及人际交往、社会成就、职业发展等方方面面，人在不同的情境中解决相似或相异的问题往往需要不同的素养支持。众多素养中，最为关键并能适用于多样化情境的是核心素养。核心素养"同职业上的实力与人生的成功直接相关"③，可用于"解决复杂问题和适应不可预测情境"④。根据作用范围的不同，核心素养通常可分为两大类：一般意义上的核心素养和具有特适性的核心素养。一般意义上的核心素养，指所有公民和社会个体适应生活、实现自我发展需要的最重要的素养，具有普适性。这类核心素养作为"教育基因改造的核心"，其养成是现代教育追求的目标和价值所在，经合组织、欧盟、美国等机构和国家对核心素养的研究都基于此。此外，针对某些特定对象或完成特定行业任务所需的核心素养是更具体的素养。于学生而言，其核心素养就是有助于其成为健全的国民和终身学习者所必备的品格和关键能力。⑤ 于教师而言，其核心素养是引导学生发展和学生核心素养养成而必须具有的知识、态度、能力的综合。而教师教育者，作为影响教师教育质量的要素，促进教师专业发展及教师核心素养的养成是其当仁不让的职责和任务。因此，为从根本上增强学生的核心素养，需要重视教师群体核心素养的培养，教师教育者的核心素养是此要求的应答和回溯，是能够统领教师教育者在教师培育过程中实施有效教学和教师专业引导的态度、行为、能力、品质的关键。

---

① 褚宏启：《核心素养的国际视野与中国立场——21 世纪中国的国民素质提升与教育目标转型》，《教育研究》2016 年第 11 期。

② 张良：《核心素养的生成：以知识观重建为路径》，《教育研究》2019 年第 9 期。

③ 钟启泉：《基于核心素养的课程发展：挑战与课题》，《全球教育展望》2016 年第 1 期。

④ 张华：《论核心素养的内涵》，《全球教育展望》2016 年第 4 期。

⑤ 2016 年 9 月，在北京师范大学举行的中国学生发展核心素养研究成果发布会上正式提出，将中国学生发展核心素养分为文化基础、自主发展和社会参与 3 个方面，综合表现为人文底蕴、科学精神、学会学习、健康生活、责任担当、实践创新 6 大素养，具体细化为 18 个基本要点。

二　新时代教师教育者核心素养的内涵

新时代教师教育者核心素养既是对国家"坚持把建设教师队伍作为基本工作"政策的响应，也是对新时代学生核心素养的观照。与非教师教育者相比，教师教育者与其培养对象之间具有天然的内在联系，即教师职业的同一性与教学能力的共通性。无论是在高等教育中以课程形式专职负责培养准教师的大学教师，还是负责指导准教师教学实习、帮助新入职教师从生手教师尽快过渡到熟手教师的中小学教师指导者，或是视促动教师实现专业发展为己任的教师培训者，他们既有教师的共性特点，又有其作为教师之教师的特殊性，这就决定了教师教育者必须建立相应的素养体系以应对其职业角色的特殊要求。就其专业性而言，教师教育者的素养体系可分为两部分：一为保障教师教育者教师培养工作可否正常进行的基础素养；二为决定教师教育者教师培养任务能否有效完成的核心素养。其中，基础素养体现教师教育者的教师属性，核心素养则凸显教师之教师的独有韵味，更具专业特质。优秀的教师教育者必定是优秀的教师，而优秀的教师能否成为优秀的教师教育者，依赖于其是否具备教师教育者之核心素养。

进而言之，教师教育者核心素养是在教师培育过程中，教师教育者通过教"教"、示"教"、导"教"的活动完成有效的教学引领，以帮助教师学习者成为能够应对新时代教育变革和挑战的优秀教师、卓越教师乃至教育家型教师而需要的一组素养。这是更具指向性的概念，是知识、技能和情意的综合，具有统领性、内核性和表征性，与新时代的教育发展、教师培养需要相适应，同时引领教学发展、教学创新，对教师发展起到助推作用。这种素养体系从本质上讲就是教师教育者的职业素养，指向在教师培养工作中需要的态度、知识、技能、价值观念和实践导向。同时，从外部表象上看属于跨界素养，可以突破学科专业、实践领域的限制，具有极大的可迁移性和可调适性。素养"既是学习的结果，也是教育的成果"[①]，教师教育者核心素养的存在价值是培养新时代优秀的有

---

① 蔡清田：《"核心素养"：新课改的目标来源》，《中国社会科学报》2012 年 10 月 10 日第 B01 版。

自主发展能力的教师，通过优秀教师进而对各级各类的学生发展产生放射状叠加式层级影响。从历时态角度，教师教育者核心素养对人的培养有垂直贯通的作用，能够对教师核心素养的养成乃至学生核心素养的养成发挥"始端"效应；从共时态角度，教师教育者核心素养应紧扣职前职后的教师培养需要，水平统整教师培养的各种要素，集中体现新时代教师培养中所需的核心要求。

三　关注新时代教师教育者核心素养的意义

首先，关注新时代教师教育者的核心素养问题对教师教育者个人以及社会发展具有深远影响。从个体角度看，教师教育者核心素养的提出可以强化教师教育者角色的设定。教师教育者是一个包括"我是谁"这样关涉价值观和目标，直至相应行为实践的概念。从个体与社会的关系看，包括社会对教师教育者个人的角色期待，以及个人对教师教育者角色期待的诠释与实践，这意味着教师教育者的身份角色可以从"意象—实践"和"社会—个人"两个维度解读。具体而言，我们可以把两个维度上的教师教育者角色归纳为社会赋予的角色、社会实践的角色、自身认定的角色与自身实践的角色。社会赋予的角色指社会层面以及教师教育院校通过期待、舆论、理论、制度所期望教师教育者具有的道德责任、价值立场和使命承担；社会实践的角色指教师教育院校对教师教育者工作的实际支持环境和制度实践所塑造出来的角色特征；自身认定的角色指教师教育者发自内心地对于"教师的教师"的价值、权利、责任的诠释、认可和忠诚度；自身实践的角色指教师教育者在实际工作中所扮演的角色。

其次，关注教师教育者核心素养能促进教师队伍核心素养的生成，从而也间接促进了学生核心素养的生成。众所周知，教师是发展教育事业的主力军，教师的素养影响着教学的质量和学生的质量，正所谓"善之本在教，教之本在师"，教师是学生核心素养"落地"的关键。[①] 国际社会都在积极关注教师核心素养的构建，欧盟委员会教育与文化总署在

---

① 张地容、杜尚荣：《试论"以生为本"的教师核心素养》，《教学与管理》2018 年第12 期。

《欧洲核心素养》中指出，在实施跨学科核心素养政策的实践中，那些较为成功的学校都特别注重 4 个方面，其中之一就是发展教师核心素养。① 随着对教师队伍建设要求的逐步落实，中国对教师核心素养的关注日益提升。教师核心素养的生成与培养一方面来源于教师教学实践，另一方面来源于教师的学习。教师教育者是教师学习之路上的引路人与指导者，其自身的核心素养必定会对教师产生深远影响。因此，从这个角度上讲，教师教育者的核心素养既是对当下教师核心素养的回应，也是对落实学生核心素养的观照。

第二节　新时代教师教育者核心素养的特征

教师教育者作为培养教师的专业人员，拥有教师和教师教育的"双重学科性基础"②，但"教师的教师是教师教育者最核心的角色"③，教师教育的职业特性是其迥然异于其他职业以及非教师教育者的根源所在。讨论教师教育者核心素养的特征，须立足于此。结合近年来教育部推进教师教育建设和课程改革的相关意见和已有研究，新时代"素养胜任的教师教育者"④ 的核心素养的表现特征可以归纳为以下几点。

一　以培养卓越教师和有效教师为核心

教师教育者的本源性职责就是培养教师，在完成教师培养基本任务的同时，培养高质量的有效教师、"四有好教师"、能够"立德树人"的教师是对进入新时代以来人民对高质量教师队伍迫切需求的积极响应。⑤教育发展、教学实践对教师质量的追求是永恒的主题，从早期推崇的

---

① David Pepper, "Assessing Key Competences Across the Curriculum and European", *European Journal of Education*, Vol. 46, No. 3, 2011.

② 杨跃：《教师教育学科制度建设：内涵、目标、困境与行动——基于新制度主义社会学的视角》，《教育发展研究》2018 年第 22 期。

③ 李芒、李岩：《教师教育者五大角色探析》，《教师教育研究》2016 年第 4 期。

④ 王鉴：《跨界的能动者：教师教育者专业成长路径探析》，《中国教育学刊》2019 年第 7 期。

⑤ 程光旭：《新时代坚持把教师队伍建设作为基础工作的思考》，《中国大学教学》2020 年第 11 期。

"优秀教师"，到后来探索的"理想型教师""胜任型教师"，直至今日追求的"有效教师""四有好教师""卓越教师""教育家型教师"，教育经历了从简单地关注教师的人格特质和课堂教学行为表现，到"重视支配教师外在行为的内在因素"① 的转变。从讨论教师需要学习掌握的知识、技能，到分析教师应具备的反思意识、能力，直至研究教师在支持学生发展中应具备的核心素养，这个变化是强烈而明显的。教师教育为教育服务，不仅要适应这样的转变，而且要引导这种转变适度、适量、适宜地发生。但实际上，目前很多时候教师教育对教学发展和课堂变革不是一种良构的引领，而是劣构的"倒逼"、被动的"改造"和无奈的"适应"。基础教育课程改革、学生发展核心素养的养成需要有效的教师，再由这些教师的培养需求呼唤教师教育者的素养能力，这种"倒逼""改造"和"适应"反映了教师教育的失位、失语和失责。而培养有效的教师、培育具备核心素养的教师、促进教师发展本就是教师教育的应有之义，是教师教育者的应尽之责。教师教育应通过有效教师的培养引领基础教育教学变革和教学质量的提高，确立教师教育者的核心素养必须以有效教师培养作为核心，这正是教师教育者核心素养内在价值和意义的重要表征。

二 以引导教师自主发展为目标

教师教育者以培养未来教师为己任，为建设教师队伍，目前中国积极推行教师教育振兴行动计划，但是培养骨干教师、卓越教师、教育家型教师，不仅需要实践的历练，也需要教师教育者的指导与引导。不仅如此，教师的培养不能仅仅依靠课程学习中的知识传授，更不能完全依赖于传统的教师教学技能训练。知识学习无法穷尽，技能的应用也会因境而异。在复杂的教育情境中，仅凭"记问之学"无法成为有效的教师。有效的教师是具有良好专业品质和明确教学认识、具备渊博教学知识和超强教学能力的教师，是能够帮助学生发展并实现自我发展、自我提升的教师，是通过"四个统一"（坚持教书和育人相统一、坚持言传和身教相统一、坚持潜心问道和关注社会相统一、坚持学术自由和学术规范相统一）成为学生四个方面的"引路人"的教师，同时是坚守理想信念、

---

① 容中逵：《教师身份认同构建的理论阐释》，《教育研究》2019 年第 12 期。

有"自生长"能力的教师。教师教育者培养这样的教师，一方面，需要通过各种精心设计的课程给教师学习者提供本体性知识和条件性知识，为准教师和在职教师提供助其"教学进阶"的各种体验。另一方面，在课程学习和活动设计实施过程中，要着力培养教师、准教师的自我发展意识，诱导其生发自我发展需求、明晰自我发展目标，成为能够自主发展的教师。这是教师培养的终极旨归，是真正意义上的有效教师培养的前提和基础条件，也是发展为卓越教师、专家型教师的重要路径。鉴于此，教师教育者作为培养教师的专业人员，其核心素养应紧扣引导和促动教师自主发展这一目标而形成自有体系，为教师的可持续发展提供有力支持。可以说，引导教师自主发展是新时代教师教育者核心素养不可或缺的重要表征。

三　具有跨学科的宽度和广度

教师教育者的核心素养不是简单的知识和能力叠加，是融合了教师培养所需的多元素养与专业知识的重要核心要素。在世界范围内培养"全人素养"的省思声浪日渐高起的今天，中国教师教育者的核心素养无法回避这一现实的要求。既然是核心素养，就是能够位于其他各种素养的中心，对教师教育者职业态度、专业知识、教学能力、思维品格起到统领作用，对教师培养起到关键作用的素养。这也就意味着教师教育者的核心素养不是针对某一门课程或某一个学科的，其核心素养面向的是全学科课程教学中的共同特质，指向卓越教师的培养及其自主发展，从而"继发性"地对学产生影响。因此，教师教育者的核心素养必须具有跨学科的宽度和广度，"宽"指学科领域宽，"广"指知识能力范围广。"宽""广"并不意味着具备核心素养的教师教育者就是教师教育的"全才"，可以承担各科各类的教学任务，而是表明在教师培养的大目标下，除了品格、态度，还有一些重要的知识、能力可以不受学科限制，广谱性地影响教师的发展。可以这样说，教师教育者核心素养并不专用于解决教师教育公共课程和专业课程分野对峙的问题，也不是针对性解决教师教育职前学习和职后实践悬隔分离问题的关键，但具备核心素养的教师教育者，是提升教师教育质量的内在因素。所有的教师教育政策需要人来具体落实，所有的教师教育课程需要教师教育者来实施，具备跨学科、跨专业特质的核心素养是教师教育者的专业品质。

第三节 新时代教师教育者核心素养的结构

正如前文所说，建设高质量教师队伍，离不开高质量的教师教育者，可是，何谓高质量的教师教育者？我们认为，教师教育者核心素养尤为重要。

教师教育者核心素养之所以重要，主要体现在两个方面：一方面，教师教育者核心素养是教师教育者完成教师培养、引领教师发展的关键知识、能力、态度和品格的综合；另一方面，其是教师教育者自身实现教学专业发展的内在支撑。在课程与教学视域下，基于教师教育者角色职责和实用主义功能论视角讨论其核心素养，除了考虑教师教育者自身教学和发展需要，教师学习者及新时代教师教育的发展需求亦是结构研究的重要着力点。本书整合分析并初步建构了教师教育者核心素养主体结构，主要包括沟通与交流、示范与诊断、省思与创新以及专业自主发展4个方面，其结构样态如图5-1所示。

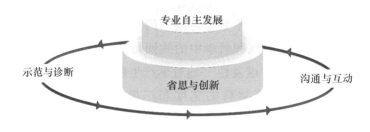

图5-1 教师教育者核心素养结构示意

一 沟通与互动

主要指向教师教育者良好的沟通意识、能力和技巧，能与教师学习者展开基于教学问题的有效交流互动方面的素养。

沟通与互动是现代社会公民应具备的素养，不论是欧盟还是联合国教科文组织，抑或是经合组织，都将其有指向性地放置在核心素养结构中。沟通互动也是每个教师应具备的素养，教师需要与学生、家长、同侪、管理者进行良好的沟通交流，以了解对方的需要和要求，从而做出适切的反应。这是教师的职业素养，在质量和指向性方面比一般公民素养中的沟通互动要求更高。

与之相比，位于教师教育者核心素养结构中的沟通与互动又有所不同，表现更为复杂。与非教师教育者的教师相比，其主要区别在于：首先，内容指向性不同。非教师教育者的教学除了一般意义上的人才素质培养，主要指向教学内容，而教师教育者的教学不仅要指向教学内容，还要指向教学活动本身，而且涉及教师教育课程设计问题——不仅需要在教学过程中针对内容的学习进行及时的沟通交流，还要在活动中对教学本体的样态进行分析和互动。教学是艺术，教学知识中存在着众多默会型的实践性知识，这些知识是教学的财富，只有有效的交流和沟通才能使这些隐性知识显现。教师教育者对教学深层次的理解认识、对教学环节内容的处理方式，准教师的学习体验和在职教师的教学经验、体悟，都需要良好的沟通和交流才能使其在教师培养过程中发挥其应有的价值和作用。其次，效用延展性不同。除了具有教师的互动沟通之义，教师教育者的沟通互动具有更强的延展性和泛辐射性。培育教师是教师教育者的责任，通过课程和潜在课程，教师教育者在沟通互动方面的意识、态度、能力、技巧会对教师、准教师这些教师学习者产生潜移默化的影响。教师教育者根植于教学中的重视沟通与互动的意识和行为会使教师学习者产生类似的反应，继而通过这些教师、准教师群体辐射更大范围内的学生群体，从而影响学生在沟通互动方面公民素养的养成。这种教育影响的强延展性和泛辐射性是非教师教育者所不具备的。因此，教师教育者良好的交流和沟通素养是其核心素养的重要组成，这也是教师和准教师在培育和发展过程中的现实诉求。

二　示范与诊断

主要指向教师教育者把自身良好的教学认知转化为有目的的教学外显行为，能对有效教学行为做出示范并诊断教师学习者在教学方面存在问题的素养。

"学高为师，身正为范""持身为正，行为典范"都是对教师的要求和期许，教师教育者概莫能外。但于教师教育者而言，"示范"无法完全等同于非教师教育者一般意义上的示范。教师教育者"示范"的不仅是做人、做事，还要"示范"教学，用自己的教学行为为教师学习者示范什么是好教学、什么是有效的教学，以此达到"言传和身教相统一"。长期以来，教师教育者能不能"示范"教学、要不要"示范"教学的问题一直在学界争论不休。不可否认的是，教师教育者也许不能很好地为教师学习者示范一堂优秀的初中物理课或小学艺术课，也无法对各个学科的不同教学要求做实质性描摹，但教师教育者与教师学习者之间特殊的职业共通与能力共通使其教学本身无可避免地成为教学的"示范"，不管其是否有"示范"的意愿。这种由职业角色特殊性带来的教学"示范"可能会对教师学习者形成正向、有益的教学影响，也可能会作为教学的"反例"被学习者批判，还有可能会对教师学习者造成不易觉察但影响深远的不良影响。"教，上所施，下所效也"，"教"之本源之意亦为如此，教师教育也不离其臼。因此，"示范"是教师教育者职业角色难以改变的固有属性，只不过"示范"的效果属于教师教育者可控的范围。教师教育者不能故步自封，不能把教师培养窄化为单纯的课程学习、把教学行为简化为知识传递，而是需要有意识地明晰自身的教学角色、端正教学态度、提高教学能力、改善教学方法。在教学中，"通过自身良好的教学表现诠释教育理念和教学内涵，体现教学要求和教师标准"[①]，这是做一名优秀的教师教育者所需要的重要的核心素养。

教师教育者的示范能对教师学习者造成直接或间接的影响，但示范大多数情况下是单向度的，示范的影响难以控制。要提高教师和准教师的教学能力和专业发展水平，还需要对他们进行教学"病情"诊断、对症下药，这需要教师教育者具有敏锐地发现教学问题并能有针对性地提出改善建议方面的素养。在教师培养和成长过程中，共性的问题易受到重视，相应也会有众多的解决方案可供选择。但在现实的教学情境中，困扰教师的往往是那些具有个性化特点的问题。这样的问题在教师和准教师群体中普遍存在，在初任教师群体中表现得尤为明显。有些问题教

---

① 闫建璋、李笑笑：《高校教师教育者的知识结构探析》，《教师教育研究》2019年第4期。

师自知，只苦于无解决良策；有些问题教师并不明晰，但会对其教学和自身发展造成影响。类同良医，能够准确地诊断、发现和解决这些教学问题，是教师教育者的职责所在，也是其核心素养的固有之责。这是教师培养中教师教育者专业知识、能力、智慧和技巧的综合，需要对教学知识的全面理解、对教学情境的精准把握、对教师需求的细致体察以及对方法策略的灵活使用，是具有教师教育者典型特点的核心素养构成元素。

三　省思与创新

主要指向具有不断省思自身教学，用元教学思想引导教师学习者的教学发展，用不断创新的教学方法、教学认识、教学模式引领教学发展方面的素养。

教育是培养人的，人需要认识自身。教育的智慧不能缺少人的自我发现，希腊德尔菲阿波罗神庙门楣上刻着的"认识你自己"说的就是这个道理。教师教育者需要自我发现，也需要帮助教师自我发现。要培养教师学习者的教学反思能力，教师教育者首先要愿意反思、能反思、会反思，有研究者认为"教师教育者对自身教学及新教师学习所采取的反思性态度"[1] 是教师教育获得成功的重要因素。省思，顾名思义，即为反省思考，不为纷繁复杂的表象所惑，是究其根源的审视。教师教育者作为"准教师的知识传授者和能力培养者""教学的示范者"[2] 以及教学的研究者，需要具有元教学的意识、态度和能力，能够用"元观点审视和反思教学"[3]。教师教育者省思类同于教师教学反思，但更强调前提性反思，不仅强调教师教育者能够基于教师培养的专业化要求，在反思基础上对自己教学的价值做出评估和判断，还需要教师教育者对其教学选择

---

① Pamela L. Grossman, *The Making of a Teacher*: *Teacher Knowledge and Teacher Education*, New York: Teacher College Press, 1990, p. 33.

② Barbara Regenspan, "Toward Parallel Practices for Social Justice-Focused Teacher Education and the Elementary School Classroom: Learning Lessons from Dewey's Critique of the Division of Labor", *Teaching and Teacher Education*, Vol. 18, No. 5, 2002.

③ 陈晓端：《元教学研究引论》，《陕西师范大学学报》（哲学社会科学版）2011 年第1 期。

的深层动因和学理依据做出分析，其省思先于教师的教学反思发生，为教师教育者的教学诊断、沟通、互动、创新提供营养。教师教育者具备省思教学方面的素养，一方面，对提升自身教学有效性和教师培养专业性有所助益；另一方面，对教师学习者教学反思意识和能力的形成有明显的促进作用。教师教育者需要省思能够凸显职业特色和专业角色特点的核心素养。

从现实需求出发，教师教育者的省思还需要克服形式化、浅表化、碎片化等流弊，即由浅层学习转向深度省思。所谓"深度学习"，指学习者聚焦于具有一定难度的学习项目，以所有的心力投入、收获成功、得以成长的内含价值的学习过程。[①] 在其间，学习者习得学科最本质的知识，明晰学习的进程，对学科的实质意涵与学习策略有清晰的认知，具有持久强烈的学习动机、积极向上的情感、态度、价值观，从而成长为素质全面的人。[②] 在教师核心素养培育的过程中，"深度学习"主张的提出，具有充分的合法性依据，深度学习作为一种整体性学习，更利于提升教师的核心素养。相应地，通过深度学习，教师在专业知识、专业能力、专业情意、身体素质等方面均能得到全面发展。

教师教育者核心素养中不可或缺的还有创新素养。习近平总书记指出："随着信息化不断发展，知识获取方式和传授方式、教和学关系都发生了革命性变化。这也对教师队伍能力和水平提出了新的更高的要求。"[③]应对这一革命性变化，需要教师具备创新能力，教师教育者的创新素养就是对此的回应。教师教育者不是教学知识的搬运工，而是教学知识的创造者、教学能力的培养者和教学改革的引领者。创新是教育发展的原动力，教师教育者作为专注于教师培养的专业人员，既要在教学理论与教学实践之间为教师学习者搭建桥梁，又要在教师成长的源头、始端对教学进行深度的挖掘、开创性的拓展和有意识的创新，创新教学是其固有的责任和任务。教师教育者创新教学从宏观上讲是要引导教学理论和教学实践的发展，从微观而言则需要教师教育者：创造性地开发和利用

---

① 崔杨、王会亭：《教师核心素养及其培育》，《教学与管理》2020 年第 25 期。
② 郭华：《深度学习及其意义》，《课程·教材·教法》2016 年第 11 期。
③ 习近平：《在北京大学师生座谈会上的讲话》，人民出版社 2018 年版，第 8 页。

各种显性和隐性资源于课程教学中并使之成为教师学习者有效的学习资源；对已有的课程结构组织、教学方式方法进行创造性的应用或改进；创生新的教学知识、研发教师教育的新课程，这些课程教学创新都是教师教育者核心素养的内在要求。

四　专业自主发展

教师教育者以创新为基础，积极主动地提升、发展自身教学专业能力、认识、态度、理念并引领教师学习者专业自主发展方面的素养。

教师通过教育教学活动培养具有自主发展能力和意识的学习者，教师首先是一个有自主发展意识和能力的人。虽然自主发展意识和能力的养成会受到多种因素的影响，但教师的影响不容小觑，教师教育者亦然。首先，就其专业职能而言，教师教育者须是具备教学专业和教师专业自主发展素养的教师。教师教育者的自主发展意识、能力与教师学习者以及教师学习者未来学生的自主发展素养之间，具有不可分割的内在联系。只有教师教育者具有自主发展的愿望、意识、态度、能力和方法，才有可能更好地引导教师和准教师的专业发展并潜移默化地影响他们的专业发展意识和能力，使教师学习者在学习和实践过程中通过观察、模仿，体会和感悟教师教学发展过程中单纯的外部驱动和强烈的内在发展需要带来的成效差异，[①] 将之积累、沉淀为自身专业素养的一部分，从而在更广大的范围内对学习者形成影响。新课标强调"坚持素养导向，体现育人为本"[②]，新时代需要具有自主发展素养的学习者和合格公民。教师是学生素养形成的重要他人，教师教育者亦是影响教师发展的重要因素。其次，就其个体发展而言，教师教育者的自身发展水平从根本上说依赖其专业自主发展素养。毋庸置疑，教师教育者的专业发展对教师教育发展、对准教师和职后教师的发展都至关重要，教师教育者需要将专业自主发展素养作为其核心素养的一部分。教师教育者既需要自身专业能力

---

① 段乔雨、李如密：《新手教师教学模仿的双重困境及理性回归》，《教师教育研究》2020年第1期。

② 《义务教育课程方案和课程标准（2022年版）》（http：//www. moe. gov. cn/srcsite/A26/s8001/202204/W020220420582343217634. pdf）。

的自主发展，又需要对教师学习者专业发展和自主发展素养的形成承担一定责任。优秀的教师教育者可以在引领教师学习者教学专业发展的同时，通过教学、活动、省思和研究引领教学革新、课程发展，在此过程中实现自身教学专业和教师专业发展。当然，我们也可以从教师教育者的生成路径中去考察谁是教师教育者的教师、谁又对教师教育者的专业发展造成影响，但这样的追溯没有尽头，也缺乏实际意义。最后，就其本体价值而言，教师教育者的专业自主发展应是其核心素养中最具有生命力的部分，可带来教师培养中深刻的教学省思、常新的教学样态和不竭的发展动力，帮助教师从"依赖"走向"独立"，① 这正是教师教育者核心素养体系中的核心内容。

新时代教师教育者核心素养的 4 个方面较为充分地体现了教师教育者的专业特质和教师培养的职业诉求，超越了传统意义的知识和技能，是专业的智能集合。更进一步，教师教育者核心素养的主体结构中的集合要素彼此间相互联系，而且关注新时代培养卓越教师的不同方面，以此共同构成教师教育者核心素养的整体。不仅如此，核心素养为每个教师教育者所需，在多学科教师培养中具有普适价值。总而言之，对于教师教育者内涵、特征和结构的探究，既是对教师教育者核心素养的初步探索，也可为新时代建立教师教育者专业标准提供一定的借鉴和参考。

第四节　新时代教师教育者核心素养的培养路径

新时代对于教师队伍建设的需求，使得培育与提升教师教育者核心素养迫在眉睫。为将教师教育者核心素养的培育落实到位，国家、学校以及教师教育者自身均应有所作为。

一　国家层面：完善顶层设计，监督到位

首先，近年来，建设高质量教师队伍已经成为国家推进教育改革的重大举措，其中，对教师教育者的关注也日益明显。从已有的政策文献

---

① 朱宁波、崔慧丽：《新时代背景下教师品质提升的要素和路径选择》，《教育科学》2018 年第 6 期。

看，改革开放以来，国家对高等院校加强与基层的联系、青年教师到基层锻炼的重视在逐步提高。① 深入基层是高校教师教育者运用其专业知识、锻炼专业能力的必要途径，例如，早在 1989 年，中共中央、国务院就联合发布《关于高等学校青年教师参加社会实践的意见》（中发〔1989〕4 号），要求青年教师到实践中锻炼，接触工农、了解国情并将此与提职、晋级结合起来。各省也积极响应，如四川省在《关于落实〈高等学校青年教师参加社会实践的意见〉的通知》（川委〔1989〕65 号）中规定：1984 年以来参加工作的青年教师，凡未参加过基层实践锻炼的都要分期分批地到实践中锻炼一到两年。2011 年，《教育部关于大力推进教师教育课程改革的意见》和《教师教育课程标准（试行)》等文件和规定中也提出：要建立教师教育改革创新试验区，建设长期稳定的中小学和幼儿园教育实习基地；高校和中小学要选派工作责任心强、经验丰富的教师担任师范生实习指导教师；强化师范生教育实践环节，开展师范生实习支教，提供更多观摩名师讲课机会等。其中还规定"担任教育类课程的教师要有中小学教育服务工作经历"②。可见，从政策层面看，强调高等师范院校及其青年教师加强与基础教育实践相联系的方向是明确的。当然，一些地区已经行动起来了，如重庆市就提出通过建设教师教育改革创新试验区，组建高校与中小学教师专业发展共同体。③ 教师教育者核心素养中包含沟通与互动、示范与诊断以及省思与创新，其中，沟通与互动的重要途径之一便是与基层教师的密切联系，在与基层教师的紧密互动中，教师教育者方能指导教师、帮助教师，也是在与基层教师的互动中，教师教育者可以不断省思自我。

其次，国家需要从社会舆论层面给予教师教育者乃至教师教育体系更多的关注和支持。尊师重教一直是中国的传统，近代以来，教师的社会地位却下降了，社会大众对教师教育者的关注也是乏善可陈——这显

---

① 黄海泉、邵丽：《对高等学校青年教师参加社会实践的探讨》，《黑龙江高教研究》1990 年第 4 期。

② 《教育部关于大力推进教师教育课程改革的意见》（http://www.moe.gov.cn/srcsite/A10/s6991/201110/t20111008_145604.html）。

③ 重庆市教育委员会、重庆市教育科学研究院编：《2012 年重庆教育发展报告》，重庆出版社 2013 年版，第 91 页。

然不利于教师教育者核心素养的培养。至此，应该弘扬中国优良的教育传统，关注教师成长、关心教师成长的引路者。

最后，国家应该关注教师教育学科的建立。教师教育学科作为教育学的二级学科，从学科建制角度承认其合法地位仍是高等教育综合化与教师教育大学化背景下的当务之急，朱旭东和周钧指出："此时，学科成为大学综合化的唯一象征，也成为某一知识体系在大学中的学术地位的标志。因此在这种特定的历史情境下，必然产生建立教师教育学科制度的诉求，即教师教育在高等教育的学科制度中寻求一席之地。"① 目前，国内部分高校如北京师范大学、东北师范大学、云南师范大学等均已自主设置了教师教育二级学科，有些院校还设置了相应的硕士点和博士点，但总体来说中国独立设置教师教育学科的院校数量较少且仅限于研究生层次，② 不利于教师教育学科的发展，也间接影响了教师教育者核心素养的发展。

二 学校层面：制定落实制度，考评到位

高等院校作为承载教师教育者的摇篮，对教师教育者核心素养的提升起着举足轻重的作用。

一方面，从管理者角度看，高等院校的人事和教学等管理部门应当联合起来促进教师教育者提升核心素养。首先，高校应在国家政策的指导下，根据在职教师教育者是否具有教育类专业背景、是否具有核心的工作经历及所在单位和所承担的课程任务、在职提升情况等，制定相应的落实制度，提供高等院校提升教师教育者核心素养的制度依据。其次，高等院校应严格执行制度规定，全方位地提升教师教育者的核心素养。

另一方面，从引导者角度看，高等院校应当采取各种措施服务教师教育者提升核心素养。首先，积极搭建提升平台。从理论与实践上看，可以通过高等院校与中小学校联合在中小学校建立"教师发展学校"，使

---

① 朱旭东、周钧：《论我国教师教育学科制度建设——教师教育大学化的必然选择》，《教师教育研究》2007 年第 1 期。

② 李芳、闫建璋：《高校教师教育者身份认同探析》，《高教论坛》2021 年第 10 期。

高等院校拥有稳定提升教师教育者核心素养的平台，中小学校也由此拥有获取高校支持的途径。如此达成双赢，使得合作双方都有动力推动平台的正常运行，从而为教师教育者提升沟通与互动等素养奠定基础。具体可参照以下做法：（1）高校遴选优秀教师教育者代表到中小学校任挂职副校长并兼任教师专业发展学校校长，以统筹兼顾教师教育者和中小学教师的专业发展活动。（2）中小学校向教师教育者开放，基于不同学科、活动等，将高校教师教育者交叉、机动地编入中小学校的教育、教学小组，以不同组织方式开展活动。（3）教师教育者以个人或小组的形式，到中小学校参与课堂教学、观察课外活动、参与教研活动、指导学校发展。（4）促进教师教育者与中小学教师互动互补。在教师发展学校，组织教师教育者与中小学教师结成专业发展共同体，通过诸如教师教育者邀请中小学教师联合完成部分教师教育课程教学、中小学教师邀请教师教育者参与中小学校教研课题等活动，使教师教育者在从"共同体"中吸取基础教育营养的同时，发挥指导中小学教师的作用，中小学教师在为教师教育者提供资源的同时，获得提升自己专业水平的机会。2011年以来，各高校在实施"国培计划"的过程中，教师教育者与中小学名师合作培训所产生的良好实效就是上述举措的重要例证。此外，高等院校可以组织专门的基础教育素养提升培训活动，开展教师教育者基础教育素养竞赛活动等。

三　教师层面：制定行动方案，落实到位

对于提升教师教育者的核心素养，无论是国家层面还是高等院校层面，都是外在因素，教师教育者自身重视核心素养并愿意为之付出努力，是较为重要的因素。

建立自我身份认同是教师教育者为提升自我核心素养必做的努力之一。自我认同是社会学的概念，主要指个体对自我的认知和理解。在教育转型的现代社会，教师教育者自我认同是教师教育者获得身份认同的前提，是教师教育者核心素养培养取得成效的必要条件。对于教师教育者而言，自我认知至关重要，不仅关系着教师队伍的发展，更关系着中国教育未来变革的方向。英国当代著名社会学家安东尼·吉登斯的现代性自我认同理论为我们提供了借鉴，吉登斯认为自我认同是个体在反思

个人经历的基础上所理解到的自我，① 它回答的是我是谁、我将成为一个什么样的人的问题。因此，"自我认同的关键是对过去经验的反思、总结和评价，以及对现在自我的理解、认同和接纳，在此基础上去建构理想自我"②。教师教育者的自我认同建立在教师教育情境中，是对自身理论与实践经验的分析与修正，是对"我是什么样的教师教育者"以及"我如何能成为一个合格的教师教育者"的追问。要想实现身份认同，教师教育者首先要回答好这两个基本问题并从内心上肯定自己，没有自我认同，就没有身份认同，如果教师教育者不认可自身作为"教师的教师"的身份，就会妨碍他们把自身归类到教师教育者群体中，从而阻碍其身份认同的形成，更不利于教师教育者核心素养的培养。

教师教育者应该根据自我发展需求，制定行动计划，具体落实。教师教育者可制定到中小学校调研、任课的具体计划（包括任课的时间、地点、任务及内容等），通过与中小学一线教师的交流，提升沟通素养，然后根据计划到中小学校了解学校的组织机构、管理运行，课程的计划安排、实施状况，教师的普遍心态、专业水平，学生的文化心理、发展状态，政府和家长对学校的态度倾向、效果评价等，从而全方位地了解基础教育，全面提升核心素养。

教师教育者要通过日常的课程教学提升核心素养。教师教育者本质上依旧是一名教师，所以其核心素养的提升也必然会通过日常的课程教学。当下关于教师教育者的已有研究多集中于对教师教育者的学理探讨，而少有对于教师教育者在教育情境中的针对性研究，③ 然而教师教育者与教师或者准教师在教学情境中的交互对其素养的提升同样起着关键作用。作为有目的地促进教师专业成长的引领者，教师教育者的实践智慧更多在鲜活、生动的实践情境中显现，因此，对教师教育者的研究亦需要着眼教育发生的现场，在教育现场中探索教师教育意蕴以及教育本质，实现对于教育意义的追寻。

---

① 贾国华：《吉登斯的自我认同理论评述》，《江汉论坛》2003 年第 5 期。
② 赵明仁、王娟：《建构能动的自我：教育改革中教师身份的自我认同》，《教育理论与实践》2011 年第 31 期。
③ 孟子舒、杨帅、刘晓玫：《批判与期盼：对教师教育者的理性思考与深层追问》，《当代教育与文化》2019 年第 6 期。

第 六 章

新时代中国教师教育者专业标准的框架体系

以专业标准引领教师教育者专业发展已成为国际上的共同趋势。任何一个专业领域，只有具备了明晰的专业标准，才能保障专业从业者的发展质量。教师教育者的专业标准能够从制度层面上对教师教育者专业发展进行规范，是教师教育者培养、准入、培训、考核的基本依据。① 专业标准研制的前提是对教师教育者专业素养指标体系进行共识性确证，因而从专业素养走向专业标准是专业素养研究的实践应用转化的必然路径，也是从制度层面对专业素养进行标准化的实然要求。

第一节 新时代教师教育者专业素养指标体系建构

从"四有"好老师标准到《中共中央 国务院关于全面深化新时代教师队伍建设改革的意见》《教师教育振兴行动计划（2018—2022 年）》，再到《新时代基础教育强师计划》，确定了教师队伍建设的新时代要求和大力振兴教师教育的新行动方向。高素质教师队伍建设的基础是教师的高质量培养和教师专业化发展，其中，教师教育者即教师的教师，对教师教育改革和基础教育改革都具有重要的影响，可以说，高校教师教育者的专业化是基础教育教师专业化的前提。建构教师教育者专业素养指

---

① 陈晓端、高嵩、徐波：《我国教师教育者研究：进展、局限与展望》，《教师教育研究》2023 年第 1 期。

标体系对于教师教育者专业化和教师教育者队伍建设具有重要意义，是推进新时代教师教育改革与创新的关键动力。

一 问题提出

从社会学视角来看，教师作为一种专业而不是一项单纯职业，在于教师经由正式教育的系统培养，能够提供智力支持、具有长期训练而积累的学问和能力、有明确的教育实践目的、利他主义的专业责任和专业精神。教师教育者作为教师培养的中坚力量，是培养专业教师的专业人员，为教师提供教学和学习上的专业引领和支持。[1] 长期以来对教师教育者的关注，较多地集中在身份认同、专业角色、现有困境和发展路径等方面，已潜在地反映出教师教育者有着不同于一般教师的现实诉求，将教师教育者的专业特质从一般教师的专业发展认识中分离出来、改变身份认同感缺失的现状，形成明晰的、富有感召力的教师教育者的专业内涵和形象，[2] 是教师教育者专业成长从"身份赋权"转向"素养胜任"的逻辑前提。[3] 特别是新时代教师教育振兴行动和教师教育高质量发展已经对教师教育者提出了专业要求，作为专业人员，全面的专业素养是教师教育质量的保障，那么教师教育者需要具备哪些特定的专业素养，这些素养如何兼具时代性、专业性、跨界性和发展性，以及建构何种专业素养指标体系能够成为教师教育者的共同发展目标和框架，这些问题是形成教师教育者专业标准、推进教师教育者专业资质与认证的基础性和关键性问题。

二 理论框架

"素养"是 21 世纪国际组织和各国对人才形象提出的共识性概念，是知识、能力、态度和价值观的综合表现。专业素养就是对从事某种专业的人才所要具备的专业知识、专业能力、专业态度和价值观的综合要

---

① 戴伟芬、梁慧芳：《论跨界的教师教育者专业学习共同体构建》，《教育发展研究》2022 年第 2 期。

② 赵明仁：《教师教育者的身份内涵、困境与建构路径》，《教育研究》2017 年第 6 期。

③ 王鉴：《跨界的能动者：教师教育者专业成长路径探析》，《中国教育学刊》2019 年第 7 期。

求。教师教育者的专业素养是在一般教师专业素养的基础上，进一步根据教师教育者的独特身份、专业使命和时代要求刻画的素养结构。一方面，有必要吸收和借鉴国内外关于教师专业素养的共同性要求，将理念、精神、师德、知识、能力等各类教师专业标准中的共识性要素作为基础参考框架；另一方面，需要结合教师教育者的特殊身份定位及其所应达到的知情意行的水平和程度，根据专业性、跨界性、时代性和发展性原则，进一步确证教师教育者专业身份独特性，凸显师德躬行与培育的双重品格，明确指导者与示范者的跨界融通特征。

教师教育者不同于一般教师的专业性，是由其高校教师、教师的教师、教师教育研究者三重身份而决定的，其中，教师的教师身份决定了教师教育者在专业活动上的跨界性特征，既要达到教师自身教育教学的实践要求，更要形成引领未来教师专业成长的信念品格和实践行动，在各维度上实现示范、指导与引领。这种独特身份要求教师教育者在教师教育与基础教育的理论和实践之间实现领域融通、具备专业理论素养和中小学教育实践素养的双重性质专业素养、[①] 在教育理论研究者和实践指导者之间成长为跨界工作者。[②] 教师教育者的这种跨界性在实践中表现为教师教育者要教未来教师如何教学生，通过对双重"教"的反思性实践活动，持续深化引领和指导的合理性与合目的性。这种跨界性的教育实践也是一种循证实践，即教师教育者个体教与学的专业知识与来自外部系统中可以获得的最佳证据结合起来，[③] 探询"如何做"才能达到有效引领和培养教师的反思性实践。保持专业的理性自觉、运用教师教育方法论、具有元教学知识和元教学能力则是教师教育者进行专业循证实践的必备要素。立足新时代立德树人教育根本任务，教师要坚持"四个相统一"，成为学生的"四个引路人"，新时代将"师德"作为师范生重要践行能力，已超越于以往意识理念层面的要求。那么，凸显作为专家型教

---

① 王鉴：《跨界的能动者：教师教育者专业成长路径探析》，《中国教育学刊》2019 年第 7 期。

② 龙宝新、陈晓端：《跨界人：教师教育者的身份定位及其关键素养》，《河南师范大学学报》（哲学社会科学版）2020 年第 6 期。

③ 宋萑、徐淼：《教师教育者循证实践与教师教育证据迭代》，《教育科学》2022 年第 3 期。

师的教师教育者的专业品格就是一种时代性和针对性显现，通过躬行师德与培育师德的双重品格最终达到以德立身、以德立学、以德育德、以德施教。此外，教师教育者具有高度的自我研究和反思创新能力，这与其作为教师教育研究者的身份定位是密不可分的，因而专业素养体系的拟定，必须体现发展性特征，形成教师教育者专业共同体的发展指南。

三　研究方法与过程

1. 研究方法

本书采用文本分析方法分析国内外教师教育者的相关文献，对教师教育者专业素养的结构和要素进行了提炼、整理和聚类，初步构建了专业信念、专业品格、专业知识和专业能力4个一级维度、12个二级指标、35个三级指标的结构框架。在此基础上形成教师教育者专业素养专家咨询表，采用德尔菲专家咨询法，邀约20名专家对建构的指标内容及理论框架进行评判和论证，他们分别来自部署师范大学以及教育学排名为A级的师范大学，都是具有一定学术影响力的教师教育者。专家咨询主要采用网络问卷填写和个别意见征询的形式。为方便咨询和精准统计，主要采用网络问卷填写方式进行一对一函询，满足德尔菲法对尽量减少专家意见相互干扰的基本要求。个别意见征询主要针对专家提出的一些特殊问题进行详细了解，确保研究者与专家在某些问题上的自由对话以及双方理解的一致性。专家咨询历经3轮评判，最终确定教师教育者专业素养结构和指标的合理性与准确性。

2. 数据处理和分析

德尔菲专家咨询法实施过程中的主要数据分析有专家的协调系数、权重等基本数据，资料分析主要涉及专家的描述性意见整理和汇总。

根据第一轮专家咨询结果和反馈意见，进一步明确了教师教育者三重身份中作为主体的高校教师身份。二级指标"引领教师发展的精神"修改为"专业引领的志向"；"示范教育实践的理念"修改为"专业示范的理念"；"教'教'的知识"修改为"教师教育知识"；"研'教'的知识"修改为"教师教育研究的知识"。删除了两个三级指标，修改了9个三级指标，新增了1个三级指标。对指标描述进行了整体优化，使其更明确简洁。

第二轮咨询与第一轮咨询结果反馈同步进行，本轮回收了 19 位专家意见，二级指标中 11 个获得了一致认可，34 个三级指标归类认可度均在 90% 以上。专家认为指标在体现专业素养的针对性、结构性方面，非常恰当或恰当的占比约为 89.5%；认为指标在涵盖专业素养全面性方面，非常恰当或恰当的占比约为 94.7%，说明指标结构具备可靠性和准确性。针对部分专家对二级指标"专业示范的理念"存在有待精确的意见反馈，将其修改为"专业示范的意识"，从教学、科研和学习 3 个方面划分三级指标范畴。此外，根据个别专家意见，对专业知识的分类逻辑进行再明确，在基础知识、教学知识和研究知识的 3 个类别下呈现教师教育者特定的知识结构。

第三轮专家咨询在修订回复和意见征询基础上，邀请专家判断每项指标对其上级指标贡献的重要程度，同时检测专家评分的一致性。本轮参与专家有 17 位，按照从高到低程度对重要性赋分，显示各级指标下矩阵题平均分都在 4.5 以上。依据肯德尔和谐系数反映专家意见的一致程度，结果显示渐进显著性 $P < 0.001$，4 个二级指标显示一致性中等，8 个二级指标显示一致性良好，反映出专家对各维度素养重要程度评判具有一致性。

经过三轮专家咨询，完成了专业素养指标合理性、准确性和一致性论证，新时代教师教育者专业素养指标体系的结构框架得以最终确立，见表 6 - 1。此外，专家对同一级别指标之间的相对重要性进行比较、排序、赋值后求得了每项指标要素的权重，确定了各指标在其领域中的重要程度。

表 6 - 1　　　　　　　　　新时代教师教育者专业素养指标体系

一级指标	二级指标	三级指标
1 专业信念（0.297）	1.1 专业身份的认同（0.124）	1.1.1 高校教师身份的认同（0.030）
		1.1.2 教师教育者身份的认同（0.057）
		1.1.3 教师教育研究者身份的认同（0.037）
	1.2 专业引领的志向（0.091）	1.2.1 专注教师成长与发展（0.056）
		1.2.2 致力于教师教育研究（0.035）

一级指标	二级指标	三级指标
1 专业信念 （0.297）	1.3 专业示范的意识 （0.081）	1.3.1 教学示范的意识（0.037）
		1.3.2 科研示范的意识（0.021）
		1.3.3 学习示范的意识（0.023）
2 专业品格 （0.279）	2.1 躬行师德的品性 （0.174）	2.1.1 德高为范的专业追求（0.067）
		2.1.2 敬业爱生的教育情怀（0.071）
		2.1.3 求真务实的研究品质（0.036）
	2.2 培育师德的品行 （0.105）	2.2.1 以德明德的专业交往（0.034）
		2.2.2 以德育德的教育实践（0.045）
		2.2.3 以德立德的科学研究（0.026）
3 专业知识 （0.199）	3.1 基础知识 （0.079）	3.1.1 通识性知识（0.019）
		3.1.2 教育基础知识（0.029）
		3.1.3 学科知识（0.031）
	3.2 教学知识 （0.075）	3.2.1 学科教学知识（0.031）
		3.2.2 教"教"的知识（0.028）
		3.2.3 元教学知识（0.016）
	3.3 研究知识 （0.045）	3.3.1 规范性知识（0.019）
		3.3.2 方法性知识（0.016）
		3.3.3 实践性知识（0.010）
4 专业能力 （0.225）	4.1 课程开发能力 （0.059）	4.1.1 教师教育课程资源开发能力（0.036）
		4.1.2 中小学课程开发的指导能力（0.023）
	4.2 教学实践能力 （0.079）	4.2.1 一般教学能力（0.026）
		4.2.2 示范教学能力（0.021）
		4.2.3 指导教学能力（0.019）
		4.2.4 元教学能力（0.013）
	4.3 组织协调能力 （0.045）	4.3.1 组织教育活动的能力（0.030）
		4.3.2 协同参与活动的能力（0.015）
	4.4 持续发展能力 （0.042）	4.4.1 信息技术融合能力（0.009）
		4.4.2 自主学习能力（0.018）
		4.4.3 教育研究能力（0.015）

四　教师教育者专业素养指标体系内涵释义

通过上述研究结果，进一步证实教师教育者的专业性具有双重面向，即面向教师自身的专业性和面向未来教师专业性培养，以高校教师、教师教育者、教师教育研究者三重身份的专业活动来表征其特定的专业素养指标。相应地，教师教育者的专业素养指标体系就是在专业信念、专业品格、专业知识和专业能力四大维度框架下，覆盖12个二级和34个三级指标，构成了素养指标体系的层级结构，进而凸显教师教育者的专业独特性。

1. 专业信念是教师教育者专业素养发展的目标承诺

信念是被人们坚定地信以为真的观念，能够支配人们的行动原则。信念内含了一种坚定的动力，是认识、态度、意志、情感和评价的综合指向，是思维与行动的同一性承诺，是人们从事职业活动的心理根基。教师的专业信念是在专业角色认同的基础上形成对自身、对学生、对学习和对专业活动等相关因素的认识、情感、意志与评价。[1] 叶澜等归纳了关于教师专业结构的几种代表性观点，这些观点中的"专业理念""教育专业精神（愿教）""服务理想"，实际上都共同指向了专业信念维度，这是教师专业行为的理性支点，也是区别于非专业人员最为关键的素养。[2] 教师教育者的专业信念呈现更高的专业自主和专业自觉，具有更特定且更坚定的专业认同、责任态度、情感意志和专业承诺。教师教育者专业信念的高度决定着教师专业信念培养的高度。

专业信念所包含的"专业身份的认同""专业引领的志向""专业示范的意识"3个二级指标、8个三级指标，既遵循了国内已颁布教师专业标准的逻辑范畴，也依据具有共识性教师信念的面向因素来进行表征，分别对应教师教育者的专业理解与角色认同、引领学生发展的责任与精神、专业活动的理念与承诺。教师教育者的专业独特性和跨界性进一步

---

[1]　M. Frank Pajares, "Teachers Beliefs and Educational Research: Cleaning up a Massy Construct", *Journal of Review of Educational Research*, Vol. 62, No. 3, 1992.

[2]　叶澜、白益民、王枬等：《教师角色与教师发展新探》，教育科学出版社2001年版，第230页。

表现在三级指标上：第一，教师教育者三重专业身份的认同。教师教育者首先是高校教师，其次是教师教育者，还要成为教师教育研究者，这三重身份体现了教师教育者成长的阶段性和任务的迭代性，也表达了教师教育者身份的特殊性，凸显教师教育者应有的专业意愿、专业使命感和专业归属感。第二，教师教育者需要形成专业引领的志向。一是面向未来教师培养的专业责任感，拥有引领未来教师专业发展的专业情意、专业愿景和专业坚持性；二是指向教师教育研究的专业投入感，教师教育者需要具有问题研究的敏锐度和创新意识，致力于特定领域的教师教育研究，运用研究成果发挥专业引领效应。第三，教师教育者身份的跨界性，决定了其在教学、科研和终身学习等专业活动中需要具备示范、指导和引领的意识与理念。这是因为教师教育学科建设不是"为研究而研究"，而是为培养教师、促进教师专业成长的实践行动提供指南。① 教师教育者要发挥"教师引路人""教育示范者"的模范作用，为教师的教育行动提供合目的性与合规律性的引领与指导。

2. 专业品格是教师教育者专业素养发展的德性自觉

师者修德的重要性不言而喻。近年来，国家政策、理论研究和现实要求反映了师德从意识层面走向践行层面，教师需要通过道德力量和伦理品格，实现以德立身、以德立学和以德施教。德尔菲专家咨询中同样体现了教师教育者"德性"要求的意见高度统一。专业品格不仅反映着教师教育者道德品质，同时表达着这个群体的专业思想和认识。具备躬行师德的品性与培育师德的品行的双重品格是教师教育者专业素养的核心维度，具有确定的传统传承依据和重要的时代意义。专业品格的卓越性决定了师德养成的卓越性。

根据《现代汉语词典》对"品格"及其内涵"品性""品行"的递进解释，② 教师教育者的专业品格可理解为教师教育者所从事教师教育工作的基本思想、认识以及教师教育者在专业领域所展现的有关道德的行为。专业品性是教师教育者专业品格形成的基石，其核心部分是组成个

---

① 杨跃：《关于教师教育学科构建的理性思考》，《教师教育研究》2007 年第 1 期。

② 中国社会科学院语言研究所词典编辑室编：《现代汉语词典》，商务印书馆 2005 年版，第 1049—1050 页。

体道德品质的心理成分及构成方式，在教育领域中主要表现为躬行师德，具有一定内隐性和稳定性，包含 3 个指标：德高为范的专业追求、敬业爱生的教育情怀、求真务实的研究品质，重点表达教师教育者对自身、对学生、对专业的德性追求。教师教育者拥有特定的专业荣誉感，注重品格锤炼和人格塑造，其仁爱之心的情怀表现出特定的二阶性，既有显性对准教师的责任心，又有隐性对未来儿童的理性关怀。教师教育者同样是学术道德的实践者，既表现为对自身研究的伦理规范，更体现为对学科建设发展和以成果引领教师成长的道德品质。

专业品行是教师教育者的道德行为，即实现道德动机的行为意向及外部表现，既是衡量个人品德的重要标志，又是个人或群体具有道德意义的比较稳定、一贯的行为特点的总和。培养师德的品行是教师教育者相对于一般教师所呈现特殊的、较高的、恒定的道德行为要求。作为铸就师德师魂的榜样示范者和引路人，教师教育者在培育师德的品行中既渗透着躬行师德品性，又通过专业交往、教育实践和科学研究的专业活动表达德性理念、表征道德行为。其一，用"以德明德的专业交往"来反映教师教育者与未来教师及专业共同体所建立的真诚互信、团结协作和共同发展的交往规范；其二，用"以德育德的教育实践"来凸显德性培养的示范性和教学实践的德性规范，通过示范性教育教学行为来指导未来教师对于道德性教学品质的感悟、理解与认同。其三，用"以德立德的科学研究"来强调科学研究伦理的重要性，教师教育者通过多种方式展示教育研究应当遵循的研究伦理，指导并帮助未来教师理解并形成教育理论素养和研究素养。

3. 专业知识是教师教育者专业素养发展的理论基石

联合国教科文组织在《教育——财富蕴藏其中》中强调了专业知识对教师专业的重要性："教学若被视为一种专业，则首先需要教师具有专门的知识与能力：教师要学习应该教的知识和如何教授这些知识的专业知识。"[①]《教师教育课程标准（试行）》的纲领性文件中，也指出教师专

[①]　联合国教科文组织编：《教育——财富蕴藏其中》，联合国教科文组织总部中文科译，教育科学出版社 2014 年版，第 142 页。

业素质在很大程度上是建立在教师知识基础上的。① 美国、英国、澳大利亚、新西兰、荷兰等国家在关于教师或教师教育者的相关专业标准中都纳入了专业知识的指标要素，这也表明专业知识作为素养形成的重要基石具有普遍共识。那么，教师教育者要具备何种特定的专业知识结构，需要根据三重身份职责及其专业活动对指标要素进行结构划分。进一步而言，我们需要据此回答以下几个问题：一是如何教学；二是如何教师范生"教学"；三是如何教师范生学习"教学"；四是如何开展教师教育研究。对应上述问题，专业知识包含基础知识、教学知识、研究知识 3 个二级指标、9 个三级指标。

首先是基础知识。这是从事教学所要具备的最基础层次的知识结构。正如叶澜提出教师应该具有三层复合知识结构，② 教师教育者更需要在通识性知识、教育基础知识和学科知识的复合结构基础上达到广博、贯通和体系化的水平。这 3 个层面的知识都更加偏向于静态的内容知识，从通识性知识到教育知识再到学科知识符合一般到具体的逻辑范畴顺序。

其次是教学知识。这是教师教育者必备的核心知识结构，具体包含学科教学知识、教"教"的知识、元教学知识。这三类知识是这个专业群体区别于一般教师最显著、最独特的知识结构，也是教师教育者作为跨界的能动者所具备的主要知识特征。舒尔曼在《知识与教学：新改革的基础》一文中提出了学科教学知识，③ 对于教师教育者的适用性、指导性更明确，其跨界的示范性作用也更为突出。约翰·洛克伦在《发展教师教育的教育学：理解教和学"教"》一书中对教师教育活动作了重要论述，即理解"教"和"学'教'"。④ 教"教"的知识则是完成"教师的教师"这种身份的重要知识，它不仅包括教"教"的教学法知识，而且

①　教育部教师工作司组编：《教师教育课程标准（试行）解读》，北京师范大学出版社 2013 年版，第 22 页。

②　叶澜：《新世纪教师专业素养初探》，《教育研究与实验》1998 年第 1 期。

③　Lee Shulman, "Knowledge and Teaching: Foundations of the Reform", *Journal of Harvard Educational Review*, Vol. 29, No. 7, 1987.

④　John Loughran, *Developing a Pedagogy of Teacher Education: Understand Teaching and Learning about Teaching*, New York: Routledge, 2006, p. 2.

包括教"学教"的学习者知识和元认知知识,① 是教师掌握教学方法、学习教学理论、开展教学活动的知识,是教师理解学生、理解教学、理解教育的知识,是通过言传身教、示范或模拟的方式培育教师的知识。元教学知识指对教学计划自我明晰、教学过程自我调节、教学结果自我反思的知识,以及指导教师进行元思维、元学习、元认知等活动的策略性知识。通过元教学知识,教师教育者能够将缄默知识显性化、实现反思性教学实践,有效促进"教'教'"和"教'学教'"。朱旭东提炼出教师专业发展的三大机制:经验+反思、证据+数据、概念+思想,② 也进一步表明教师教育者掌握和运用学科教学知识、教"教"的知识和元教学知识的必要性,这 3 类知识是支撑教师教育者开展循证教学实践的前提,也是促进师范生专业学习机制形成的重要保障。

最后是研究知识。开展循证教师教育,需要来自外部的证据,更需要来自教师教育者自身研究成果的教学转化,这两个方面的证据来源都需要教师教育者具备研究知识。研究知识主要包括"规范性知识""方法性知识"和"实践性知识",3 类知识结构从逻辑上符合教育研究的逻辑和教师教育研究的基本特征。其中,实践性知识是教师教育者开展跨界性教育研究而必须具备的,是其沟通理论与实践的桥梁。从总体上看,教师教育者专业知识结构,从量上展现丰富性,从质上体现为学术化,从类型上具有多元化,从来源上具有复杂性。

4. 专业能力是教师教育者专业素养发展的行动支撑

教师教育者专业能力是教师教育者在专业活动过程中表现出来的、直接影响教师教育活动成效和质量、决定教师教育活动的实施与完成的各种能力集合。荷兰教师教育工作者协会公布的 2001 年版教师教育者专业标准中,提出了教师教育者的通用能力,包括信息技术能力、学科知识能力、教学能力、组织能力、团队运作与沟通能力、发展与个人成长能力。③ 美国教师教育者协会在 2007 年版教师教育者专业标准中提出 9 条规范:教学、文化素养、学术、专业发展、项目开发、合作、公共宣

①　闫建璋、李笑笑:《高校教师教育者的知识结构探析》,《教师教育研究》2019 年第 4 期。
②　朱旭东:《论教师专业发展的理论模型建构》,《教育研究》2014 年第 6 期。
③　罗丽君:《荷兰教师教育者专业标准研究》,科学出版社 2018 年版,第 54—55 页。

传、教师教育专业和愿景。① 从上述两个具有代表性的专业标准可以看出，教师教育者的专业能力与其身份职责及专业知识密切关联，根据教师教育者身份职责所承担的指导者、示范者、课程开发者、联络者、研究者等角色任务，② 专业能力范畴则可归为课程和教学领域、人际交往领域和自主发展领域，具体包括课程开发能力、教学实践能力、组织协调能力、持续发展能力 4 个二级指标、11 个三级指标，其中前三项能力具有鲜明的跨界融通特征。

课程开发能力包含教师教育课程资源开发能力和中小学课程开发的指导能力。前者是教师教育者科学设计并有效实施教师教育课程的保证，能够对可能进入教师教育课程相关的素材性资源、条件性资源和数字化资源进行识别、获取、加工、应用和创新；后者是教师教育者作为教师的教师，对中小学课程开发进行引导和指导的重要能力体现，表现为教师教育者能够有针对性地提供课程理论知识、课程开发经验及课程改进方案、建议等。

教学实践能力中，除了一般教学能力，示范教学能力、指导教学能力和元教学能力是教师教育者区别于一般教师的关键能力特征，是建立在学科教学知识、教"教"的知识和元教学知识基础上的。教师教育者将示范教学能力、指导教学能力相辅相成地运用于"教'教'"和"教'学教'"的过程中，能够有目的、有意识地处理教学问题，演示他们期待师范生在未来教学中应具备的教学行为并对其合理性做出解释说明，启发教师观察、理解和反思教学；能够指导未来教师开展聚焦教学实践的对话与反思，协助他们解决教学过程中遇到的困惑和问题。元教学是教师教育者反思和改进教学实践的自我研究，元教学能力可看作一种基于自我研究的内在循证能力，即教师教育者能够在教学前对教学进行自我明晰与自主表述、在教学过程中对教学进行自我监控与调节、在教学后对教学进行自我反思。

组织协调能力包括组织教育活动的能力、协同参与活动的能力。教

---

① The Association of Teacher Educators, "Standards for Teacher Educators" (https：//ate1. org/ standards-for-teacher-educators).

② 李芒、李岩：《教师教育者五大角色探析》，《教师教育研究》2016 年第 4 期。

师教育作为培养教师的专业活动，其师生关系呈现特殊的、多元的层次，表现为教师教育者与师范生之间形成"教与学""教与教"以及"教与'学教'"的互动关系。已有的教师教育者专业标准中对合作能力、组织能力、团队运作与沟通能力的提炼，表达了这种师生关系、专业共同体之间以及与中小学教师的跨界共同体之间的必备能力。具体表现为教师教育者能够在不同场景中组织、引领和激发师范生积极参与教师教育活动，能够沟通协调好与同行同事及相关人员的合作互惠关系，共享经验与资源并协同参与教师教育活动。

持续发展能力是其他专业能力的生命线，否则教师教育者作为一种专业的发展性就缺少保障。荷兰教师教育者专业标准将发展与个人成长能力看作是其他能力的先决条件，是其他能力所依赖的"后置能力"[①]。这一维度既包含面向时代发展要求的信息技术融合能力，又包括符合专业发展路径的自主学习能力和教育研究能力。教师教育者能够：根据专业发展需求，自主确定学习目标、内容和方法，监控和调节学习过程并对学习结果进行评估；具有敏锐的问题意识，综合运用多种研究方法，探究教师教育领域中的关键问题；积极开展自我研究，实现教育理论和教育实践的融通整合、专业研究和教学实践的持续改进。

综上所述，建构教师教育者专业素养指标体系对于教师教育者专业化和形成专业标准具有重要意义。本书根据专业性、跨界性、时代性和发展性原则，初步刻画了符合教师教育者独特身份、专业使命和时代要求的专业素养结构框架，经过德尔菲专家咨询和论证，最终建构出新时代教师教育者专业素养指标体系，包含专业信念、专业品格、专业知识、专业能力4个一级指标、12个二级指标和34个三级指标。专业素养指标体系明确了教师教育者专业身份独特性，凸显躬行师德与培育师德的双重品格，呈现指导者与示范者的跨界融通特征。植根本土实践，具有共识性、规范性的教师教育者专业素养指标体系，为研制中国教师教育者专业标准提供了共识性确证基础。

---

① 罗丽君：《荷兰教师教育者专业标准研究》，科学出版社2018年版，第54页。

第二节　从素养到标准：新时代建构中国教师教育者专业标准的意义

建构植根本土教师教育实践、具有共识性的专业素养指标体系，能够为中国教师教育者专业标准设计提供可行的核心方案、为确立教师教育者专业水平提供范例或应然描述、为教师教育者共同体提供制度化保障。

一　专业素养与专业标准的关系

《中华人民共和国教师法》规定："教师是履行教育教学职责的专业人员，承担教书育人、培养社会主义事业建设者和接班人、提高民族素质的使命。"教师需要经过严格的培养与培训，具有良好的职业道德、系统的专业知识与专业技能。教师专业素养是在知识、能力、态度和价值观等维度和内容上的综合性表现，对专业素养的维度和内容的结构性描述融合了教师身份、专业使命和时代要求。专业素养是教师专业对从业教师的整体要求，体现了教师应有的专业化水平，也是教师职业的专业化发展的重要指标基础。

把教学作为专业，把教师作为专业工作者，这是联合国教科文组织和国际劳工组织对教师的社会形象及社会地位重塑的政策建议。提出教师专业素养的要求、促进教师专业发展、建立教师专业标准成为各国教育发展的重要工作。[1] 专业标准逐渐成为世界各国教师专业培养和专业发展的指导性和规范性文件。英国、美国、法国、德国、日本、澳大利亚、荷兰等在 20 世纪 80 年代开始对其陆续制定了教师专业标准，中国从 20 世纪 90 年代开始对其给予高度关注，最终在 2012 年颁布了幼儿园、小学和中学教师专业标准。

教师专业标准是国家教育机构依据一定教育目的和教师培养目标制定的有关教师培养、培训和教育工作的指导性文件。教师专业标准具体

---

[1]　陈时见、王远、李培彤：《教师教育研究》，福建教育出版社 2021 年版，第 213 页。

规定了教师专业素质结构的核心要素、基本要求，以及实施准则和方法。① 教师专业标准为教师的专业伦理、工作态度、专业知识、专业能力及实践水平等确立了质量规格，作出了明确规定，有关部门可以依此来衡量与评价教师专业发展水准。② 中国在 2012 年颁布的幼儿园、中小学教师专业标准的文件中，界定了专业标准的角色地位，即教师专业标准是国家对幼儿园、小学和中学合格教师专业素质的基本要求，是教师实施教育教学行为的基本规范，是引领教师专业发展的基本准则，是教师培养、准入、培训、考核等工作的重要依据。③ 教师专业标准从专业理念与师德、专业知识和专业能力维度，提出了教师专业素养的维度、领域和基本要求。

根据上述分析，专业素养和专业标准是两个不同但密切关联的概念，二者对于教师有着不同方面的重要性。专业素养注重于教师个体内在的综合素质和能力，专业标准则注重于教师职业行为和职业规范的制定和实施。专业素养是专业标准的构成基础，专业标准比专业素养更加具体、普适和可操作，二者的关系具体如下。

1. 专业标准是教师职业的专业发展在制度层面上的确立

制定教师专业标准是确立教师专业化的前提，是教师队伍建设的基本依据。《中华人民共和国教师法》规定了教师是"履行教育教学职责的专业人员"，但是该法律以及此后的法律文本、相关政策都没有对教师作为专业人员的基本要求做出明确规定。④ 2012 年颁布的《幼儿园教师专业标准（试行）》《小学教师专业标准（试行）》和《中学教师专业标准（试行）》，是中国关于幼儿园、中小学教师专业要求的第一份政策文本，针对各学段教师提出了专业素养的基本要求。专业标准的研制需要经过一系列严谨系统的专项课题研究、国际比较、专家咨询、座谈论证、征

---

① 余新：《教师培训师专业修炼》，教育科学出版社 2012 年版，第 247 页。

② 周洪宇：《制定教师专业标准 加快教师队伍建设步伐》（http：//www.moe.gov.cn/jyb_xwfb/gzdt_gzdt/moe_1485/201112/t20111214_127999.html）。

③ 《教育部关于印发〈幼儿园教师专业标准（试行）〉〈小学教师专业标准（试行）〉和〈中学教师专业标准（试行）〉的通知》（http：//www.moe.gov.cn/srcsite/A10/s6991/201209/t20120913_145603.html）。

④ 《〈中学教师专业标准〉说明》（http：//www.moe.gov.cn/jyb_xwfb/gzdt_gzdt/moe_1485/201112/t20111213_127946.html）。

求意见、审议修改和正式发布等程序后形成一套规范、制度或规则，专业标准具有科学性、合理性、普适性和可操作性。在中国，最终以制度文本形式公布和印发教师专业标准的主体是教育行政主管部门，在美国、荷兰、澳大利亚等国则多由专业协会来制定和颁布。

2. 专业素养是专业标准研制的基础

关于专业素养的学术研究可以是多元的、多视角的，但最终属于指导性的研究成果。如果要印发和颁布正式的专业标准，需要在专业素养共识基础上，形成统一规范或政策性制度。教师专业标准的研制需要遵循教师专业发展的一般规律，同时符合因不同学段教师身份和专业独特使命而确定的素养框架。教师专业素养在经过综合评估、咨询论证后，形成的关于从业教师所要具备的明确职责、素养结构、指标要求等内容是专业标准文件的核心部分。所以说，专业素养是专业标准的重要组成部分，构建有利于教师和教育管理者借鉴和遵循的共识性、可观测、可量化的专业素养指标体系，是研制专业标准的基础和前提。如果缺少对专业素养的研究，或是对专业素养缺少普遍共识和认同，那么专业标准就缺少相应的确证基础。

3. 专业标准则是专业素养的具体表现和标准化要求

教师专业标准是对教师专业的共性要求，规定了教师应具有的专业素养结构最基本、最核心的共同要求，从基本理念、主要内容和结构指标上进行标准化呈现，旨在为教师提供专业自主保障、确定共同承诺的发展目标。已颁布的幼儿园、中小学以及特殊教育教师的专业标准都遵循着相同的框架体例，由专业理念与师德、专业知识、专业能力3个维度的基本内容组成。在专业标准体系下，既规定了教师一般性、共同性的专业素养要求，也对各学段教师规定了具体的、特定的专业素养要求，在统一性基础上呈现差异性、复杂性和多样性的素养指标体系。教师专业标准中所呈现的专业素养需要导向鲜明、内容全面、要求明确。专业标准作为教师专业发展的基本准则，其所包含的素养指标要易于借鉴和遵循；专业标准作为教师的教育教学工作规范，其所包含的素养指标要易于理解和操作。

4. 专业标准明确了教师在专业素养中应有的理念和导向

教师专业标准具有基础性和导向性双重特点。基础性表现在专业标准为教师专业伦理、专业知识和专业能力方面所应必备的素养规定了基本标准；导向性表现在规定合格教师基础标准的同时，具有发展性功能，起到引导教师朝着不断提高综合素质方向发展的作用。① 中国幼儿园、中小学教师专业标准中提出了"师德为先""学生为本""能力为重""终身学习"4 个基本理念，是教师作为专业人员在专业实践和专业发展中应当秉持的价值导向，既体现了对中国教师群体长期坚持的基本追求，也体现了现代教育发展对教师专业素养的新要求。② 教师专业标准将教师的理念、师德、能力和专业发展方向以文件制度形式确定，使教师教书育人的责任感和使命感细化为明确的行为规范和行动方向，为教师专业发展规划提供了确定的导向和依据。

二　从素养走向标准：构建教师教育者专业标准的意义

教师教育质量提升的重要前提条件是教师教育者质量保障，而教师教育者质量需要以教师教育者专业标准为前提。可以说，教师教育者专业标准是衡量教师教育质量的重要指标，建构教师教育者专业标准具有多方面重要意义。

1. 确定普遍认可的发展目标

从社会学角度来看，一项工作可称得上专业，需要满足专业知识基础、长期专业训练、专业伦理和专业自主 4 个基本条件。③ 那么，对专业基本条件的具体描述就需要以普遍认可的指标系统呈现，以此体现专业人员的职责和使命，进而确定履职和发展目标。教师教育者专业标准就是在一般教师标准的基础上，针对教师教育者的特定身份、专业职责和专业规范，经由科学严谨论证而确定的适用于教师教育者群体的普适性发展标准，是对从事教师教育者这一专业所需具备的专业信念、专业品格、专业知识、专业能力的系统性规定，也是对教师教育者专业发展目

---

① 周洪宇：《制定教师专业标准 加快教师队伍建设步伐》（http：//www. moe. gov. cn/jyb_xwfb/gzdt_gzdt/moe_1485/201112/t20111214_127999. html）。

② 《〈中学教师专业标准〉说明》（http：//www. moe. gov. cn/jyb_xwfb/gzdt_gzdt/moe_1485/201112/t20111213_127946. html）。

③ 宋萑、徐淼：《教师教育者循证实践与教师教育证据迭代》，《教育科学》2022 年第 3 期。

标的明确规定。

构建教师教育者专业标准，旨在发挥其引领和导向作用，为教师教育者提供普遍认可的专业发展目标，激励教师专业发展，形成目标导向的专业发展模式。教师教育者专业化程度是教师教育专业性水平的关键要素，是教师教育教学质量的重要保障。构建教师教育者专业标准，在于为教师教育者专业化程度确立具体化的专业素养结构体系、为教师教育者的专业素养形成提供指引和保障。同时，通过专业标准为教师教育者提供确定的发展目标和共同承诺的工作目标，有助于保障专业实践者的专业自主，避免完全基于经验的伦理风险。教师教育者专业标准的发展目标和共同承诺的工作目标，其表现形式可以是言明的行动纲领，也可以是默会的理想信念。专业标准等资格能力框架规定了教师教育者应具备的知识与能力，为教师教育者专业学习共同体提供专业发展的依托和方向指引。一致的工作承诺指教师教育者密切关注职前教师的学习与成长，共同致力于高质量的教师培养事业。[①]

2. 建立资格资历的规范要求

《国家中长期教育改革和发展规划纲要（2010—2020 年）》中明确提出要"严格教师资质，提升教师素质，努力造就一支师德高尚、业务精湛、结构合理、充满活力的高素质专业化教师队伍"。《国务院关于加强教师队伍建设的意见》提出，"大力提高教师专业化水平，完善教师专业发展标准体系"。2012—2015 年，教育部相继颁布了幼儿园、中小学、中等职业学校、特殊教育教师专业标准。制定教师专业标准、明确教师专业素质要求，是健全教师管理制度的一项重要内容。

专业素养指标是教师教育者个人在从事教师教育过程中所应具备的专业品格、专业知识、专业能力等内容的系统性凝练，更多地体现了社会对教师教育者发展的期待。换句话说，各式各样的指标体系只能为教师教育者的专业发展廓清内容、厘清方向，真正驱动教师教育者谋求自

[①] 戴伟芬、梁慧芳：《论跨界的教师教育者专业学习共同体构建》，《教育发展研究》2022 年第 2 期。

我发展的关键举措在于专业标准的制定。① 目前，关于高校教师和教师教育者的资格及资历由高校自行规定，还没有形成全国正式的、统一的、普适性的专业标准。构建并研制教师教育者专业标准，是在已有幼儿园、中小学教师专业标准基础上，进一步完善教师专业标准体系的重要一环，也符合国际上教师教育者专业化发展的趋势。教师教育者专业标准对加强教师教育者的队伍建设、引领教育教师者专业成长、提升教师教育者专业发展水平具有重要的促进作用，对提高基础教育教师专业培养质量具有重要的影响。颁布和实施教师教育者专业标准，获得教师教育者培养、准入、考核和管理等政策规范的支持，使专业标准成为教师教育工作者的共同职业道德和实践标准非常重要。

3. 形成专业素养的可测指标

教师教育者专业标准就是教师教育者专业素养的公认的、标准化的且可测量的指标。教师教育者专业标准具有科学性、普适性、可操作性等特点，是衡量教师教育教师队伍建设和教师教育者专业发展水平等方面的最基本指标。同时，普适性的、可测量的专业素养指标能够为教师教育者的教育教学活动提供科学有效的指导。作为高校教师的教师教育者，要确保其教育教学活动科学性、合理性和有效性，就需要遵循一定的观念、行为、态度和规范。教师教育者专业标准对教师教育者的信念、知识、行为提出了明确的要求，这些必备素养的可测指标，为教师教育者的教育教学活动提供了明确的方向和评判依据。

教师教育者首先要达到一般教师的专业规范和要求，因而需要参照已颁布的教师专业标准体系，确立一般性要求和共同遵循，在此基础上进一步细化面向教师教育者的专业素养要求，形成易理解、易遵循、可操作、可测量的专业标准，为教师教育者专业自主发展提供明确的诊断指标和行动纲领，为教育管理部门评价教师教育者专业化水平提供测评标准。

4. 确立专业水平的应然描述

多年来，中国由于缺少教师教育者专业标准，一般教师的基本性要

---

① 陈晓端、高嵩、徐波：《我国教师教育者研究：进展、局限与展望》，《教师教育研究》2023 年第 1 期。

求和高校教师必备学历，往往被作为教师教育者准入、培养培训的依据。很多情况下，科研成果业绩被作为高校教师教育者准入的主要依据，有的承担学科教学的教师教育者在入职前甚至没有师范专业的学习经历。对教师教育者的考核和管理偏向于教学和科研业绩，缺乏专门的制度和规范保障。教师教育者对自我的专业发展规划存在一定模糊性，或是认为教师教育者是具有高学历的高校教师，理应有更高的专业自觉性和专业发展水平。此外，由于缺乏教师教育者专业标准，教师教育者的群体范围往往被窄化为教育学院的教师，专业教师的教学往往局限在学科知识，无法与基础教育建立联系，阻碍了学"教"和教"教"的融通。

作为教师的教师，教师教育者无法完全参照中小学教师专业标准。教师教育者的独特身份、专业使命和发展规范，要求必须构建并正式颁布适用于其自身的专业标准，以体现其专业化水平、保障其专业地位和社会地位、凸显教师教育者的专业独特性和不可替代性。教师教育者专业标准是教师教育者专业化的必要条件，专业标准将教师教育者专业发展视为一个长期追求的过程，通过规定教师教育者专业发展的内容和要求，提供教师教育者专业发展水平的努力方向和行动指南，提高教师教育者专业发展的自觉性，为教师教育者在自主学习、终身发展过程中提供诊断，从而促进其专业水平持续提升。

5. 建立保障体系的重要依据

教育部在 2012 年颁布教师专业标准时，强调了构建教师专业标准体系是建设高素质专业化教师队伍的保障、是对教师专业素养的基本要求，同时要求各地、各校把专业标准作为开展教育教学实践、提升专业发展水平的行为准则。在教师专业标准体系中，幼儿园教师、小学教师、中学教师、特殊教育教师、职业技术教师专业标准，体现了教师作为一种特殊职业，是一种专业化工作，有着特有的、严格的专业规范和要求。同样，从事教师教育者这一更为特殊的专业化工作，需要具备特定的专业素养、满足特定的专业规范。在已有前置性教师专业标准的基础上，持续完善教师专业标准体系、构建教师教育者专业标准，对于加快教师教育者专业化步伐、提高教师教育者专业形象和社会认知度、保障教师教育质量、提升职前教师培养质量具有重要的作用。

新时代教师教育变革已经对教师教育者提出了新的挑战，国际上的教师教育变革趋势亦如此，荷兰曾先后制定教师教育者的专业标准、认证制度、知识基础和专业发展课程，四者共同构成了坚实的教师教育者质量保障体系。① 不是任何人都能从事教师教育，或者说从事教师教育的人员要达到专业的要求、具备专业的素养。教师教育者专业标准是教师教育者专业化的保障，不仅具有导向和引领功能，也具有评价功能，是引领教师教育者专业发展的基本准则，也是评价教师教育者和教师教育质量的重要依据。教师教育者专业标准从信念、品格方面规定了基本专业伦理，保障了"师德"的基础性要求；从专业知识和专业能力方面规定了教师专业的基本内容，保障了教师教育活动必备的业务能力；从终身学习方面规定了教师专业自主发展的路径和方法，为高素质、专业化发展目标奠定规划基础。一个专业领域中，只有具备了明晰的专业标准，才能保障专业从业者的发展质量。教师教育者专业标准在教师教育者准入、培养、培训、聘任、考核和退出等管理制度中提供着重要的"标准"依据，对于加强高素质教师教育者队伍建设、保障教师教育质量具有重要意义。

第三节　新时代中国教师教育者专业标准框架与基本内容

新时代高质量教育体系建设，离不开高质量教师队伍保障，教师专业标准是保障高质量教师队伍的基础。在教师专业标准体系中，如果说已印发实施的幼儿园、中小学教师专业标准是前置性标准，那么教师教育者专业标准可看作一种后置性保障标准。"教师的教师"专业标准，是教师培养质量和教师专业水平达到标准的先决条件和重要保障。新时代所界定的教师形象是当好"四有好老师""四个引路人"，坚持"四个相统一"，成为高素质专业化创新型教师。教师教育者的第一身份是教师，核心身份是教师的教师，教师教育者既要达到自身的新时代教师形象塑造要求，也要承担培养新时代教师的职责。这就意味着，无论从专业素

---

① 周钧、范薷琛：《荷兰教师教育者专业质量保障体系研究》，《比较教育研究》2020年第8期。

养还是专业标准的视角，教师教育者首先需要符合教师一般性或是通用性规定，其次重点突出面向教师教育者特有的或是核心的规定。

通过本章前两部分内容论述，基本确定了教师教育者专业标准构建的基础性思路。一方面，教师教育者专业标准属于教师专业标准体系，需要在遵循教师专业标准体系的基本理念和基本框架的基础上，进一步细化和突出属于教师教育者核心身份的特有专业素养规范；另一方面，教师教育者专业素养是教师教育者专业标准的重要组成部分，专业标准的建构过程也是专业素养的标准化过程。第一部分所构建的教师教育者专业素养指标体系可以作为专业标准的核心框架。

为了更好地凸显教师教育者专业标准隶属于教师专业标准体系，本书参照中国已有的教师专业标准体例，构建教师教育者专业标准。一般而言，专业标准需要包含基本理念、框架结构、基本内容要求及阐释等要素。

一　基本理念

本书的教师教育者专业标准主要面向高等院校的教师教育者。

中国已颁布的教师专业标准体系中，幼儿园、中小学、特殊教育和职业教育的教师专业标准所规定的基本理念在整体上是一致的，即师德为先、学生为本、能力为重和终身学习，其主要差异是因受教育者对象不同而表现出理念具体描述的差异。那么，教师教育者专业标准原则上也须遵循总体理念，在此基础上对基本理念进行针对性补充和细化。

1. 师德为先——坚定德性双重品格

热爱教师教育事业，具有专业信念和专业理想，践行社会主义核心价值观，履行教师职业道德规范，依法执教；尊重师范生人格，富有爱心、责任心、耐心和细心；为人师表，教书育人，自尊自律，公平公正，以人格魅力和学识魅力教育感染师范生，坚持躬行师德与培育师德的德性双重品格，做师范生以德立学、以德施教的示范者、指导者和引路人。

2. 学生为本——引领（准）教师专业成长

维护师范生权益，以师范生为主体，充分调动和发挥师范生的主动性；遵循教师专业发展规律和教育教学规律，为师范生提供科学有效的教师教育，激发师范生的职业热情和专业潜能，为师范生更好地适应教师职业和达到专业标准规范奠定良好基础。

3. 能力为重——突出示范指导跨界能力

将学科知识、教师教育理论与基础教育实践有机结合，形成"教'教'"和"教'学教'"跨界综合实践能力；遵循职前教师专业成长规律，提升教育教学专业化水平；坚持实践、示范、指导、反思与自我研究，不断提高专业能力。

4. 终身学习——保持学习和研究的自觉

学习先进教师教育理论，了解国内外教师教育改革与发展的经验和做法，自觉开展教育研究，提升研究能力；优化知识结构，提高文化和信息技术素养；具有终身学习与持续发展的意识和能力，做终身学习的示范者和引领者。

二　框架结构

本书根据已建构的教师教育者专业素养指标体系，将教师教育者专业标准的维度划分为专业信念、专业品格、专业知识和专业能力4个方面，包含12个指标，34个基本要求。详见表6–2。

首先，在4个维度上，对中小学教师专业标准所包含的专业理念与师德、专业知识、专业能力进行了扩充，强调了教师教育者在引领和指导教师专业成长所必备的坚定信念，从理解和认识的理念层面提升为专注和致力于的信念层面，突出教师教育者从事教师教育专业应有专业意志的坚定性。新时代高素质专业化创新型的教师，其德性修养已超越意识层面，走向品格内化或师德践行状态，以德立身、以德立学和以德施教的道德力量具有双向能量，既有自身的锤炼躬行，也有对受教育者以德育德的师德培育。

其次，在12个指标和34个基本要求中，对专业标准的规范和要求综合了两个方面的因素和逻辑来进行标准化陈述，一是教师教育者是高校教师、教师的教师、教师教育研究者的三重身份，二是教师教育者对自身、对学生、对专业活动的3个面向。

最后，根据专业标准结构要素，增加了基本要求的观测点，从而使教师教育者专业标准具有可理解、可测量和可操作性。

表 6 - 2　　　　　　教师教育者专业标准的框架内容

维度	指标	基本要求	观测点
专业信念	1 专业身份的认同	1.1 高校教师身份的认同	认同自身作为高校教师的专业身份，遵循教育基本规律和教育方针政策，明晰自己的责任和担当
		1.2 教师教育者身份的认同	认同自身作为教师教育者的专业身份及其独特性和使命感，具备明确的专业自信和专业归属感，认同教师教育对教师专业发展和基础教育发展的重要意义
		1.3 教师教育研究者身份的认同	认同自身作为教师教育研究者的专业身份，认可教师教育研究对学术发展和提高教育质量的重要性
	2 专业引领的志向	2.1 专注教师成长与发展	以"四有""四个引路人"为新时代好教师标准，坚持"四个相统一"，引领教师在师德、专业知识能力和实践智慧等方面获得持续性发展
		2.2 致力于教师教育研究	持续关注教师教育的学科知识积累和研究能力提升，对教师教育领域的基本问题具有明确的研究兴趣，善于批判和反思，具有问题研究的敏锐度和创新意识
	3 专业示范的意识	3.1 教学示范的意识	具有明确而先进的教育理念，保持所信奉的专业理念与教育教学行为的一致性，重视教育教学实践的方法示范与指导，利用自身教学行为进行有效示范
		3.2 科研示范的意识	重视教育研究成果的教学转化和融入，重视科研规范、伦理、方法的示范与指导
		3.3 学习示范的意识	具有终身学习愿景，发挥教师专业发展的示范作用
专业品格	4 躬行师德的品性	4.1 德高为范的专业追求	具有身为教师教育者的专业荣誉感，在自身专业发展过程中严于律己，注重教师教育者人格魅力的塑造，具有示范教师优秀品行的意识
		4.2 敬业爱生的教育情怀	在专业教育、教学实践中具有责任心、仁爱之心，具备帮助（准）教师专业发展的高尚精神
		4.3 求真务实的研究品质	具有开阔的学术视野，始终以求真务实的态度从事研究工作，关注学科基本理论的建设，重视研究成果对引领和培育新时代全面发展型教师的重要作用

续表

维度	指标	基本要求	观测点
专业品格	5 培育师德的品行	5.1 以德明德的专业交往	注重创设真诚互信的专业交往氛围，教师教育者之间、教师教育者与中小学教师之间建立和谐友善的合作关系
		5.2 以德育德的教育实践	在专业教育、教学过程中通过示范性教学行为来指导教师对于道德性教学品质的感悟、理解与认同
		5.3 以德立德的科学研究	在从事研究的过程中，通过多种方式展示教育研究应当遵循的研究伦理；指导并帮助教师理解并形成教育理论素养和研究素养
专业知识	6 基础知识	6.1 通识性知识	具有广博的科学知识、文化知识以及当代教师教育所需要的信息技术知识
		6.2 教育基础知识	了解关于国家教育政策法规和国际教育的新理念与新发展的知识，掌握教育学、心理学的基本原理与方法，具备学生学习理论与评价相关的知识及教学技术知识
		6.3 学科知识	理解所教学科的基本思想，掌握所教学科的知识体系与方法，准确把握所教学科的逻辑及其育人功能，了解所教学科与其他学科之间的基本关系
	7 教学知识	7.1 学科教学知识	了解教师学习具体学科内容时的认知特点，掌握所教学科课程资源开发的方法与策略，具有针对具体学科内容进行教学的技能与方法
		7.2 教"教"的知识	掌握教"教"的基本原则、技术与方法，了解教师的特殊性，具有通过言传身教或创设教育情境培育教师的知识
		7.3 元教学知识	具有对教学计划自我明晰、教学过程自我调节、教学结果自我反思的知识，掌握指导教师进行元思维、元学习、元认知等活动的策略性知识

维度	指标	基本要求	观测点
专业知识	8 研究知识	8.1 规范性知识	掌握关于"教育制度""教育标准"和"教育价值"等知识，以及教育研究的原则性、规范性知识
		8.2 方法性知识	了解教育研究的基本属性和特征，掌握教育研究的方法论基础以及与教育研究相关的方法和技术，具有指导教师进行研究的方法性知识
		8.3 实践性知识	具有感知教育现场的环境、条件、任务的知识，掌握在实践场域中开展教育研究的知识和通过研究推进教育改革和创新的知识
专业能力	9 课程开发能力	9.1 教师教育课程资源开发能力	依据课程目标要求，能够对可能进入教师教育课程相关的素材性资源、条件性资源和数字化资源进行识别、获取、加工、应用和创新，注重课程思政元素的构建和融入
		9.2 中小学课程开发的指导能力	在中小学课程开发过程中，能够针对性地提供课程理论知识、课程开发经验及课程改进方案、建议等
	10 教学实践能力	10.1 一般教学能力	具备开展教学活动所需的教学设计、教学实施与教学评价能力
		10.2 示范教学能力	能够有目的、有意识地处理教学问题，演示期待教师在未来教学中应具备的教学行为并对其合理性做出解释说明，启发教师观察、理解和反思教学
		10.3 指导教学能力	能够指导教师开展聚焦教学实践的对话与反思，协助他们解决教学过程中遇到的困惑和问题
		10.4 元教学能力	能够在教学前对教学进行自我明晰与自主表述，在教学过程中对教学进行自我监控与调节，在教学后对教学进行自我反思
	11 组织协调能力	11.1 组织教育活动的能力	能够依据教师不同发展阶段的特点和需求，优化教师学习环境，在不同场景中组织、引领和激发教师积极参与教师教育活动
		11.2 协同参与活动的能力	能够依据教师教育的发展规律和实际需要，沟通协调好与同行同事及相关人员的合作互惠关系，共享经验与资源并协同参与教师教育活动

续表

维度	指标	基本要求	观测点
专业能力	12 持续发展能力	12.1 信息技术融合能力	运用信息技术开展教师教育活动及自身专业发展的意识、能力和伦理，自觉实现信息技术与教育教学的深度融合
		12.2 自主学习能力	能够根据专业发展需求，自主确定学习目标、内容和方法，监控和调节学习过程并对学习结果进行评估
		12.3 教育研究能力	具有较强的问题反思、问题探究和研究意识，能够采用新的视角，综合运用多种研究方法，探究教师教育领域中存在的关键问题

三　基本内容要求及阐释

1. 专业信念

专业信念是教师教育者从事教师教育的坚定动力，是对自身、对师范生、对专业活动在思维与行动的同一性承诺。专业信念内含专业身份与专业认同、专业精神与专业热情、专业理念与专业愿景这 3 个结构层次，教师教育者的专业信念具体包括专业身份的认同、专业引领的志向和专业示范的意识。

（1）专业身份的认同

从身份归属来看，教师教育者具有三重身份：高校教师、教师的教师、教师教育研究者。从身份认同的具体内容和形成过程来看，教师教育者的认同同时贯穿了学科认同、教学认同和研究认同。[①] 专业身份的独特性所指向的专业归属感和专业使命感，要求教师教育者在三重身份的认同中形成相应的专业情感和专业意志。

①高校教师身份的认同

教师教育者的第一重身份是高校教师，这属于教师教育者的机构归属身份，也是其前置性身份，即教师教育者首先是教师，要符合教师专业标准的基本规范，认同教师身份、认同学科、认同专业；要贯彻党和

---

① 赵明仁：《师范大学中学科教师教育者的身份认同》，《高等教育研究》2014 年第 8 期。

国家教育方针政策，遵守教育法律法规；要理解并明确作为高校教师承担人才培养的责任和担当，具有职业理想和敬业精神。

②教师教育者身份的认同

教师教育者的第二重身份是教师的教师，这属于教师教育者的类别归属身份，也是其关键身份，是教师教育者区别于普通高校教师和中小学教师的核心身份。教师教育者不仅要认识、理解并认同自身身份的独特性，还要认同中小学教师的专业性和独特性，明确培养教师的职责和使命，理解并确信教师教育者在教师培养和教师专业成长中，作为第一关键因素所发挥的重要作用。认同教师教育者在教学态度、教学方式、教学效果的特殊性和重要性及其在教学实践中的师生互动方式和示范指导的重要性。

③教师教育研究者身份的认同

教师教育者的第三重身份是教师教育研究者，这属于教师教育者的学术归属身份，也是其实现专业化提升的保障性身份。教师教育者不仅是教师教育知识的实践者和传承者，也是教师教育知识的主要生产者。教师教育者所开展的教师教育研究，其目的不仅在于丰富教师教育学科知识，更体现为教师教育的跨界融通和指导实践的必要性。

（2）专业引领的志向

促进和引领教师专业成长、致力于教师教育研究是教师教育者的专业职责和专业使命。教师教育者要尊重教师成长规律、积极创造条件，将教育研究成果转化为个人实践，促进师范生的专业成长和自主发展。这种责任感和使命感要凝聚为一种持久的动力，达到思维和行动的同一性承诺，形成坚定的专业情意、专业愿景和专业意志。

①专注教师成长与发展

将新时代好教师标准转化为系统的教师教育行动准则，树立育师为本、师德为先的理念，将（准）教师的专业知识、专业能力与师德养成相结合，重视（准）教师"一践行三学会"的综合能力提升。尊重教师成长规律，为（准）教师提供适切的教师教育。营造科学从教、热爱教学、善于反思的教"教"和教"学教"氛围，引领（准）教师树立理想信念、锤炼道德品格、掌握扎实学识、提升育人能力。

②致力于教师教育研究

教师教育者的专业引领既体现在培养（准）教师方面，也表现为教师教育知识生产者的引领及其将教育研究成果转化为教育实践的引领。这就要求教师教育者具有教育研究的热情和敏锐，致力于特定领域的教师教育研究，积极开展自我研究，将教学和研究形成相互转化。

（3）专业示范的意识

作为教师的教师，教师教育者的身份具有跨界性，这意味着教师教育者在教学、科研和学习等专业活动中需要具备示范、指导和引领的意识与理念，发挥引路人和模范作用，既在理论与实践的跨界融通方面进行示范与指导，也在个人实践和基础教育的跨界融通方面进行示范与指导，为每一位（准）教师提供适合的专业活动，促进（准）教师专业成长。

①教学示范的意识

教师教育者需要确立正确的教育理念并且积极运用教育理念指导个人实践行动，坚持所呈现的教育教学行为能够反映出自身所信奉的教育理念，从而使这种缄默的理念和意识具有示范性和感染性。除了态度、理念，教育教学设计、组织实施、方式方法、教学反思等实践活动也要求教师教育者结合个人实践进行有意识示范，使缄默因素显性化，形成有效示范。

②科研示范的意识

开展教育研究不仅是教师教育者的学术职责，也是教师专业发展的基本要求。要实现潜心问道和关注社会相统一、学术自由和学术规范相统一、科学研究和教学转化相统一，需要教师教育者在这些方面结合个人实践和研究进行有意识的指导与示范。

③学习示范的意识

教师专业自主发展的先决条件是持续性自主学习，教师教育者自身不仅要确立终身学习的愿景，也要关注富有挑战性学习环境的营造，提供持续性学习的努力方向和方法路径，成为终身学习的行为榜样。

2. 专业品格

新时代背景下，教师道德主体身份日益凸显。如前所述，对师德的重要性强调已经超越认识和意识层面，走向品格坚定和师德践行层面。

教师教育者的专业品格需要体现时代特征，具有发展的前瞻性。品格包含"品性"和"品行"两层含义，教师教育者专业品格表现为躬行师德的品性和培育师德的品行两个方面，专业品格的卓越性决定了师德养成的卓越性。

（1）躬行师德的品性

《现代汉语词典》中，品性被解释为品质、性格，其中品质指行为、作风上所表现的思想、认识、品性等本质。教师教育者的专业品性即教师教育者组成个体道德品质的心理成分及构成方式，包含德高为范的专业追求、敬业爱生的教育情怀、求真务实的研究品质。

①德高为范的专业追求

教师教育者要具有身为"教师的教师"的专业荣誉感和育人责任感，尊重（准）教师成长和发展差异。教师教育者的言行直接影响（准）教师的师德养成，因而教师教育者必须以身作则、身正为范，努力成长为学生的道德榜样。

②敬业爱生的教育情怀

教师教育者的道德情操和仁爱之心具有二阶性，也就是说尊师爱生具有两个层面的要求，即教师教育者在专业生活及教学育人实践中富有感恩情怀，具有尊重前辈、敬仰导师并关爱下一代学生健康成长的崇高品格。

③求真务实的研究品质

重视研究伦理并锤炼学术品格，是教师教育者作为研究者这一身份不可忽视的专业品格。同时，研究品质不只是表现为教育研究的科学严谨和产出学科知识的责任，还表现为运用研究成果引领和培育（准）教师成长的品质。

（2）培育师德的品行

品行指有关道德的行为。教师教育者的专业品行即教师教育者的道德行为，是实现道德动机的行为意向及外部表现，是衡量个人品德的重要标志，也是教师教育者个人或群体具有道德意义的比较稳定、一贯的行为特质的总和。培育师德的品行能够表现出教师教育者相对于一般教师更为特殊的道德行为的持续力、恒定性特点。

①以德明德的专业交往

教师教育者在专业人际交往过程中，秉持真诚互信、团结协作和共同发展的交往规范，以明智和善良的方式，追求建立合作共进的师师、师生关系，秉持以道德感召道德的优秀品行。教师教育者要具备协调能力和团队合作精神，善于合作与倾听，促进教学相长。

②以德育德的教育实践

教师教育者需要凸显德性培养的示范性和教学实践的德性规范，以独具个人魅力的方式躬身实践，通过自身在专业教学过程中"示范性"施教行为来激发学生对于教师道德性教学品质的感知与认同。

③以德立德的科学研究

教师教育者是学术道德的实践者和榜样模范，教师教育者需要通过显性或隐性方式向学生展示教育研究应当体现出的学术规范和道德品质，促进学生兼顾思维创新与研究伦理，遵循学术自由和学术规范相统一。

3. 专业知识

联合国教科文组织在《教育——财富蕴藏其中》中强调了专业知识对教师专业的重要性，"教学若被视为一种专业，则首先需要教师具有专门的知识与能力：教师要学习应该教的知识和如何教授这些知识的专业知识"[1]。《教师教育课程标准（试行）》中也明确了教师专业素质的要求在很大程度上是建立在对教师知识研究的基础之上的。[2] 教师教育者是需要胜任复杂而又具有创造性教育教学工作的专业人员，必须具备特定的知识基础，这些知识基础不仅是教师教育者行动的指南，也是其专业实践和专业发展的前提。

（1）基础知识

基础知识是教师教育者从事教学活动时所应该掌握的最低层次的知识，是必须了解和掌握的内容，是开展教育教学活动的前提和基础，包

---

[1] 联合国教科文组织编：《教育——财富蕴藏其中》，联合国教科文组织总部中文科译，教育科学出版社 2014 年版，第 142 页。

[2] 教育部教师工作司组编：《教师教育课程标准（试行）解读》，北京师范大学出版社 2013 年版，第 22 页。

括通识性知识、教育基础知识和学科知识。

①通识性知识

教师教育者应了解中国教育及教师教育的基本情况，在教育教学过程中运用理性思维，发挥教育教学人文教育的功能，体现一定的人文素养。同时要在信息技术融入教育的时代背景下，通过重构教与学的关系、更新教学内容、应用智能信息技术、转化教学空间、革新教学评价等创新教师教育教学新模式，促进信息技术与教育教学的深度融合。

②教育基础知识

教师教育者需要了解中国教育政策法规和国际教育的新理念、新知识，保持教育教学活动与国家教师教育改革趋势的一致性，成为教师教育改革的践行者和推动者。教师教育者应掌握教育学与教育心理学的基本方法，明确（准）教师"学习"和"学'教'"的特点及一般规律，具备学习及评价相关知识、教学技术知识。

③学科知识

学科知识是与教师所教学科的概念原理、基本理论、教学方法等相关的知识，是教师开展教学活动不可或缺的内容。教师教育者需要理解所教学科的基本思想，掌握所教学科的知识体系、逻辑与方法，把握学科育人功能并能够在所教学科与教育教学实践之间建立起沟通联系的桥梁。

（2）教学知识

作为教师的教师，教师教育者的教学实践活动除了关注自身的教"教"，还需重视师范生的学"教"活动。[①] 教师教育者需要具有以学科教学知识、教"教"的知识和元教学知识为核心内容的教学知识。

①学科教学知识

学科教学知识是教师教育者把自己所掌握的知识传递、转化给学生的知识，是教师教育者运用学科知识开展教学和教"教"的活动的载体和基础。教师教育者需要熟悉所教学科的课程地位和育人价值，把握（准）教师的学科学习特点和学习规律，掌握学科课程与教学的原理、策

---

① 闫建璋、李笑笑：《高校教师教育者的知识结构探析》，《教师教育研究》2019 年第 4 期。

略、技能与方法，这些是对学生学习进行评价、获得教学反馈并调整教学活动的基础。

②教"教"的知识

教师教育者从事教"教"，即教师范生如何教学的活动。教师教育者应该了解教师教育主体和对象的特殊性，能够掌握教（准）教师如何教学的基本原则、技术与方法，掌握通过言传身教或创设教育情境等方式培育师范生的知识，从而将个体化的实践知识、缄默知识外显化为表达的知识，帮助师范生建构教育教学的知识，真正学会如何当教师和如何教学。

③元教学知识

元教学是从教学的本体论视角出发，用元语言对教学进行逻辑分析，基于元观点对教学的认识与反思，是关于教学的教学，是教师自己会教的教学，是一种基于教学思维、指向教学实践的意识性教学。[①] 教师教育者能够基于元观点对教学进行认识与反思，能够采用批判、思辨的态度对教学活动进行自我明晰、自主陈述和自我反思。元教学知识能够促进教师教育者更好地明晰教学策略的优化方向和改进效果。

（3）研究知识

作为研究者，研究知识是教师教育者专业知识的重要组成部分，对教师教育者专业持续发展、教育教学实践创新都有重要意义。结合教育研究的逻辑和教师教育研究的基本特征，将研究知识划分为"规范性知识""方法性知识"和"实践性性知识"三大领域。

①规范性知识

无论何种学术研究，背后都有其基本价值取向的引领，教师教育者应该掌握关于"应然""标准""价值"等问题的知识。教师教育者具备了规范性知识，可以帮助其在研究过程中提出合理的思想主张并论证应然的价值和规范，能够在教师、教学、教师教育等研究领域的框架下进行自我规范和价值规约。

②方法性知识

教师教育者从事研究工作离不开通过观察、实验、访谈等方式获得

---

① 陈晓端：《元教学研究引论》，《陕西师范大学学报》（哲学社会科学版）2011 年第 1 期。

事实性或者经验性的认知。教师教育者需要具备方法性知识以更好地从事专业的教育研究工作。教师教育者首先应明确教师教育研究的基本属性和特点、了解其研究性质和基本特征，这是后续开展研究并选择恰当研究方法的基础。教师教育者需要明晰研究的方法论基础，熟悉研究方法的多元分类体系并掌握研究实施的基本路径和策略。

③实践性知识

教师教育研究的复杂性源于研究对象的复杂性。教师教育的研究对象是教育现象及其中的人，要对其进行研究涉及对文化、历史、经济、情感、动机、人际关系等多种因素的考察。教师教育者要能够深入教学实践、感知教学现场，掌握在实践场域和实践过程中理解教育教学研究的环境、条件、对象、任务的知识，以及在实践场域中开展教育研究的知识和通过研究推进教育改革和创新的知识。

4. 专业能力

专业能力是教师教育者在促进教师专业发展和自身专业发展的过程中所需掌握的各项能力的集合。根据教师教育者实际承担的职责，教师教育者专业能力包括课程开发能力、教学实践能力、组织协调能力和持续发展能力。

（1）课程开发能力

课程开发能力是教师教育者的专业基础能力，是教师教育者科学设计并有效实施教师教育课程的保证，主要包括教师教育课程资源开发能力和中小学课程开发的指导能力，体现出鲜明的跨界融通特征。

①教师教育课程资源开发能力

教师教育者不仅是教师教育课程的实施主体，也是教师教育课程资源的积极开发者。这是教师教育者作为教师的基本职责要求，它要求教师教育者对教师教育课程资源进行加工、处理和创新。

②中小学课程开发的指导能力

中小学课程开发的指导能力是教师教育者区别于一般高校教师的课程能力，它要求教师教育者为中小学课程开发提供课程理论知识、课程开发经验及课程改进方案等。

（2）教学实践能力

教学实践能力是教师教育者应具备的教学能力的集群，是教师胜任教育教学工作最为根本的能力，包括一般教学能力、示范教学能力、指导教学能力和元教学能力。其中，示范教学能力、指导教学能力和元教学能力是教师教育者区别于一般教师的关键能力。

①一般教学能力

一般教学能力是所有从事教师职业的人都须具备的教学设计能力、教学实施能力和教学评价能力。对于高校教师教育者，可以从其具备开展教学所需要的基础能力和对教学进行评价的能力两方面判断其一般教学能力水平。

②示范教学能力

示范者和指导者是教师教育者的基本角色，而这种角色的发挥更多以教学实践活动的方式展现。示范教学能力是教师教育者通过自己的教学行为促进教师理解教学、学习教学和反思教学的能力。教师教育者需要在教学中有意识地示范教学行为，有意识地解释其自身教学行为的合理性。

③指导教学能力

指导教学能力是教师教育者在教师的教学实践现场就教学过程中出现的问题和困惑给出改进建议的能力，更具体地说，是教师教育者能够指导教师开展聚焦教学实践的对话与反思，协助他们解决教学过程中遇到的困惑和问题。在实际的教育实践中，可以从教师教育者引导教师对其教学实践进行反思、协助教师解决教学过程中遇到的问题的能力水平状况判断其指导教学能力的水平。

④元教学能力

元教学能力实际上是教师教育者在课前、课中和课后对自我教学进行明晰、监控和反思的能力，也可以被视为一种基于自我研究的循证教学能力。反映在教学实践中，主要考察教师教育者在教学前向他人清楚说明自己的教学思路、在教学过程中对教学进行自我监控以及在教学后对教学进行有效反思的能力水平。

（3）组织协调能力

教师教育专业活动中，在"教与学""教与教"以及"教与学'教'"的互动关系中呈现师生关系、师师关系的"跨界"特殊性。组织协调能力是教师教育者为培养和促进教师专业发展而在不同场域和机构中应具备的活动组织能力和协调能力，包括组织教育活动的能力和协同参与教育活动的能力。

①组织教育活动的能力

组织教育活动的能力主要指向教师教育者处理与（准）教师关系的能力，主要考察教师教育者依据教师成长需求不断优化学习环境和组织教师积极参与教师教育活动的能力。

②协同参与活动的能力

协同参与活动的能力主要指向教师教育者处理与同事、同行和其他相关人员关系的能力，主要考察教师教育者在与教师培养主体建立合作关系，以及协同相关人员共同参与教师教育活动的能力水平。

（4）持续发展能力

持续发展能力是教师教育者不断获得自我专业发展的能力，是其他专业能力得以发展的根基。持续发展能力主要包括信息技术融合能力、自主学习能力和教育研究能力。

①信息技术融合能力

信息技术融合能力是教师教育者适应信息时代发展的必备专业能力。主要考察教师教育者将信息技术有机融入教师教育活动和运用信息技术促进自身专业发展的能力水平。

②自主学习能力

自主学习能力是教师教育者自主专业发展的必备专业能力，也是教师教育者作为终身学习者的一种内在要求。教师教育者要有自主学习的意识和观念，更需要掌握自主学习的手段和方法。对于教师教育者而言，根据自我发展需求自主规划学习和依据对学习过程的监控改进学习是判断其自主学习能力水平的主要依据。

③教育研究能力

教育研究能力是教师教育者专业持续发展的必备专业能力，也是教师教育者作为研究者的基本要求，更是研究促进教学以实现更好地培养（准）教师的要求。教师教育者要主动在教育过程中发现研究问题、自觉对教育领域中的问题开展针对性研究，进而积极取得与教师教育相关的研究成果。

综上，本书遵循已有教师专业标准体系的基本框架结构和逻辑体例，构建了植根中国本土教师教育实践的教师教育者专业标准。教师教育者专业标准分为专业信念、专业品格、专业知识和专业能力 4 个维度，包含 12 个指标、34 个基本要求，以及 34 个对应观测点。构建教师教育者专业标准，旨在从制度层面确定教师教育者的专业化水平、确立共同承诺的发展目标，为教师教育者队伍提供专业化资格规范和专业自主保障。

第七章

中国高校教师教育者专业素养现状调查

在上一章中，我们全面解析了课题组建构的新时代中国教师教育者专业标准的框架体系，这一方面表明建构新时代教师教育者专业标准的急迫性和重要性，另一方面为建构符合中国国情的新时代教师教育者专业标准提供了一定的借鉴。新时代教师教育者专业标准框架和内容中的专业素养表达具有一定的应然性和理想性，而现实中教师教育者专业素养的现状又如何呢？本章将通过问卷调查的方式回答这一问题，并希望这一调查结果为未来国家制定教师教育者专业标准提供实证依据。

第一节 问题的提出

2022 年 4 月，教育部等八部门印发《新时代基础教育强师计划》，其中明确提出要"努力造就新时代高素质专业化创新型中小学教师队伍"[1]。同年 10 月，党的二十大报告明确指出，要"培养高素质教师队伍"[2]。高质量教师队伍建设离不开高质量的教师教育，而作为教师教育

---

[1] 《教育部等八部门关于印发〈新时代基础教育强师计划〉的通知》（http://www.moe.gov.cn/srcsite/A10/s7034/202204/t20220413_616644.html）。

[2] 习近平：《高举中国特色社会主义伟大旗帜 为全面建设社会主义现代化国家而团结奋斗——在中国共产党第二十次全国代表大会上的报告》，人民出版社 2022 年版，第 34 页。

灵魂的教师教育者则担负着教师教育和教师质量提升的重要职责。[①] 教师教育者是一个包含了丰富内涵的群体性概念。在西方，大学的教师教育者主要由两类人员构成，一类是具有中小学从教经历的实践型教师教育者，另一类是一直在大学执教的、缺乏中小学执教经历的学术型教师教育者。[②] 相较而言，中国的大学教师教育者以后者为主。[③] 在国内，大学教师教育者通常指承担学科专业课程和教师教育类课程的任课教师。[④] 高校教师教育者是高等教师教育机构中以职前教师培养和职后教师培训为其主要职责的专业人员，是教师教育者群体中的主力和中坚力量。因而，高校教师教育者群体的专业素养水平就成为影响教师教育和教师质量提升的关键因素。深入了解教师教育者现有专业素养的实际状况及可能存在的问题，对其自身专业发展以及教师培养质量提升均具有重要的现实意义。

第二节　文献综述

教师教育者专业素养是教师教育者个人在从事教师教育过程中所应具备的专业品格、专业知识和专业能力等的集合。[⑤] 它是教师专业素养形成和提升的重要条件。教师教育者的专业素养是教师教育领域中一个重要的研究领域，已经受到国内外学者们的广泛关注与探索。

在国外，美国教师教育者协会和荷兰教师教育工作者协会是较早对教师教育者专业素养进行系统论述的组织。美国教师教育者协会 2008 年修订的教师教育者专业标准提出了 9 项教师教育者应具备的专业素养，包括教学示范、文化素养、学术研究、专业发展、项目开发、合作能力、

---

① 贺婷、王加强：《"教师教育者"概念的出场、传播、泛化及其困境——基于话语分析的视角》，《惠州学院学报》2023 年第 1 期。

② 郑一、董玉琦：《西方实践型教师教育者专业自我建构及其影响因素》，《外国教育研究》2019 年第 6 期。

③ 马文静、胡艳：《成为教师教育者——基于大学教师教育者身份建构的质性研究》，《教育学报》2018 年第 6 期。

④ 闫建璋、李笑笑：《高校教师教育者的知识结构探析》，《教师教育研究》2019 年第 4 期。

⑤ 陈晓端、高嵩、徐波：《我国教师教育者研究：进展、局限与展望》，《教师教育研究》2023 年第 1 期。

公共宣传、教师教育专业和愿景。① 该标准详细描述了每项专业素养的构成指标，并提供了达成这些指标的具体表征。荷兰教师教育工作者协会2012 年修订的教师教育者专业标准将教师教育者应具备的专业素养分为专业知识、专业能力、专业态度、专业价值观和人格特质。专业能力方面，该标准主要涵盖了教育教学能力、促进专业学习能力、组织和管理能力以及发展能力。② 在学者方面，许多教师教育领域的专家对教师教育者的专业素养进行了研究。例如，考斯特等人认为学科研究能力、交流反思能力、组织能力和教学能力是教师教育者应具备的重要专业能力，其中，交流反思能力被视为其中极为重要的能力。③ 史密斯对教师教育者的专业素养进行了全面研究，认为反思与元认知能力、具备可理解的丰富而深入的专业知识、了解如何创造新知识的相关知识、具备教授儿童与成年人知识与技能、全面了解整个教育体系以及达到专业成熟和自主等是教师教育者应具备的专业素养。④

　　作为一种角色身份，教师教育者在国内教师教育领域其实早已存在。但国内对教师教育者及其专业素养的关注和研究却只有十几年。已有的教师教育者专业素养方面的研究主要聚焦于其专业知识和专业能力的细化。由于教师教育者的教学活动主要包括了专业地"教"、专业地"教教"和专业地教"学教"，这使得其知识结构需要满足三方面要求：专业地"教"要求教师教育者具备广博的文化知识、高深的专业学科知识、扎实的教育理论知识；专业地"教教"要求教师教育者具备关于如何教学的学科教学知识、教师教育教学法知识；专业地教"学教"要求教师

---

①　The Association of Teacher Educators, *Teacher Educator Standards* (extension：//mhnlakgil-nojmhinhkckjpncpbhabphi/pages/pdf/web/viewer. html? file = https% 3A% 2F% 2Fwww. ate1.　org% 2Fuploads% 2F1% 2F4% 2F5% 2F7% 2F145746398% 2Fate _ teacher _ educators _ standards _ 1 – 14 – 24. pdf).

②　VELON, *Beroepsstandard* (http：//www. velon. nl/beroepsstandard/beroepsstandard _ schoolo-pleiders).

③　Bob Koster, Mieke Brekelmans and et al., "Quality Requirements for Teacher Educators", *Teaching and Teacher Education*, Vol. 21, No. 2, 2005.

④　Kari Smith, "Teacher Educators' Expertise：What Do Novice Teachers and Teacher Educators Say?", *Teaching and Teacher Education*, Vol. 21, No. 2, 2005.

教育者具备关于学习者的知识、元认知知识。① 而在专业能力方面，教师教育者教学能力得到了较为充分的研究，建构了以"开展教学活动的能力""研究发展教学的能力"和"聚焦教学的影响能力"为核心的三维教师教育者教学能力结构。② 此外，有学者构建了以专业道德、专业知识和专业能力为核心的三维教师教育者专业素养结构。③

综上所述，国外部分国家已经形成了用于指导教师教育者专业素养发展的专业标准，学者们也对教师教育者专业素养进行了较为深入的研究。但中国尚未形成制度层面的教师教育者专业标准，学者们对教师教育者专业素养的研究仍处于探索阶段。然而，不管是国外还是国内，当前教师教育者专业素养研究普遍偏重理论研究，而相对缺乏实证研究。本书基于课题组构建的教师教育者专业素养指标体系，编制问卷调查国内高校教师教育者专业素养现实水平，并为中国教师教育者专业标准的制定提供实证依据。

第三节　研究设计与实施

一　研究设计

1. 分析框架的构建

厘清高校教师教育者专业素养的结构是进行教师教育者专业素养调查的前提。高校教师教育者既具有一般教师的专业性，也具有区别于一般教师的特殊专业性，这种特殊性主要是由其高校教师、教师的教师和教师教育研究者的三重身份决定的。在本书中，高校教师教育者专业素养结构的划分既要考虑高校教师教育者在实际的教育教学过程中需要具备的素养要求，也同时综合考虑下述三方面依据：一是国内外教师专业标准、素养框架中对教师专业素养结构的划分，这确保高校教师教育者

---

① 闫建璋、李笑笑：《高校教师教育者的知识结构探析》，《教师教育研究》2019 年第 4 期。

② 刘鹂：《论教师教育者教学能力要素、结构与特征》，《课程·教材·教法》2016 年第 9 期。

③ 徐祖胜：《我国高校教师教育者专业素养研究》，博士学位论文，东北师范大学，2021 年。

专业素养体现出一般教师的专业性；二是参考和借鉴部分国家有关教师教育者专业标准中对教师教育者专业素养结构的划分；三是国内外学者关于教师教育者专业素养方面的理论研究成果。这些研究成果能够为教师教育者专业素养及其构成维度的细化带来富有洞见的启示。基于以上考虑，课题组初步构建了由 4 个一级维度、12 个二级指标和 35 个三级指标构成的高校教师教育者专业素养指标体系。在此基础上，经过三轮德尔菲专家咨询，根据专家的反馈意见和建议，删除其中语义不够清晰和重复的 4 个二级指标和 1 个三级指标，同时对指标从其命名到具体指标内容的表述进行较为细致的修改和完善，并由专家对同一级指标间的相对重要性进行比较、排序和赋值，最终形成附带各项指标要素权重的高校教师教育者专业素养指标体系，该体系由 4 个一级维度、8 个二级指标和 34 个三级指标构成。

2. 问卷的编制

问卷依据"新时代教师教育者专业素养指标体系"编制而成。在对各个指标内涵准确理解和把握的基础上，课题组拟定各指标的描述，形成问卷初稿，共包含 93 道题目。为保障问卷题目全面、准确反映教师教育者专业素养，课题组多次检核问卷题目与专业素养指标间的对应关系，经过反复讨论后决定删除其中表达不清和语义重复的 6 道题目，形成由 87 道题目构成的调查问卷。同时邀请多名高校教师教育者参与对问卷的评议，以确保题目表述准确、简洁和易于理解。最后，选取不同学科、专业的 164 名教师教育者对问卷进行测试。对初测数据进行分析发现，问卷中的所有题目均符合项目分析的基本要求。最终，正式调查问卷由 87 道题目构成，共包括三部分：第一部分是问卷填答的指导语；第二部分是教师教育者的个人相关信息；第三部分是教师教育者对自身专业素养水平的评判，采用里克特五点量表计分，1 代表完全不符合，5 代表完全符合。

二 研究实施

1. 调查对象的选取

本书的调查对象为高等学校中从事教师教育工作的教师教育者。为确保调查对象具有一定的代表性，共调查来自中国东中西不同地域、不同类型高校师教育者。人口学信息主要涉及性别、地域、高校类型、年龄、教龄、职称、学历、专业和基础教育工作年限等。

2. 问卷信效度检验

首先，检验问卷的信度。计算所有样本数据的克隆巴赫系数，得到问卷整体信度为 0.995，其中专业信念、专业品格、专业知识和专业能力四个维度的信度分别为 0.975、0.981、0.988、0.985，可知问卷具有较高的信度。其次，检验问卷的效度。利用一半样本数据进行探索性因素分析，其 KMO 值为 0.988，表明数据适合进行探索性因素分析。共提取 4 个共同因素，方差累计解释变异量为 70.77%，与前述理论构建的教师教育者专业素养的四个维度保持一致，表明问卷具有良好的结构效度。使用 Mplus 8.3 对剩余的样本数据进行验证性因素分析，结果表明四因素结构拟合情况较好：χ^2/df（11411.641/3648）= 3.13，CFI = 0.953，TLI = 0.950，SRMR = 0.037，RMSEA = 0.059，数据说明模型与数据拟合较好。

3. 问卷发放与回收

使用问卷星共发放问卷 1256 份，剔除其中作答时间过短和重复作答的问卷后，回收有效问卷 1232 份，有效率 98.09%。

第四节　研究结果

利用描述性统计和差异分析等方法，对当前中国高校教师教育者专业素养现状进行实证分析。

一　中国高校教师教育者专业素养的整体状况

对数据进行描述性统计，结果显示参与调查的教师教育者在专业素养总体上的平均分为 4.22。在四个具体维度上，平均分从高到低分别是：专业品格（4.32）、专业知识（4.22）、专业信念（4.19）和专业能力（4.14），具体见表 7 - 1。从标准差看，所有维度和整体得分的标准差介于 0.72—0.76，这表明各个维度的得分分布较为均匀，教师教育者在专业素养的各个维度上表现出相对一致的专业素养水平。

总的来说，无论是整体专业素养，还是各个具体维度，其均分都超过了 3 分,这说明中国教师教育者在专业素养上的总体表现良好,其中,专业品格方面表现最为突出,而在专业能力方面则相对较弱,这意味着教师教育工作中需要更多地关注和提升教师教育者的专业能力。

表 7 - 1 　　　　　　　中国高校教师教育者专业素养的整体状况

维度	专业信念	专业品格	专业知识	专业能力	整体得分
$M \pm SD$	4.19 ± 0.76	4.32 ± 0.76	4.22 ± 0.75	4.14 ± 0.74	4.22 ± 0.72

二　中国高校教师教育者专业素养在人口学变量上的差异分析

1. 教师教育者专业素养在不同地域上的差异

数据分析表明,教师教育者在专业信念、专业品格、专业知识、专业能力以及整体专业素养这 5 个方面,东部、中部和西部地区在得分上均存在一定的差异,具体见表 7 - 2。

表 7 - 2 　　　　　　中国高校教师教育者专业素养在不同地域上的差异

维度	东部 ($n = 321$)	中部 ($n = 330$)	西部 ($n = 581$)	F
	$M \pm SD$	$M \pm SD$	$M \pm SD$	
专业信念	4.27 ± 0.76	4.22 ± 0.66	4.12 ± 0.80	4.936**
专业品格	4.40 ± 0.78	4.36 ± 0.66	4.26 ± 0.81	3.743*
专业知识	4.33 ± 0.74	4.26 ± 0.64	4.14 ± 0.79	7.114***
专业能力	4.23 ± 0.76	4.17 ± 0.64	4.06 ± 0.76	5.610**
总分	4.31 ± 0.73	4.22 ± 0.72	4.15 ± 0.76	5.752**

注:*$P < 0.05$;**$P < 0.01$;***$P < 0.001$(下同)。

具体来说,在各维度以及整体得分上,东部地区的平均分均高于中部和西部地区。其中,专业知识方面的差异($F = 7.114$)最为显著,其次是专业能力($F = 5.610$)和总分($F = 5.752$),专业信念($F = 4.936$)和专业品格($F = 3.743$)的差异虽然较小,但也达到了统计学上的显著性。进一步比较发现,在各维度和总分上,东部地区与中部地区差异很小,但东部地区与西部地区的差异较为显著,东部地区的教师教育者专业素养水平相对较高。标准差方面,东、中、西 3 个地区在各维度的分布均在 0.64—0.81，表明各地区在各维度上的得分分布相对均匀。

这些数据反映了地域性差异对教师教育者专业素养的影响，其中东部地区的教师教育者在专业素养上表现得较好，中部地区与东部差距不大，西部地区相对较弱。这提示我们在教师教育工作中，应当关注地区差异，特别是对于资源相对较少的西部地区，应加大在教师教育者专业素养提升方面的投入。

2. 教师教育者专业素养在不同性别上的差异

在专业信念、专业品格、专业知识、专业能力以及整体专业素养上，男性和女性教师教育者的得分存在一定的差异，具体见表 7–3。

表 7–3　　中国高校教师教育者专业素养在不同性别上的差异

维度	男（$n=517$）	女（$n=715$）	t	p
	$M \pm SD$	$M \pm SD$		
专业信念	4.12 ± 0.83	4.24 ± 0.69	-2.60	$0.009**$
专业品格	4.25 ± 0.86	4.38 ± 0.68	-2.96	$0.003**$
专业知识	4.18 ± 0.82	4.26 ± 0.68	-1.75	0.081
专业能力	4.11 ± 0.82	4.16 ± 0.68	-1.09	0.277
总分	4.17 ± 0.80	4.26 ± 0.65	-2.20	$0.028*$

在专业信念（$t=-2.60$，$p=0.009$）和专业品格（$t=-2.96$，$p=0.003$）方面，女性教师教育者的得分明显高于男性，其差异达到了显著水平；在整体得分上，女性教师教育者的平均得分也高于男性，同样达到了显著水平；而在专业知识（$t=-1.75$，$p=0.081$）和专业能力（$t=-1.09$，$p=0.277$）方面，虽然女性教师教育者的得分高于男性，但差异没有达到显著水平。

上述数据总体反映出女性教师教育者在专业素养上表现得较好。这可能与女性教师的教育理念、情感关怀以及专业态度等方面的优势有关。同时意味着男性教师教育者需要在专业信念和专业品格方面获得更多提升。

3. 教师教育者专业素养在不同类型高校上的差异

从表7–4来看，部属院校的教师教育者在各维度得分和总分上均高于其他类型的高校。而高职高专教师教育者的得分最低。省部共建院校、省属师范院校和一般本科院校的得分处在中间水平，且三者之间的得分非常接近。但是，所有维度上的 F 值均未能达到显著水平，这表明不同类型的高校在教师教育者专业素养上的差异虽然存在，但并未达到统计学上的显著水平。

表7–4　中国高校教师教育者专业素养在不同类型高校间的差异

维度	部属院校 （$n = 127$） $M \pm SD$	省部共建 （$n = 361$） $M \pm SD$	省属师范 （$n = 528$） $M \pm SD$	一般本科 （$n = 202$） $M \pm SD$	高职高专 （$n = 14$） $M \pm SD$	F
专业信念	4.35 ± 0.79	4.18 ± 0.79	4.17 ± 0.76	4.17 ± 0.67	4.09 ± 0.65	1.707
专业品格	4.48 ± 0.79	4.32 ± 0.76	4.31 ± 0.76	4.31 ± 0.66	4.18 ± 0.68	1.541
专业知识	4.38 ± 0.77	4.23 ± 0.76	4.19 ± 0.76	4.21 ± 0.66	4.07 ± 0.69	1.789
专业能力	4.30 ± 0.77	4.15 ± 0.77	4.11 ± 0.73	4.11 ± 0.67	4.05 ± 0.64	1.864
总分	4.38 ± 0.76	4.21 ± 0.75	4.20 ± 0.72	4.20 ± 0.63	4.10 ± 0.64	1.816

这些数据反映出高校类别对教师教育者的专业素养可能产生一定影响，其中部属院校的教师教育者在专业素养上表现较好，这可能与该类高校的教育资源丰富、教育环境优越、学缘学历结构等因素有关。而高职高专的教师教育者专业素养相对较低，可能与这类学校在教育资源、教育环境等方面存在的问题有关。这一结果也对教师教育工作提出了相应挑战，即如何在不同类型的高校中提升教师教育者的专业素养。

4. 教师教育者专业素养在不同年龄段上的差异

在专业信念、专业品格、专业知识以及整体专业素养这 4 个方面，不同年龄段的教师教育者得分存在一定的差异，而在专业能力这一维度上，虽然也存在差异，但未达到统计学上的显著性，具体见表7–5。

具体来看，60 岁以上的教师教育者在各维度以及总分上的得分都最高，而30 岁以下和31—39 岁的教师教育者在各维度和整体素养上的得分较低。

对于专业信念、专业品格、专业知识以及整体专业素养 4 个方面，其在不同年龄段的差异达到了显著水平，专业能力虽然在各年龄段未达到显著水平，但其得分总体上也大致随着年龄的增长而提升。这说明随着年龄的增长，教师教育者的整体专业素养及各个维度都有所提高。

这些数据能够反映出经验积累和年龄增长对教师教育者的专业素养有一定的正向影响。对于年轻的教师教育者，则需要获得更多的培训和指导以提升其专业素养。另外，这显示了教师教育的连续性，即教师教育是一个持续的、随着时间推移逐步改进和提高的过程。

表 7 - 5　　中国高校教师教育者专业素养在不同年龄段上的差异

维度	30 岁以下（n = 98）	31—39 岁（n = 411）	40—49 岁（n = 516）	50—59 岁（n = 193）	60 岁以上（n = 14）	F
	$M \pm SD$	$M \pm SD$	$M \pm SD$	$M \pm SD$	$M \pm SD$	
专业信念	4. 11 ± 0. 58	4. 11 ± 0. 73	4. 20 ± 0. 78	4. 32 ± 0. 82	4. 65 ± 0. 38	4. 057 **
专业品格	4. 29 ± 0. 59	4. 25 ± 0. 76	4. 34 ± 0. 78	4. 43 ± 0. 80	4. 67 ± 0. 38	2. 701 *
专业知识	4. 18 ± 0. 57	4. 14 ± 0. 74	4. 25 ± 0. 76	4. 32 ± 0. 80	4. 55 ± 0. 35	2. 915 *
专业能力	4. 11 ± 0. 57	4. 08 ± 0. 72	4. 16 ± 0. 76	4. 22 ± 0. 80	4. 40 ± 0. 37	1. 734
总分	4. 17 ± 0. 55	4. 15 ± 0. 70	4. 24 ± 0. 74	4. 32 ± 0. 78	4. 57 ± 0. 35	3. 016 *

5. 教师教育者专业素养在不同教龄上的差异

从表 7 - 6 来看，对于专业信念、专业知识以及整体专业素养，教龄得分之间的差异达到了显著水平。在专业品格和专业能力方面，各教龄段的得分尽管存在差异，但这些差异并未达到统计学上的显著性。

具体而言，不论是整体专业素养，还是其各构成维度，20 年以上教龄的教师教育者得分都是最高的，而 1—3 年和 11—20 年这两个教龄段上的教师教育者得分相对较低。教师教育者专业素养的各维度得分与教龄之间呈现波动上升的趋势。

这些结果反映出，教师教育者的经验积累和教龄对其专业素养有一定的影响，但这种影响不是一种简单的线性关系。对于教龄 1—3 年和 11—20 年的教师教育者，可能需要更多的培训和指导以提升其专业信念、更新专业知识。

表7-6　　　　　中国高校教师教育者专业素养在不同教龄上的差异

维度	1—3 年 (n = 226) M ± SD	4—10 年 (n = 264) M ± SD	11—20 年 (n = 379) M ± SD	20 年以上 (n = 363) M ± SD	F
专业信念	4.11 ± 0.63	4.17 ± 0.71	4.15 ± 0.81	4.29 ± 0.80	3.177 *
专业品格	4.28 ± 0.64	4.32 ± 0.73	4.27 ± 0.82	4.41 ± 0.78	2.342
专业知识	4.15 ± 0.61	4.23 ± 0.74	4.18 ± 0.79	4.31 ± 0.77	2.851 *
专业能力	4.09 ± 0.61	4.16 ± 0.73	4.09 ± 0.76	4.21 ± 0.79	2.378
总分	4.16 ± 0.59	4.22 ± 0.69	4.17 ± 0.76	4.30 ± 0.76	2.872 *

6. 教师教育者专业素养在不同职称上的差异

表7-7表明教授的专业素养得分在所有职称中最高，而助教的得分较低。这在一定程度上说明随着教师教育者专业发展，他们的专业素养得到了提升。另外，未定级或无职称的教师教育者的得分并未显著低于其他职称，这可能与他们的职业认知和工作经验等因素有关。

表7-7　　　　　中国高校教师教育者专业素养在不同职称上的差异

维度	助教 (n = 59) M ± SD	讲师 (n = 430) M ± SD	副教授 (n = 468) M ± SD	教授 (n = 227) M ± SD	无或未定级 (n = 48) M ± SD	F
专业信念	4.05 ± 0.73	4.11 ± 0.70	4.20 ± 0.78	4.35 ± 0.84	4.13 ± 0.48	4.236 * *
专业品格	4.24 ± 0.72	4.28 ± 0.73	4.33 ± 0.79	4.43 ± 0.82	4.26 ± 0.48	1.714
专业知识	4.13 ± 0.73	4.16 ± 0.72	4.23 ± 0.75	4.35 ± 0.81	4.19 ± 0.43	2.927 *
专业能力	4.10 ± 0.68	4.07 ± 0.69	4.14 ± 0.77	4.26 ± 0.82	4.15 ± 0.43	2.405 *
总分	4.13 ± 0.69	4.16 ± 0.67	4.23 ± 0.75	4.34 ± 0.79	4.18 ± 0.42	2.948 *

在专业信念、专业知识、专业能力和整体专业素养这4个方面，不同职称教师教育者之间的得分差异均达到了统计学上的显著性。这表明，职称与这些专业素养得分之间存在显著的关系。在专业品格这个维度上，不同职称之间的得分差异并未达到统计学上的显著性，这表明专业品格

的提升不是只与职称有关，还可能与其他因素（如个人品质、教育理念等）有关。

7. 教师教育者专业素养在不同学历上的差异

从表7－8可知，在所有的专业素养维度以及总分中，本科学历教师教育者的得分都略高于硕士研究生和博士研究生学历的教师教育者。这是因为目前高校中本科学历的教师教育者大多是资深的专家型教师。需要说明的是，所有的 F 值都低于1.6，这表明在这3个学历等级之间，无论是在专业信念、专业品格、专业知识、专业能力上，还是在整体专业素养上，它们之间的得分差异并未达到统计学上的显著性。这意味着，学历对教师教育者的专业素养的影响并不显著。尽管高等学历通常被看作衡量专业素养的最主要指标之一，但我们也应该关注其他影响专业素养的因素，如教育实践经验、在职教育、自主专业发展等。

表7－8　　　中国高校教师教育者专业素养在不同学历上的差异

维度	本科 （$n=91$） $M \pm SD$	硕士研究生 （$n=425$） $M \pm SD$	博士研究生 （$n=716$） $M \pm SD$	F
专业信念	4.28 ± 0.55	4.15 ± 0.77	4.20 ± 0.77	1.273
专业品格	4.42 ± 0.45	4.29 ± 0.77	4.33 ± 0.79	1.149
专业知识	4.28 ± 0.48	4.17 ± 0.75	4.25 ± 0.77	1.592
专业能力	4.18 ± 0.50	4.09 ± 0.74	4.16 ± 0.77	1.549
总分	4.29 ± 0.45	4.18 ± 0.72	4.23 ± 0.74	1.400

8. 教师教育者专业素养在不同学科专业上的差异

表7－9反映了不同专业的教师教育者在各维度以及整体得分都在4.0以上，且他们的得分差异并未达到统计学上的显著性，这表明所有专业的教师教育者在这些方面都表现得相对优秀。

可以说，学科专业这一因素对教师教育者的专业素养的影响并不显著。或者说，不论是何种学科专业的教师教育者，他们都展现了对教师教育工作所需专业素养的追求。

表7-9　　　中国高校教师教育者专业素养在不同专业上的差异

维度	文史哲 (n=218) M±SD	经管法 (n=36) M±SD	教育心理 (n=697) M±SD	理工农医 (n=152) M±SD	艺术体育 (n=62) M±SD	其他 (n=67) M±SD	F
专业信念	4.12±0.85	4.07±0.75	4.22±0.70	4.15±0.80	4.25±0.96	4.17±0.73	0.953
专业品格	4.29±0.84	4.25±0.91	4.34±0.71	4.31±0.75	4.32±1.04	4.33±0.74	0.278
专业知识	4.15±0.84	4.23±0.76	4.26±0.69	4.20±0.75	4.22±0.98	4.18±0.70	0.599
专业能力	4.08±0.82	4.04±0.91	4.16±0.68	4.15±0.75	4.21±0.95	4.10±0.71	0.530
总分	4.16±0.81	4.15±0.77	4.25±0.66	4.20±0.73	4.25±0.96	4.20±0.69	0.673

通过表7-10发现，最高学历为师范专业的教师教育者在专业信念这一维度上的得分（4.22±0.77）比非师范专业的教师教育者（4.13±0.74）略高，并且t检验的结果显示这个差异在统计学上是显著的（$t=2.008$，$p=0.045$）。这表明，具有师范背景的教师教育者在教育信念方面拥有明显优势。

在其他维度上，尽管师范专业背景的教师教育者的得分都略高于非师范专业背景的教师教育者，但这些差异并未在统计上达到显著水平。

表7-10　　　中国高校教师教育者专业素养在最高学历是否师范
专业上的差异

维度	师范 (n=795) M±SD	非师范 (n=437) M±SD	t	p
专业信念	4.22±0.77	4.13±0.74	2.008	0.045*
专业品格	4.34±0.77	4.30±0.75	0.937	0.349
专业知识	4.24±0.76	4.19±0.72	1.166	0.244
专业能力	4.16±0.75	4.10±0.72	1.410	0.159
总分	4.24±0.73	4.18±0.70	1.452	0.147

9. 教师教育者专业素养在拥有基础教育经历上的差异

在表7-11中，首先，在"专业能力"维度上，拥有基础教育经历年限为1年以下、1—3年和4—10年的教师教育者，其平均分明显高于没有基础教育经验和基础教育年限在 11 年以上的教师教育者，且这种差异在统计上具有显著性（$F = 3.071$，$p < 0.01$）。这反映了一定年限（1—10 年）的基础教育经历有助于提高教师教育者的专业能力，但随着经验年限的增加，专业能力并未获得进一步提高。

表 7 – 11　　中国高校教师教育者专业素养在不同基础教育年限上的差异

维度	没有 ($n = 742$)	1 年以下 ($n = 143$)	1—3 年 ($n = 162$)	4—10 年 ($n = 127$)	11—20 年 ($n = 46$)	21 年以上 ($n = 12$)	F
	$M \pm SD$	$M \pm SD$	$M \pm SD$	$M \pm SD$	$M \pm SD$	$M \pm SD$	
专业信念	4.15 ± 0.74	4.26 ± 0.55	4.25 ± 0.78	4.27 ± 0.78	4.13 ± 1.16	4.08 ± 1.08	1.311
专业品格	4.30 ± 0.75	4.38 ± 0.62	4.38 ± 0.76	4.40 ± 0.78	4.21 ± 1.18	4.24 ± 1.12	0.912
专业知识	4.18 ± 0.72	4.28 ± 0.55	4.31 ± 0.77	4.32 ± 0.78	4.14 ± 1.20	4.10 ± 1.11	1.633
专业能力	4.08 ± 0.72	4.23 ± 0.57	4.26 ± 0.76	4.26 ± 0.76	4.07 ± 1.14	4.03 ± 1.07	3.071**
总分	4.18 ± 0.70	4.29 ± 0.54	4.30 ± 0.74	4.31 ± 0.75	4.14 ± 1.15	4.11 ± 1.08	1.744

其次，对于"专业信念""专业品格"和"专业知识"三个维度以及整体专业素养得分，虽然具有1—10 年基础教育经历的教师教育者比无经验或经验年限更长的教师教育者的得分略高，但这些差异在统计上并不显著。

可以说，基础教育经历在一定程度上有助于提高教师教育者的专业能力，但对专业信念、专业品格、专业知识和整体专业素养得分的影响并不明显。这反映了教师教育者专业素养的提升，不仅需要基础教育经历，还需要更为综合和深入的专业发展机会，如高等教育、继续教育以及实践反思等。

第五节　研究结论与建议

一　研究结论

中国高校教师教育者的专业素养总体状况良好，其中得分最高的素养维度是专业品格，其次是专业信念和专业知识，专业能力的得分相对较低。这反映出教师教育者对自身的专业品格有较高的自我评价和认同，但对自身专业能力的状况评价不甚理想。

针对教师教育者专业素养在不同人口学信息上的差异，有下述发现：在地域方面，教师教育者专业素养在东部、中部和西部地区存在显著差异，其中，东部地区的教师教育者得分最高，中部次之，西部最低，这反映出地域发展差异的影响。在性别方面，女性教师教育者在专业信念和专业品格的得分上均高于男性教师教育者，尽管在专业知识和能力方面也高于男性教师教育者，但差异并未达到显著水平。在院校类型上，尽管部属院校的教师教育者的得分更高，高职高专类院校的教师教育者的得分较低，但这些差异并未达到显著水平。在年龄段上，除了在专业能力上没有显著差异，60岁以上的教师教育者在总分及其他各维度上得分最高，而30岁以下和31—40岁的教师教育者得分较低。在教龄方面，教龄20年以上的教师教育者在总分及各维度得分均为最高，其中在专业信念和专业知识上达到显著差异，而在专业品格和专业能力上并未呈现显著差异。在职称方面，教授的专业素养及其各构成维度的得分均为最高，而助教的得分较低。在学历上，教师教育者在专业素养及各构成维度的得分上并无显著差异，这表明学历的提升并不能直接提高专业素养。在不同学科专业上，教师教育者在专业素养及各构成维度的得分上并无显著差异，最高学历为师范专业的教师教育者在专业信念上得分较高，但在其他方面并无显著差异。在基础教育经历上，具有1—10年基础教育经历的教师教育者在专业能力得分上明显更高，而在其他方面均并无显著差异，这表明基础教育经验有助于提高教师教育者的专业能力，但对其他维度的影响并不显著。

二 研究建议

1. 制定新时代教师教育者专业标准

教师教育者专业标准是教师教育者专业发展的外部引领，综观各国教师教育者专业发展，可以发现其主要存在两种取向：一种是教师教育者专业发展的自主研究取向，关注自身教学反思，强调专业发展的内在动力；一种是以教师教育者专业标准为专业发展参考框架，强调专业标准的外部引领作用。教师教育者专业标准是对教师教育者应然或理想状态的描述，其目的在于促进教师教育者群体专业化和个体专业发展。制定教师教育者专业标准能够为教师教育者提供共享理念、行事原则和行动规范，同时能提高教师教育者身份的辨识度、专业形象和社会声誉。因此，制定新时代教师教育者专业标准是引领教师教育者群体专业化和个体专业发展的当务之急。

中国教师教育机构承担着繁重的教师培养和培训任务，然而到目前为止，中国仍然没有形成符合国情、体现教师教育特点和规律的教师教育者专业标准。这显然无益于教师教育者专业发展和教师教育质量提升，直接或间接地影响了教师培养和培训的质量。由前述调查可知，中国教师教育者专业素养水平在不同地域，尤其是东西部地区存在显著差异：这一方面提示我们要正视教师教育者专业素养水平的地域差异，在制定教师教育政策、分配教师教育资源时给予西部地区必要的倾斜；另一方面迫切要求我们尽快制定教师教育者专业标准，确立合格的教师教育者应有的专业素养水平，以使广大教师教育者在提升自身专业素养水平的过程中能有明确的努力方向和基本的参考框架。此外，中国教师教育者专业素养在不同年龄段和教龄上的得分表明，30 岁以下和 31—40 岁教师教育者的专业素养水平相对较低，而教师教育者的专业素养在教龄上有波动的趋势，这均意味着有必要对教师教育者进行入职教育和在职培训。而教师教育者的入职教育和在职培训通常也要以教师教育者专业标准为基础，因为教师教育者专业标准是教师教育者培养、准入、培训、考核等工作的重要依据。因此，制定新时代教师教育者专业标准是促进教师教育者专业发展的现实需求，更是国家层面整体提升教师教育质量需要迫切完成的课题。

2. 构建多层次教师教育专业共同体

构建高质量教师教育体系、推进教师教育高质量发展，均离不开高素质的教师教育者，高素质的教师教育者是职前教师培养和在职教师培训的重要影响因素。在教师教育追求专业化的背景下，教师教育者的专业素养水平往往成为判断教师教育者素质高低的重要依据，而构建教师教育专业共同体是促进教师教育者专业素养的重要路径。

教师教育大学化是中国当前教师教育的总体趋势。从提升高校教师教育者专业素养的角度看，需要构建好下述 3 个层次教师教育专业共同体。

　　一是构建不同类型层次高校间的教师教育专业共同体。师范院校为主体，高水平非师范院校参与是中国目前教师教育的基本格局，但在现实中，参与教师教育的高校类型和层次非常多元。以此次调查为例，参与教师教育的高校，既包括较高水平的部属院校，也包括省部共建高校、省属师范院校、一般本科院校，还包括部分高职高专。此次调查结果显示，尽管不同高校教师教育者专业素养水平差异并不显著，但教师教育者专业素养水平的得分存在着这样的趋势，即部属院校教师教育者专业素养得分最高，省部共建高校、省属师范院校和一般本科院校教师教育者专业素养得分相当，而高职高专教师教育者专业素养得分最低。从提升教师教育质量的角度看，提升教师教育者的专业素养水平就是一个重要的途径，因而建立不同高校间教师教育专业共同体就显得尤为必要。事实上，教育部已经对此展开了探索，2022 年 4 月教育部公布的师范教育协同提质计划即是如此，由于中国实际参与教师教育的高校类型众多，帮扶范围需进一步扩大，更多的高校教师教育者从中受益，从而尽可能缩小不同类型层次高校教师教育者专业素养水平的差距。

　　二是构建高校和中小学校间的教师教育专业共同体。高校教师教育者的核心任务是促进教师成长为胜任教学工作的教师。为了更为充分地发挥这一职能，教师教育者需要扮演好 3 种重要的角色并发挥出相应作用，这 3 种角色是"示教者"的角色、"教导者"的角色和"教—（学）教"的研究者角色，相应地就需要教师教育者发挥好示范作用、教导和指导作用以及以研促教的作用。高校教师教育者，尤其是学科专业课教师，需要在上述 3 个方面做出努力。不管是哪一种角色及其相应的作用，都需要教师教育者熟悉中小学教育规律、中小学生身心发展的一般特点和规律、学科教学论知识等。这就要求教师教育者既有丰富的教师教育理论知识，又有为职前教师和中小学教师专业发展进行指导的"基础教育素养"。然而，从国内高校教师教育者群体的构成看，没有基础教育经历的教师教育者仍然占多数，此次调查发现，有超过 60% 的高校教师教育者没有任何基础教育经历。显然，试图在短时间内改变这一现状是不可能的。弥补这一短板的有效措施是在高校和中小学校间建立起教师教育专业共同体，让更多的高校教师教育者走进基础教育与一线教师们一起进行观察、学习和做研究，这样的合作既能提升教师教育者的研究品质，也促进了一线教师的专业成长，同时给予优秀中小学教师进入大学开展对职前教师教育实践类课程进行教学和指导的机会，从而实现高校和中小学在教师教育领域的良性互动。我们的调查显示，那些拥有1—10年基础教育经历的高校教师教育者的专业能力明显高于没有基础教育经验的教师教育者。从提升高校教师教育者专业能力的角度，同样有必要建立高校和中小学校间的教师教育专业共同体。

三是构建不同教师教育者间的教师教育专业共同体，即高校内部不同教师教育者为促进职前教师成长而组建的专业组织。这种共同体组织既可以是学科专业课教师之间的组建，也可以是教师教育类任课教师间的组建，还可以是学科专业课教师与教师教育类任课教师间的组建。这类专业共同体要想最大化发挥其应有功能，需要由理论与实践经验都比较丰富的教师教育者牵头，定期在专业组织内就教师教育教学、研究等开展研讨，同时，要充分发挥经验丰富的教师教育者在培养年轻教师教育者过程中的传、帮、带作用。事实上，对于如何培养教师，各国都积累了大量的实践经验并在不少方面取得共识，但对于如何培养教师教育者，目前并没有太多的经验可供分享。在这种情况下，充分发挥经验丰富教师教育者的传、帮、带作用就显得尤为必要。本次调查也显示，年龄60岁以上的教师教育者、教龄20年以上的教师教育者和教授职称的教师教育者，其专业素养水平明显更高，这些教师教育者多数都在教师教育经验丰富之列。在教师教育实践中，应该充分发挥这些教师教育者在专业组织引领和促进年轻教师教育者成长过程中的传、帮、带作用。

3. 提升教师教育者专业身份之认同

尽管国内外学者从未停止过对教师教育者多重角色的探索，但教师教育者身份认同缺失仍是国内外普遍存在的问题，而示范者角色的缺失、反思者角色的乏力和研究者角色的模糊是当前中国教师教育者普遍存在的身份困境，这无疑将阻碍中国教师教育者和教师教育的良性发展。不难理解，教师教育者专业发展既需要专业标准和专业共同体的外部引领，也需要教师教育者具有专业发展的自觉意识、明确目标和源源不断的动力。而这种伴随着专业发展所需的内部动力又无一不与其专业身份认同密切相关。教师教育者专业身份认同是教师教育者从内心认可和赞同社会与个人对教师教育者的角色期待，其中既包括理性认知，也需要情感归属及专业身份认同坚守或发生变化时所需要的意志力支持。提升教师教育者专业身份认同正是从教师教育者自身出发，试图从内部解决教师教育者专业素养发展的动力问题。因此，提升教师教育者专业身份认同是促进教师教育者专业素养不断发展的重要前提。

首先，教师教育者需要建立清晰的专业身份意识。这里需要区分专业角色与专业身份间的细微差异。前者来自职位或工作环境的期望，即"你应该是谁"，后者则是个人对职业的理解，是个体对"我是谁"的理性思考，是对专业行为、专业形象等形成的长期观点和反思模式。身份认同不是固定不变的，而是嵌入了解释和再解释的过程，在这一过程中还缠绕着情感因素。专业身份意识的建立实际上是专业角色与专业身份相互形塑的结果。通过参与专业共同体讨论以及自我研究等方式，教师教育者能够不断明晰其身份意象。这就要求教师教育者时常要对自己教师之教师的身份定位、社会价值等进行深刻反思，通过再认、接纳、诠释和再诠释等过程提高自身作为教师教育者的专业身份意识。

其次，教师教育者需要提高实践与反思能力。本质上，自我认同不是个体拥有的某一特质或特质组合，而是个人基于自己的经历所形成的反思性理解的自我。这意味着，不管是社会对个体身份的认定，还是个体对自身身份的认定，无一不需要通过个体实践的参与、筛选、内化和提炼来实现。这就要求教师教育者要天然地转变为行动研究者，通过自己的教学实践来展示所教授的理念和内容，并让这一过程成为师范生学会教学的重要资源。同时，教师教育者要努力实现理念与实践的统一，并通过反思实践来丰富和巩固自身的理论。通过这一过程，教师教育者得以建立身份的一致性，并在实践和反思教学理论中增强其身份认同感。这是教师教育者实现专业身份认同的必由之路。

第 八 章

新时代中国教师教育者专业标准的
实施建议

专业标准是教师教育者专业发展的依据，而教师教育者专业标准的落地与实施，是这一专业群体质量保障体系的根基和核心环节。在建立具有适切性、科学性、专业性的教师教育者专业标准的基础上，探索和开展多样化的实施途径与方法是促进教师教育者专业发展的重要举措。例如，美国和荷兰教师教育者协会在研制教师教育者专业标准的同时，重视教师教育者专业标准实施的研究和推进。因而，有必要梳理和借鉴国外特别是代表性国家的教师教育者专业标准实施路径，在此基础上提出新时代中国教师教育者专业标准的实施建议。

第一节　国外教师教育者专业标准的实施路径

美国和荷兰是研制和实施教师教育者专业标准的典型代表。本书在第四章已经详细梳理了教师教育者专业标准研制的背景、研制历程和指标体系等内容，此部分将进一步重点探析其教师教育者专业标准的实施途径与实现路径，以期为中国新时代教师教育者专业标准的实施提供借鉴。

概括来说，美国和荷兰教师教育者专业标准的实施体现了普惠性与专业性特点，主要通过两种类型路径来开展专业标准实施：一是开展教师教育者专业资质认证；二是开发教师教育者专业发展项目。

一　开展教师教育者专业资质认证

基于证据的评价已经是教师教育的发展趋势，同样，教师教育者的专业发展需要基于证据的评价和自我研究。通过对荷兰和美国教师教育者专业标准的比较来看，其具体指标具有一定的内隐性，这就要求教师教育者通过外显的行为或证据来表现其专业素养。因此，基于证据的认证机制是教师获得教师教育者专业资格的必经之路。基于证据的认证机制成为教师教育者专业发展质量的重要依据，也是教师教育者专业标准实施的重要途径。

1. 认证理念

（1）自我研究

基于证据的认证机制最终是要促进教师教育者的自主发展。自我研究是教师教育者认证的首要理念。荷兰和美国教师教育者的认证制度倡导教师教育者开展自我研究和自我评价，从而形成其自身专业发展的内在动力与内在意识。依据教师教育者专业标准，在自我反思过程中，研究自身教师教育实践，在自我评价过程中，收集自我发展证据，为其专业资格认证提供依据。自我研究即教师教育者从专业实践角度出发，以自我反思为核心，通过自我研究和自我评价，为其实现教师教育者专业标准的要求提供支持，从而促使其专业发展内在动力的形成。

（2）专业素养中心

专业素养是教师教育者专业标准的核心框架和指标。专业资格的认证是以专业标准为准绳、以专业素养为中心提出其认证资格要求和标准。如荷兰教师教育工作者协会于2003年研发了与1998年版专业标准相配套的认证制度，要求教师教育者围绕专业标准的指标要求，在多样化的专业发展活动中形成自身专业发展目标，通过创建成长记录袋记录自身的专业发展过程，最终形成一定的专业素养。如1996年版强调自我发展的专业素养，2008年版标准增加了对其文化素养的要求，以应对美国多元化的教育现状。相应地，基于证据的认证要求教师教育者提供和呈现其专业素养的形成过程，以获得合格教师教育者的资格。

（3）持续改进

随着教师教育改革的推进，对于教师教育者的专业素养也有新的要求。因此，荷兰和美国教师教育者专业标准都经历了 3 次修订。专业标准强调要聚焦教师教育者的专业核心素养，基于证据的认证是对教师教育者专业素养进行全方位、全过程的评价，并将评价结果用于专业资格认证和专业能力改进，从而形成了评价—反馈—改进的闭环发展模式。同时，教师教育者专业资格每 4 年为一个周期，资格任职期限到后，教师教育者要根据新的认证要求重新申请提交新的专业发展证据，获得专业资格。由此来看，基于证据的认证推进专业标准的不断完善，推动了教师教育者专业发展能力和质量的不断提升。

2. 认证原则

（1）自愿性原则

这是教师教育者专业资格认证的首要原则。荷兰教师教育工作者协会和美国教师教育者协会提倡教师教育者都要进行专业资格认证，但是否有意参加资格认证基于教师教育者自身专业发展的需求与规划，不采取强制性要求。自愿性原则在一定程度上反映了教师教育者专业发展的自主性。

（2）过程性原则

荷兰教师教育工作者协会和美国教师教育者协会根据教师教育者专业标准，研发了"自我评价、专业发展和注册认证"（SPR）的专业资格认证机制，强调教师教育者的专业发展过程，认证其专业发展的过程性材料与证据，重视其过程性的自我评价与同行评价，其过程性原则可以真实地反映教师教育者专业发展过程，保障了教师教育者专业标准实施的有效性。

（3）权威性原则

基于证据的认证制度分别由荷兰教师教育工作者协会和美国教师教育者协会制定与推进，"自我评价、专业发展和注册认证"具有较强的权威性。首先，制定主体的权威性。荷兰教师教育工作者协会和美国教师教育者协会虽是非政府的学术团体，但其成立时间较早，在教师教育推进的过程中，其发挥了重要的作用。荷兰教师教育工作者协会和美国教师教育者协会已因此被视为荷兰和美国的教师教育权威机构。其次，认证程序的权威性。"自我评价、专业发展和注册认证"机制经过逐步完善，已经成为荷兰和美国教师教育者专业资格认证的唯一途径。

3. 认证步骤与程序

荷兰和美国教师教育者专业认证程序包括自我评价、同行互助与评价和证据收集与最终评审。

（1）自我评价阶段

在自我评价阶段，主要完成以下 3 个方面的工作：首先，申请专业认证的教师教育者自愿提交申请书；其次，对照专业标准进行自评，明晰自身的专业发展特点与不足；最后，分析自身的专业发展方向与目标。

（2）同行互助与评价阶段

在这一阶段，主要通过同行互助、同行评价收集教师教育者专业资格认证的资料。首先，向同行展示自己的学术与实践成果；其次，收集同行和学生的反馈与评价，并根据反馈评价有针对性地修改与完善自身的专业发展目标；最后，与同行评审讨论和修改其专业发展目标与专业发展计划。

（3）证据收集与最终评审阶段

专业成长记录袋是荷兰和美国教师教育者专业资格认证的最重要过程性证据。首先，创建专业成长记录袋。专业成长记录袋主要是记录教师教育者的过程性发展资料，如课堂教学实录、学生评价表、同行评价表、参加专业发展活动相关材料、与教师教育相关的学术会议等。其次，提交过程性资料，与同行评审员一同进行总结性评价。最后，由同行评审员依据教师教育者专业标准，对申请者的各步骤结果和专业成长记录袋进行评估，衡量其是否能够通过认证。

需要说明的是，教师教育者专业认证是逐层递进的，参加认证的教师教育者需要完成上一级的任务才能进入更高一级，完成所有的任务才能通过认证，且认证侧重于教师教育者专业发展过程，重视其过程性发展证据的考量。

二　开发教师教育者专业发展项目

美国教师教育者培养与发展项目是其专业标准实施的重要途径。首先，将教师教育者专业标准确定为教师教育者培养与发展项目的指南。以卓越教师教育者为培养目标，明确将"专业标准"作为卓越教师教育者必备品质的衡量依据。其次，将专业标准作为教师教育博士培养项目的指南，如哥伦比亚大学教师教育博士培养项目就是基于教师教育者专业标准和教师教育者的素养结构，开设了 4 类课程，即指导教师教学实践、学习教学与教师教育、美国教师教育历史与当前课程问题、教师教育者元研究、教师教育相关的系列课程。从内容上来看，这 4 类课程包含了教师教育者专业标准中的具体指标，是一个系统的、全面的教师教育课程体系。教师教育博士培养过程既是专业标准实施的过程，也是形成卓越教师教育者必备品质的过程。最后，将教师教育者专业标准作为教师教育者专业发展项目的指南。随着美国教师教育改革的持续推进，美国教师教育者专业标准也在持续更新。重视教师教育者专业发展项目的开发与实施被认为是未来提高专业水平的重点。① 基于此，在奥巴马政府时期，美国教育部发布了提升教师专业发展与职业能力的蓝皮书，明确了政府要大力支持开展高效的教师教育项目，拓展已经取得成功的教师教育者专业发展项目，从而提升专业发展项目质量，促进和提高教师教育者专业发展质量。②

　　为了推进教师教育者专业标准的实施与普及，提升荷兰教师教育者专业发展质量，荷兰教师教育工作者协会在研制教师教育者专业标准的同时，开发了教师教育者专业发展项目，即"教师教育者专业质量""教师教育者知识基础""教师教育者专业发展课程"，这 3 个专业发展项目是相互关联的。

　　1. 教师教育者专业质量项目

　　教师教育者专业质量项目是荷兰开展最早的专业发展项目。2001 年，荷兰教师教育工作者协会开始推行教师教育者专业质量项目，旨在回应1999 年版专业标准中的专业态度与专业信念，实现教师教育者专业发展一般能力的提升。正是基于这一目标，参与这一项目的教师教育者需要回应以下 3 个问题，并通过教师教育者专业质量项目的开展来检验自身是否解决了这 3 个问题：（1）教师教育者的专业发展目标是什么？（2）教师

---

　　①　The Association of Teacher Educators：The Association of Teacher Educators Governance（http：//www/atel. org/pubs/Governance. cfm）.

　　②　The Department of Education：*Our Future*，*Our Teachers*：*The Obama Administration's Plan for Teacher Education Reform and Improvement*（http：//www. ed. gov/sites/default/files/our-future-ourteachers. pdf）.

教育者参与什么类型的专业发展活动？（3）教师教育者的专业发展结果是什么？

　　教师教育者专业发展质量项目第一阶段为 2001 年 4 月至 2003 年 12月，荷兰教师教育工作者协会对参与该项目教师教育者的相关专业发展证据进行收集与整理，在回应以上 3 个问题的基础上，推进教师教育者专业发展质量项目。首先，根据 1999 年版的教师教育者专业标准，并依据该项目参与者的不同专业发展目标对其进行了分类。其次，通过对参与该项目教师教育者专业活动的梳理与分析，将教师教育者专业发展活动分为 6 类：无目的实践学习、有意识地应用与实践、工作经验的反思、无互动的学习、互动的学习、工作之余的学习。荷兰教师教育工作者协会又对教师教育者参与专业发展互动的具体情况进行了梳理发现，有意识地应用与实践和互动的学习是教师教育者们最乐于参与的活动。同时，所有参与该项目的教师教育者至少参加 2 个及以上的专业发展活动。最后，从个人发展与群体发展两个方面 3 个维度去衡量参与该项目的教师教育者专业发展结果，即教师教育者个体专业认知的变化、个体专业行为的变化、主动与他人分享而带动群体的变化。

　　2003 年版教师教育者专业标准修订后，荷兰教师教育工作者协会又开始推行新一轮的教师教育者专业发展质量项目，以应对修订后专业标准的变化。总体来看，对于参与教师教育者专业发展项目的教师教育者来说，他们至少在三个方面获得了发展与提升：一是能根据专业基础与背景，确定自身专业发展目标；二是能自如应对各类专业发展活动的挑战；三是专业发展环境获得了较大改善。

　　教师教育者专业质量项目的实施与推进，不仅使荷兰教师教育工作者协会的会员数量得到了增加，也助力了荷兰教师教育者专业标准的实施，同时为其教师教育者知识基础项目的实施奠定了基础。[①]

　　2. 教师教育者知识基础项目

　　在教师教育者专业质量项目开展的过程中，荷兰教师教育工作者协

---

① Mieke Lunnberg, Jurriën Dengerink and Fred Korthagen, *The Professional Teacher Educator Roles*, *Behaviour and Professional Development of Teacher Educators*, Rotterdam: Sense Publishers, 2014, p. 85.

会发现，荷兰教师教育者存在参与专业活动时间有限、文献收集与应用能力欠佳、专业知识储备不够等问题。为了解决以上问题，为荷兰教师教育者提供全面的、系统的专业知识，促进其专业能力的发展，荷兰教师教育工作者协会开始实施"教师教育者知识基础项目"。

首先，界定专业知识基础的内涵。荷兰教师教育工作者协会依据舒尔曼关于教师知识的理论，将教师教育者的专业知识基础界定为"专业知识基础是一种结构化的、易获得的、团体性的、分享性的专业知识集合体，包括专业理论知识、专业实践知识、教学法知识和专业发展性知识"[1]。荷兰教师教育工作者协会进一步明确了教师教育者专业发展性知识应包含专业知识、专业视野、专业动机和专业实践。

其次，明确专业知识基础的具体内容。荷兰教师教育工作者协会根据专业遴选机制汇总的教师教育者必读的权威文献，厘清教师教育者的研究脉络，有助于解决教师教育文献阅读和专业知识储备问题。在此基础上，以"荷兰教师教育者需要哪些专业知识"为核心问题，广泛征询荷兰教师教育者和其他国家教师教育者研究者的观点，划分出"三大领域十个方面"的专业知识基础内容。三大领域具体指核心领域、特定领域、拓展领域。其中，核心领域又包括教师教育者专业、教师教育教学法、学习者与学习、教学与学习指导；特定领域包括教师教育学科、教师教育项目；拓展领域包括教师教育改革背景、教师教育组织与实施、教师教育课程开发、教师教育者元研究。[2]

最后，开发专业知识基础的应用渠道。在教师教育者专业知识基础的领域内容确定后，荷兰教师教育工作者协会开发了两种应用渠道：一是研发了教师教育者专业知识基础的学习网站。[3] 该网站是公开的、免费的学习网站，进入网站学习的教师教育者可通过相应链接找到相对应的

---

① Lee S. Shulman and Judith H. Shulman, "How and What Teachers Learn: A Shifting Paradigm", *Journal of Curriculum Studies*, Vol. 36, No. 2, 2004.

② Mieke Lunnberg, Jurriën Dengerink and Fred Korthagen, *The Professional Teacher Educator Roles, Behaviour and Professional Development of Teacher Educators*, Rotterdam: Sense Publishers, 2014, p. 91.

③ Association of Dutch Teacher Educators: Instruction of VELON (http://www.lerarenopleider.nl/velon/over-velon).

专业知识基础文献。该网站不仅面向全体，还体现了专业性与实用性、针对性与高效性的特点。二是开发了教师教育者专业发展课程，进一步深入发展其专业知识基础，以此有效地推进教师教育者专业标准的深入实施，提升教师教育者的专业发展能力与水平。

3. 教师教育者专业发展课程项目

荷兰教师教育者专业发展课程项目始于 2010 年，主要目的是夯实教师教育者专业知识基础，深入推进教师教育者专业标准的实施。该项目每期为 1 年，时长为 130 小时，其中面授时长不少于 42 小时。每期项目结束后，参与项目的教师教育者要接受合格注册。

（1）项目的实施原则

在教师教育者专业发展课程项目实施前，荷兰教师教育工作者协会就提出了实施该项目的基本原则：一是全面性，该项目面向荷兰全体教师教育者，且尊重其不同的发展背景；二是理论性，该项目为荷兰教师教育者的专业知识基础提供坚实的理论基础；三是发展性，该项目的课程拓宽了教师教育者的专业学习渠道；四是关联性，该项目与荷兰教师教育者的认证程序相关联；五是实践性，该项目注重教师教育者的日常工作实践，并引导其将工作实践与教师教育者专业发展课程相关联。

（2）项目的课程设置

教师教育者专业发展课程项目包含 4 个模块的课程，即教学法、指导学习、教师教育研究和专业学习网络。具体内容与面授时间见表 8 - 1。

表 8 - 1　　　　　　　　教师教育者专业发展课程设置

课程名称	内容	面授时长（小时）
教学法	自我评价、示范性教学、自我反思	10
指导学习	反思学习、实践学习、学习方法	10
教师教育研究	教师教育信念、教师教育方法、教师教育研究	10
专业学习网络	同行学习、学习共同体	10

从课程设置来看，教师教育者专业发展课程项目实现了理论—反思—实践的专业发展路径，促成了基于理论的反思性实践的深度融合，形成了教师教育者的自主发展状态。一方面，该项目实现了教师教育者

的专业知识基础的深入应用，有助于反观教师教育者的专业质量；另一方面，教师教育者专业发展课程项目链接了教师教育者专业质量项目和专业知识基础项目，使教师教育者专业发展更加系统化，促进了教师教育者专业标准的有效实施，提升了荷兰教师教育者整体专业发展质量。

（3）项目的效果评价

荷兰教师教育者专业发展课程项目与其教师教育者认证流程无缝衔接，具体措施与做法已在上一部分内容中进行了介绍。

第二节　中国教师教育者专业标准实施的路径与建议

在前述章节中，本书已经论述了教师教育者专业发展的重要性。专业标准作为教师教育者专业发展的纲领性文件，其重要性和必要性不言而喻。自 2012 年教育部颁布《教师教育课程标准》以来，中国教师教育的发展进入了全新的一体化时代。由此，作为教师教育中坚力量的教师教育者，也越来越受到关注。教师教育者在自身追求发展的同时，学者对这一群体的研究主要集中在专业身份认同、专业发展研究、专业标准建构等几个方面。通过对国外教师教育者专业标准及其实施途径的梳理与分析，在一定程度上，对于确定适合本土的教师教育者专业标准实施路径具有一定的镜鉴与启示。

教师教育者专业标准的建构与实施不是一蹴而就的，而是一个逐步发展、循序渐进的过程。首先，要引导教师教育者进行专业认同。专业身份认同是回答"我是谁"这一问题的过程，这是其进行专业发展的内在动机。其次，要以文件形式正式发布教师教育者专业标准。国家层面要从新的时代背景和发展需求出发，架构适合中国的教师教育者专业标准，从而为教师教育者的专业发展提供纲领性文件。最后，要通过开启教师教育者资格认证制度、开发教师教育者专业发展项目等途径，逐渐实施专业标准，从而系统提升中国教师教育者专业发展质量。

一　引导教师教育者进行专业认同

教师教育者是一个专业，这一观点国内外学术界已经达成了共识。

教师教育者专业认同是专业发展的基点，也是实施专业标准的基础。进入新的发展阶段，要引导教师教育者认同这一专业身份，廓清专业群体的专业形象，进而明确教师教育者专业标准适用的群体对象。首先，要加强顶层设计与认同。高校要充分认识教师教育者工作的重要性，认可其专业特殊性，并在相关制度与经费保障、资源供给等方面给予大力支持与保障，从而逐渐缩小其工作职责与社会实践身份的落差。其次，教师教育者的自我认同。当教师教育者处于良好的工作环境，其专业工作被得到认可时，其专业工作热情与专业归属感就会逐渐提高，也就会逐渐地坚定其专业身份认同。最后，引导教师教育者认识其不同的专业角色。教师教育者不仅仅是教师的教师这一单一角色，在从事专业工作和进行专业发展过程中，其体现并承担着多样化的专业角色，如教师的教师、研究者、指导者、课程开发者、教师专业的鉴定者、中小学校与大学教师教育机构形成伙伴关系的促进者等。只有引导其认识自身专业角色，才能逐渐形成对这一专业的身份认同，也才能依据教师教育者专业标准进一步明确其岗位职责和责任使命。

二　实施教师教育者认证制度

认证制度是规范引导教师教育专业建设、建立健全教师教育质量保障体系、不断提高教师教育者及其专业发展质量的重要途径。美国和荷兰已经形成了比较完善的教师教育者专业认证程序，这也是其专业标准落实的重要途径。中国在中小学和高校教师专业认证中，也形成了比较健全的教师资格认证制度、师范专业认证制度等，意味着中国在认证制度的确立与实施方面具备了一定的经验和良好的基础。

首先，要在国家层面建立教师教育者专业认证制度。一是明确教师教育者专业认证制度的指导思想，以新时代发展为背景，全面贯彻党的教育方针，落实立德树人根本任务。二是构建具有中国特色的教师教育者质量认证体系，全面保障和提升教师教育者专业质量，为培养高素质专业化创新型的教师教育者队伍提供有力支撑。

其次，树立以"素养为主、结果产出、不断改进"为基本理念的教师教育者专业资格认证理念。专业素养是教师教育者胜任教师教育工作的基本要求，也是教师教育者专业发展的核心，包括专业信念、专业品格、专业知识和专业能力；"结果产出"强调以教师教育者的专业发展过程效果为导向，对照教师教育者专业标准，评价教师教育者的专业资格；"不断改进"倡导对教师教育者的专业工作进行全面的、全过程的评价，并将其评价结果进行反馈，教师教育者可根据反馈信息不断进行改进与持续提升。

再次，明确教师教育者专业认证的原则。一是要建立全国统一的认证体系，颁布国家认证标准，做好整体规划，教育部和各省教育厅形成分工明确、有效对接的协同统筹机制，从而确保教师教育者认证工作的有序、有效开展。二是明确高校的主体责任。高校尤其是高等师范院校是教师教育发展的主阵地，要引导高校明确自身在教师教育专业建设、教师教育者专业发展等方面的主体责任，推进其开展教师教育者专业资格的自我评价，建立教师教育者专业质量的保障和改进机制，从而确保其专业质量。三是实行以过程性评价为核心的认证方法和途径。提倡多视角、多样化反映教师教育者的专业发展过程，以教师教育者的过程性发展为核心，采用混合的认证方法，对其专业资格进行认证。

最后，发布教师教育者专业认证的条件与形式。一是要明确可以参加教师教育者专业资格认证的对象。一般来讲，在高等学校从事教师教育教学与研究的高校教师，鼓励他们自愿申请教师教育者专业资格认证，通过后获得专业资格证书，从事教师教育专业相关工作。二是以教师教育者专业标准为专业认证内容，教师教育者以此为依据，提供相应的材料，并建立教师教育者的个人档案袋。档案袋是记录教师教育者个人过去、当前以及未来潜在发展的文献资料。建立个人档案袋的主要步骤有描述分析、分析提炼、反思提升 3 个阶段，即描述教师教育实践教学相关的教学情境，分析教师教育实践教学的数据资料的正面以及负面结果，在此基础上，反思教师教育者自身的教育实践，3 个阶段对于促进教师教育者专业发展至关重要。[①] 三是鼓励采用线上与线下相结合的方式受理教师教育者提供的相关材料。一方面，开发教师教育者专业资格认证官方网站，教师教育者可线上提供相应材料，组织专家进行评审；另一方面，建立教师教育者认定机构资质，明确机构资质条件与规范要求。可效仿

---

① 何李来、李森：《美国教师教育者专业标准述评》，《现代教育论丛》2016 年第 3 期。

教师资格认定的程序，由教师教育者在规定时间内进行资格认定申报，并提交相关材料，进行专业资格认定答辩。

三　开展教师教育者专业发展项目

在前期的文献梳理与分析中，不难发现，以教师教育者专业发展项目推动专业标准实施在国外已经是一种比较成熟的模式，其最大的优势是能在较短时间内，进行大规模的专业学习与培训，且学习主题比较聚焦，能够解决教师教育者专业发展过程中的共性问题，形成共同的专业基础，从整体上提升教师教育者的专业发展水平。

1. 教师教育者专业发展项目的设计

首先，要组建教师教育者专业发展项目研发专家团队，进行实践调查，明确教师教育者专业发展的困惑，有针对性地进行教师教育者专业发展项目的设计，包括项目的目标、项目的课程设置、项目实施过程等，逐渐形成有代表性的、典型的教师教育者专业发展项目。其次，下放项目实施的主导权，由高等师范学校或者教师教育者专业资格认证机构进行项目的具体操作与实施。高等师范学校或者教师教育者专业资格认证机构依据教师教育者专业标准，依据国家层面提供的教师教育者专业发展项目框架，以培养教师教育者可持续的专业发展观为目标，发挥专业发展项目的外部专业引领作用和功能。最后，形成专家团队。一方面，专家团队进行项目培训；另一方面，专家团队对项目的实施与效果进行评估，提出改进建议，并参与认证评审考核。

2. 教师教育者专业发展项目的类型

为了满足教师教育者的全员发展需求，在项目类型的设计上要尽量做到多样化，如学历提升项目、自我研究项目、行动研究项目、课例研究项目、专项课程研修项目、教师教育实践项目、教学能力发展研修项目、创新能力培养项目、专业发展共同体项目等。

3. 教师教育者专业发展项目的实施

一方面，建立教师教育者专业发展项目管理机制，可分级分类展开教师教育者专业发展项目。根据教师教育者专业发展现状与特点，可以实施"国培—省培—校培"的分级项目，每一级项目的设计与实施根据教师教育者专业发展的阶段进行，以确保教师教育者的全员参与；另一方面，明确教师教育者专业发展项目的内容，依据教师教育者专业标准制定、细化，形成不同主题、不同模块的、覆盖专业标准的培训内容。

4. 教师教育者专业发展项目的评估

在对教师教育者专业发展项目的实施效果进行评估时，可与教师教育者专业资格认证相结合。一方面，将其在专业发展项目中的学习过程材料作为其专业资格认证的重要证据；另一方面，可依照教师教育者专业资格认证的标准，对专业项目的效果进行评估。

四　构建特定的教师教育者质量保障体系

通过第一部分对国外教师教育者专业标准实施路径的梳理，可以看出系统、有针对性的教师教育者质量保障体系是专业标准实施的重要基础。以荷兰为例，专业标准、认证制度、知识基础和专业发展课程，四者共同构成了荷兰教师教育者质量保障体系。其中，后三者是推动标准运用和落实的重要保障，认证制度是以专业标准为依据，检验教师教育者专业发展水平的评价工具。专业发展课程是专业标准实施过程中的支持平台。认证制度通过自我评估、专业发展和注册程序完成。①

中国在构建特定的教师教育者质量保障体系的过程中，既要吸收他国的成熟经验，也要结合本国实际经验，使教师教育者质量保障体系适用于中国专业群体对象，并与已有的中小学教师专业质量保障体系保持一致方向和行动原则，为专业标准的具体运用提供确定性保障和实施方向。在此，本书结合并参考中国在颁布中小学教师专业标准中所确定的质量保障体系实施方向，提出如下建议。一是专业标准要作为教师教育者队伍建设的基本依据。充分发挥专业标准的引领和导向作用，不断提高教师教育者的培养培训质量。制定教师教育者专业证书制度和准入标准，制定教师教育者聘任（聘用）、考核、退出等管理制度，保障其合法权益，形成科学有效的教师教育者队伍管理和督导机制。二是专业标准要作为教师教育者培养培训的主要依据。重视教师教育者的专业特殊性，加强教师教育学科专业建设和师资队伍建设，建立科学的教师教育者专

---

① 周钧、范敏琛：《荷兰教师教育者专业质量保障体系研究》，《比较教育研究》2020年第8期。

业质量评价考核制度。三是专业标准要作为教师教育者管理的重要依据。制定教师教育者专业发展规划，增强教师教育者作为"教师的教师"的责任感与使命感；完善教师教育者岗位职责和考核评价制度，健全教师教育者在师范生指导示范和基础教育学校合作方面的考核机制，健全教师教育者绩效管理机制。四是教师教育者要将专业标准作为自身专业发展的基本依据。制定自我专业发展规划，爱岗敬业，增强专业发展自觉性；积极开展自我研究，创新性开展教师教育实践；自觉进行自我评估，主动参加教师教育者研修培训和专业资格认证，逐步提升专业发展水平。

附 录 一

新时代教师教育者专业素养专家咨询表（第一轮）

编号：

尊敬的_____教授：

您好！

非常高兴您愿意作为国家社科基金"新时代教师教育者专业标准建构研究"课题的咨询专家。衷心感谢您能在百忙之中用您的专业智慧和专业判断为我们的课题研究提供支持和帮助！

新时代教师教育质量的提升，教师教育者是关键因素。教师教育者是从事教师培养的教师，即教师之教师。在实际工作中，教师教育者被分为很多种类。在本咨询表中，教师教育者被限定为从事教师培养的高校教师群体。本次咨询在于了解您对这类教师教育者应具备的专业素养的基本看法。在前期大量文献研究和课题组内部多次研讨的基础上，我们初步建构了新时代教师教育者专业素养专家咨询表。请您对咨询表中指标归属类别是否恰当做出判断，您可以对某些指标做出增减，层级类属哪移或直接修改不合适的表述。您还可以在建议添加或修改栏，表达您对具体指标新的看法。

本次咨询使用的是德尔菲专家咨询法，因此，预计咨询将会进行 2—3 轮，具体轮次视咨询专家的反馈意见而定。

再次感谢您对本课题研究的鼎力相助！

国家社科基金"新时代教师教育者专业标准建构研究"课题组

2021 年 5 月 18 日

几点说明：

1. 请您先浏览教师教育者专业素养构成的指标框架。框架目前包含 4 个一级指标，12 个二级指标以及 35 个三级指标。

2. 请您对每项指标的归属性进行评价，并点击对应选项单元格中的"□"，如果选"否"，请给出建议。

3. 若您有不同意见，请在相应级别指标后的单元格作简要说明。

4. 若您有详细说明，可在表格下方进行补充。

5. 若您认为某个指标归类不合适，请给出调整建议。

新时代教师教育者专业素养专家咨询表（第一轮）

一级指标	二级指标	三级指标	三级指标描述	指标归属类别 是否适当		若选择否，请给出建议（删除或移动）		移动（例如，该项移动至2.4）
				是	否	建议	删除	
专业信念	1. 专业身份的认同	1.1 教师身份的认同	认同自身作为教师的专业身份，具备为人师表和追求卓越的专业修养，理解教育基本规律和教育方针政策	☐	☐		☐	
		1.2 教师教育者身份的认同	认同自身作为教师教育者的专业身份及其独特性和使命感，理解教师教育对教师专业发展和基础教育发展的意义	☐	☐		☐	
		1.3 教师教育研究者身份的认同	认同自身作为教师教育研究者的专业身份，理解教师教育研究对学科发展和学术育人的重要性	☐	☐		☐	
		建议添加或修改						
	2. 引领教师发展的精神	2.1 热爱教师教育事业	对教师教育富有热情，具有良好的榜样模范作用，高度责任感和坚定执着的专业精神；具有为推动教师教育发展而终身学习和持续贡献的专业意志	☐	☐		☐	
		2.2 专注教师成长与发展	坚持育人为本和实践取向的培养原则，激励（准）教师的教育热情，重视教师崇高专业理想和正确专业理念的形成，以培养"四有好老师"为专业使命，用心引领教师在良好师德、专业知识能力和实践智慧等方面表现持续性专业发展	☐	☐		☐	

续表

一级指标	二级指标	三级指标	三级指标描述	指标归属类别 是否适当 是	指标归属类别 是否适当 否	若选择否，请给出 建议 删除	若选择否，请给出 移动 （例如，该项移动至2.4）
专业信念	2. 引领教师发展的精神	2.3 致力于教师教育研究	持续关注教师教育的学科知识积累和研究能力提升，对教师教育领域的基本问题具有浓厚的研究兴趣和学术情怀；始终关注教师教育政策和前沿热点，具有问题研究的敏锐度和创新意识	□	□	□	
		建议添加或修改					
	3. 示范教育实践的理念	3.1 尊重教师的成长规律	遵循教育领域尤其是教师教育教学规律、教师发展规律和学生身心发展规律	□	□	□	
		3.2 保持专业的理性自觉	始终保持自我示范所信奉的专业理念与教育教学行为的一致性，具有有效示范教学的专业意识	□	□	□	
		3.3 发挥角色榜样的影响	在"教"和教"过程中，重视教育教学实践的方法示范与指导，关注富有挑战性学习环境的营造，成为教育实践的行为榜样	□	□	□	
		建议添加或修改					
专业信念部分建议添加或修改							

续表

一级指标	二级指标	三级指标	三级指标描述	指标归属类别 是否适当 是	否	若选择否，请给出建议 删除	移动（例如，该项移动至2.4）
专业品格	4. 躬行师德的品性	4.1 德高为范的专业性格	具有身为教师教育者的专业荣誉感，在自身专业发展过程中严于律己；具有人责任感，努力成长为（准）教师的道德榜样	☐	☐	☐	
		4.2 求真务实的治学品质	具有广阔的学术视野，不仅关注学科基本理论的建设，而且重视研究成果对引领和培育新时代全面发展型教师的重要作用	☐	☐	☐	
		4.3 尊师爱生的实践情怀	在专业生活及教育实践中富有感恩情怀，具有尊重前辈、敬仰导师并关爱下一代师范生健康成长的崇高品格	☐	☐	☐	
		建议添加或修改					
	5. 培育师德的品行	5.1 以德明德的人际交往	注重创设真诚互信的专业生活氛围；在专业人际交往中，追求建立合作共建并富有道德情怀的师师、师生关系	☐	☐	☐	
		5.2 以德立学的科研参与	以端正的专业态度从事科研工作；在科研过程中，教师教育者应当体现出的道德品质（向）（准）教师展示教师专业态度，进而帮助（准）教师理解并形成教师道德素养和教师教育理论研究素养	☐	☐	☐	

一级指标	二级指标	三级指标	指标属性 三级指标描述	指标归属类别 是否适当 是	否	若选择否，请给出 建议（删除或移动） 删除	移动 （例如，该项 移动或2.4）
专业品格	5. 培育师德的品行	5.3 以德育德的教学行为	在专业教学过程中，以独具个人魅力的方式躬身身实践；通过自身在教学过程中"师范为先"的施教行为来激发（准）教师对于道德品质教学品质的感知、理解与认同	□	□	□	
	专业品格部分建议添加或修改	建议添加或修改					
专业知识	6. 教的基础知识	6.1 通识知识	具有当代科学和人文的基本知识，掌握适应教师教育的信息技术知识	□	□	□	
		6.2 教育知识	全面了解教育文化、教育政策等相关知识，具备教育学、心理学等教育基础理论知识	□	□	□	
		6.3 学科知识	理解所教学科的基本思想，掌握所教学科的基本知识体系，了解所教学科与其他学科之间的基本关系	□	□	□	
		建议添加或修改					

续表

一级指标	二级指标	三级指标	三级指标描述	指标属性			
				指标归属类别是否适当		若选择否，请给出建议	移动（例如，该项移动或移动至2、4）
				是	否	删除	
专业知识	7. "教"的知识	7.1 教学法知识	在教学过程中掌握以最有效的方式呈现类比、图解、实例、讲解与演示，以便于（准）教师理解的知识	□	□	□	□
		7.2 教师教育方法论知识	了解教师教育对象的特殊性，通过言传身教或设教育情境培育（准）教师，掌握示范教学的基本原则，掌握教师教育的基本原理、方法和手段	□	□	□	□
		7.3 元教学知识	掌握对教学活动自我明晰、自主陈述和自我反思的知识	□	□	□	□
		建议添加或修改					
	8. "研"的知识	8.1 背景性知识	能够深入教学实践、感知教学现场，在实践过程中理解教学研究的环境、条件、对象、任务，并思考如何更好地从事教师教育研究工作	□	□	□	□
		8.2 规范性知识	掌握关于"应然""标准""价值"等问题的知识，关于如何从事教师教育研究的原则和规范知识	□	□	□	□
		8.3 方法性知识	了解教师教育研究的基本属性和特征，明晰研究的方法论基础，掌握多种研究方法、技术和策略	□	□	□	□
		建议添加或修改					

续表

一级指标	二级指标	三级指标	指标属性 三级指标描述	指标归属类别是否适当 是	否	建议 删除	若选择否，请给出移动（删除或移动） 移动（例如，该项移动至2.4）
专业知识	专业知识部分建议添加或修改						
	9. 课程开发能力	9.1 教师教育课程资源开发能力	依据课程目标要求，能够对一切可能进入教师教育课程相关的素材性资源和条件性资源进行收集、鉴别、挖掘与利用	□	□	□	
		9.2 中小学校本课程开发的指导能力	在中小学校本课程开发过程中，能够提供课程理论知识、课程开发经验及课程改进方案	□	□	□	
	建议添加或修改						
专业能力	10. 教学实践能力	10.1 基础教学能力	具备开展教学活动所需的教学设计、教学实施与教学评价能力	□	□	□	
		10.2 示范教学能力	能够有目的、有意识地处理教学问题，启发（准）教师观察、理解和反思教学；学艺术和示范有效教学行为，运用教学	□	□	□	

续表

一级指标	二级指标	三级指标	指标属性 三级指标描述	指标归属类别 是否适当 是	否	若选择否,请给出 建议 删除	移动 (例如,该项 移动至 2.4)
专业能力	10. 教学实践能力	10.3 指导教学的能力	能够引导(准)教师开展聚焦于教学实践的对话与反思,协助他们了解教学过程中遇到的困惑和问题	□	□	□	
		10.4 元教学能力	能够对自己教学活动计划的针对性、教学实践过程的合理性与有效性、教学结果的理想性进行认识,检视与修正	□	□	□	
		建议添加或修改					
	11. 组织协调能力	11.1 与职前教师的交流互动能力	能够依据职前教师的发展规律和实际需要,与其建立平等友好的师生关系,激励并组织他们参与教师教育活动	□	□	□	
		11.2 与在职教师的交流互动能力	能够依据在职教师的发展规律和实践诉求,与其建立和谐友善的合作关系,促进并协调他们参与教师教育活动	□	□	□	
		11.3 教师教育者之间的沟通协调能力	能够依据教师教育的发展规律和实际需要,与同事建立融洽互惠的协作关系,共享经验与资源并参与协同教师教育活动	□	□	□	
		建议添加或修改					

续表

一级指标	二级指标	三级指标	指标属性 三级指标描述	指标归属类别 是否适当		若选择否，请给出 建议（删除或移动）	
				是	否	删除	移动 （例如，该项 移动至2.4）
专业能力	12. 专业发展能力	12.1 创新性研究能力	具有敏锐的问题意识和探究意识，能够采用新的视角，综合运用多种研究方法，解决教师教育领域中存在的关键问题	□	□	□	
		12.2 持续性学习能力	能够坚持学习先进的教师教育理论和国内外教师教育改革与发展经验；不断优化专业知识结构，提高自身专业素养；具备持续发展的意识，做终身学习的典范	□	□	□	
		建议添加或修改					
专业能力部分建议添加或修改							

请您对上述指标进行总体评价：

1. 您认为上述指标在体现高校教师教育者专业素养的针对性方面（　　）

□非常恰当　□恰当　□比较恰当　□不太恰当　□不恰当

2. 您认为上述指标在涵盖高校教师教育者专业素养的全面性方面（　　）

□非常恰当　□恰当　□比较恰当　□不太恰当　□不恰当

3. 您认为上述指标在突出高校教师教育者专业素养的结构性方面 （ ）

□非常恰当 □恰当 □比较恰当 □不太恰当 □不恰当

如果您还有其他建议，请写在下面：

再次感谢您的指导！

附 录 二

新时代教师教育者专业素养专家咨询表（第二轮）

编号：

尊敬的 _____ 教授：

您好！

辛苦您了！这是关于新时代教师教育者专业素养的第二轮专家咨询。我们根据专家们在第一轮调查中提出的意见和建议对咨询表中教师教育者专业素养框架进行了部分调整，同时随此表附上第一轮专家意见汇总，以方便您了解首轮咨询结果。请您根据您的专业判断，对调整后的框架进行归属性评判，您可以对某些指标做出增减、层级类属挪移或直接修改不合适的表述。您还可以在建议添加或修改栏，表达您对具体指标新的看法。

为方便您的选择，继续附上基本概念及其限定范围：在本咨询表中，教师教育者被限定为从事教师培养的高校教师群体，其中，教师培养包括职前教师和职后教师。同时，在此简要附上教师教育者专业素养框架设计和调整的逻辑依据：一是立足新时代，在专业知能的素养基础上，更突出教师教育者实现"立德树人"教育根本任务所需要具备的专业信念和专业品格；二是基于三重身份的专业活动指向，二级指标基本遵循高校教师、教师教育研究者的身份逻辑进行素养划分；三是凸显特色，三级指标划分和描述进一步指向对教师教育者示范、指导、引领、反思等特殊性素养表达。

再次感谢您能在百忙之中用您的专业智慧和专业判断为我们的课题研究提供支持和帮助，并真诚期待您的建议和意见！

国家社科基金"新时代教师教育者专业标准建构研究"课题组

2021 年 8 月 15 日

几点说明：

1. 请您先浏览教师教育者专业素养构成的指标框架。框架目前包含 4 个一级指标，12 个二级指标，以及 33 个三级指标。

2. 请您对每项指标的归属性进行评价，并点击对应选项单元格中的"□"，如果选"否"，请给出建议。

3. 若您有不同意见，请在相应级别指标后的单元格作简要说明。

4. 若您有详细说明，可在表格下方进行补充。

5. 若您认为某个指标归类不合适，请给出调整建议。

6. 根据第一轮专家意见进行的调整和修改内容，已用黑色字体标注。

新时代教师教育者专业素养专家咨询表（第二轮）

一级指标	二级指标	三级指标	三级指标描述	指标归属类别 是否适当		若选择否，请给出建议（删除或移动）		其他建议或说明
				是	否	删除	移动（例如，该项移动至2.4）	
专业信念	1. 专业身份的认同	1.1 高校教师身份的认同	认同自身作为高校教师的专业身份，遵循教育基本规律和教育方针政策，为人师表、躬身示范	□	□	□	□	
		1.2 教师教育者身份的认同	认同自身作为教师教育者的专业身份及其独特性和使命感，具有明确的专业自信，认同教师教育对教师专业发展和基础教育发展的重要意义	□	□	□	□	
		1.3 教师教育研究者身份的认同	认同自身作为教师教育研究者的专业身份，认可教师教育研究对学科发展和学术育人的重要性	□	□	□	□	
		建议添加或修改						
	2. 专业引领的志向	2.1 专注教师成长与发展	以培养新时代"四有好老师"为目标，引领教师在良好师德、专业知识能力和实践智慧等方面获得持续性专业发展	□	□	□	□	
		2.2 致力于教师教育研究	持续关注教师教育的学科知识积累和研究能力提升，对教师教育领域的基本问题具有明确的研究兴趣，善于批判和反思，具有问题研究的敏锐度和创新意识	□	□	□	□	
		建议添加或修改						

续表

| 一级指标 | 二级指标 | 指标属性 | | 指标归属类别是否适当 | | 若选择否，请给出建议（删除或移动） | | 其他建议或说明 |
		三级指标	三级指标描述	是	否	删除	移动（例如，该项移动至2.4）	
3.专业信念	3.专业示范的理念	3.1 保持教学示范的自觉	明确自己所持的教育观念，保持所信奉的专业理念与教育教学行为的一致性，重视教育教学实践的方法示范与指导，具有利用自身经验进行有效示范的专业自觉	☐	☐	☐		
		3.2 发挥学习示范的影响	具有终身学习的专业化发展愿景，发挥践行者和示范者作用；营造丰富多元的学习环境，促进教师认同持续学习的重要性	☐	☐	☐		
		3.3 具有科研示范的意识	重视教育教研与自我研究成果的教学转化和渗透，重视科研规范，方法的示范与指导	☐	☐	☐		
		建议添加或修改						
专业信念部分建议添加或修改								

续表

指标属性				指标归属类别是否适当		若选择否，请给出建议（删除或移动）		其他建议或说明
一级指标	二级指标	三级指标	三级指标描述	是	否	删除	移动（例如，该项移动至2.4）	
专业品格	4. 躬行师德的品性	4.1 德高为范的专业性格	具有身为教师教育者的专业荣誉感，在自身专业发展过程中严于律己，注重教师教育者育人格魅力的塑造，具有教师优秀品行的示范意识	☐	☐	☐		
		4.2 尊师爱生的教育情怀	在专业教育、教学实践中富有感恩情怀，具有仁爱之心，具备帮助教师专业发展的高尚精神	☐	☐	☐		
		4.3 求真务实的研究品质	具有开阔的学术视野，始终以求真务实的态度从事研究工作，关注学科基本理论的建设，并重视研究成果对引领和培育新时代育型教师全面发展的重要作用	☐	☐	☐		
		建议添加或修改						
	5. 培育师德的品行	5.1 以德明德的专业合作	注重创设诚信互信的专业交往氛围；教师教育者之间、教师教育者与中小学教师之间建立和谐友善的合作关系	☐	☐	☐		
		5.2 以德育德的教育实践	在专业教育、教学过程中，具有仁爱之心，通过"师范为先"的施教行为来指导教师对于道德性教学品质的感悟、理解与认同	☐	☐	☐		

续表

一级指标	二级指标	三级指标	三级指标描述	指标归属类别是否适当		若选择否，请给出建议（删除或移动）		其他建议或说明
				是	否	删除	移动（例如，该项移动至2.4）	
专业品格	5. 培育师德的品行	5.3 以德立德的科研行为	在科研过程中，通过多种方式向教师展示学术研究应当体现出的研究伦理，进而帮助教师理解并形成教育理论素养和科研理论研究素养	☐	☐	☐	☐	
		建议添加或修改						
	专业品格部分建议添加或修改							
专业知识	6. 基础知识	6.1 通识知识	具有广博的科学知识、文化知识以及当代教师教育所需要的信息技术知识和教学技术知识	☐	☐	☐	☐	
		6.2 教育知识	具有教育优质、均衡发展的政策知识，具备教育学、心理学等教育基础理论知识，掌握学生学习理论的知识及有关教育评价的知识，了解国际教育的新理念与新发展	☐	☐	☐	☐	
		6.3 学科知识	理解所教学科的基本思想、掌握所教学科的基本知识体系，了解所教学科与其他学科之间的基本关系	☐	☐	☐	☐	
		建议添加或修改						

续表

指标属性				指标归属类别是否适当		若选择否，请给出建议（删除或移动）		其他建议或说明
一级指标	二级指标	三级指标	三级指标描述	是	否	删除	移动（例如，该项移动至2.4）	
专业知识	7. 教师教育知识	7.1 学科教学知识	具有类比、图解、实例，讲解与演示等有效教学方式的知识，熟悉学科教学技能和知识，并能格其熟练运用于学科教学实践过程中	☐	☐	☐	☐	
		7.2 "教"的知识	了解教师职业的特殊性，通过言传身教或创设教育情境培育教师，掌握示范教学的基本原则、技术与方法	☐	☐	☐	☐	
		7.3 元教学知识	具有对教学活动进行自我明断、自主陈述、自我反思的知识，掌握指导教师进行元思维、元学习、元认知等活动的策略性知识	☐	☐	☐	☐	
		建议添加或修改						
	8. 教师教育研究的知识	8.1 规范性知识	掌握"教育目的及价值""教育制度""教育标准""教育纲领性知识，以及教师教育研究的原则性、规范性知识	☐	☐	☐	☐	
		8.2 方法性知识	了解教师教育研究的基本属性和特征，掌握教育研究的方法论基础以及与教育研究相关的方法与技术	☐	☐	☐	☐	

续表

一级指标	二级指标	三级指标	三级指标描述	指标归属类别是否适当		若选择否，请给出建议（删除或移动）		其他建议或说明
				是	否	删除	移动（例如，该项移动至2.4）	
专业知识	8. 教师教育研究的知识	8.3 实践性知识	具有感知教育教学场域的环境、条件、任务的现场知识，以及推进教育教学研究和创新的新的知识	□	□	□		
	专业知识部分建议添加或修改	建议添加或修改						
专业能力	9. 课程开发能力	9.1 教师教育课程资源开发能力	依据课程目标要求，能够对可能进入教师教育课程相关的线上及线下的素材性资源和条件性资源进行收集、鉴别、挖掘与利用	□	□	□		
		9.2 中小学校本课程开发的指导能力	在中小学校本课程开发过程中，能够提供课程理论知识、课程开发经验及课程改进方案	□	□	□		
		建议添加或修改						
	10. 教学实践能力	10.1 一般教学能力	具备开展教学活动所需的教学设计、教学实施与教学评价能力	□	□	□		

续表

一级指标	二级指标	三级指标	三级指标描述	指标归属类别 是否适当		若选择否，请给出建议（删除或移动）		其他建议或说明
				是	否	删除	移动（例如，该项移动至2.4）	
专业能力	10. 教学实践能力	10.2 示范教学的能力	能够有目的、有意识地处理教学问题，演示他们期待教师在未来教学中实施的教学行为，并对其合理性做出解释说明，启发教师观察、理解和反思教学	☐	☐	☐		
		10.3 指导教学的能力	能够引导教师开展聚焦于教学实践的对话与反思，协助他们解决教学过程中遇到的困惑和问题	☐	☐	☐		
		10.4 元教学能力	能够对自己教学活动计划的针对性、教学实践过程的合理性与有效性、教学结果的理想性进行认识、检视与修正	☐	☐	☐		
		建议添加或修改						
	11. 组织协调能力	11.1 组织教师参与教师教育活动的能力	能够依据教师不同发展阶段的特点和诉求，与其建立平等和谐的师生关系，激发并组织他们主动参与教师教育活动	☐	☐	☐		
		11.2 协调教师参与教师教育活动的能力	能够依据教师教育的发展规律和实际需要，与同事建立融洽互惠的协作关系，共享经验与资源并协同参与教师教育活动	☐	☐	☐		

续表

一级指标	二级指标	三级指标	三级指标描述	指标归属类别 是否适当		若选择否，请给出 建议（删除或移动）		其他建议 或说明
				是	否	删除	移动（例如，该项移动至2.4）	
专业能力	11. 组织协调能力	11.3 组织协调教师教育机构与中小学之间关系的能力	能够有效地组织、协调教师教育机构与中小学校之间建立友好的合作关系，为搭建教师不断学习的环境而作出贡献	☐	☐	☐		
		建议添加或修改						
	12. 专业发展能力	12.1 创新性研究能力	具有较强的反思能力，问题探究意识和行动研究能力，能够采用新的视角，综合运用多种研究方法，解决教师教育领域中存在的关键问题	☐	☐	☐		
		12.2 持续性学习能力	能够坚持学习先进的教师教育理论和国内外教师教育改革与发展经验；优化专业知识结构，提升信息技术应用能力，不断提高自身专业素养；具备专业发展规划能力，具有终身学习与发展的意识和能力	☐	☐	☐		
		建议添加或修改						
专业能力部分建议添加或修改								

请您对上述指标进行总体评价：

1. 您认为上述指标在体现高校教师教育者专业素养的针对性方面 （ ）

□非常恰当 □恰当 □比较恰当 □不太恰当 □不恰当

2. 您认为上述指标在涵盖高校教师教育者专业素养的全面性方面 （ ）

□非常恰当 □恰当 □比较恰当 □不太恰当 □不恰当

3. 您认为上述指标在突出高校教师教育者专业素养的结构性方面 （ ）

□非常恰当 □恰当 □比较恰当 □不太恰当 □不恰当

如果您还有其他建议，请写在下面：

再次感谢您的指导！

附 录 三

新时代教师教育者专业素养专家咨询表（第三轮）

尊敬的 _____ 专家教授：

您好！

衷心感谢您能在百忙之中用您的专业智慧和专业判断为我们的课题研究提供支持和帮助！

教师教育者是从事教师培养的教师，即教师之教师。本研究中，教师教育者被限定为从事教师培养的高校教师群体，其中，教师培养包括职前教师教育和职后教师。本次咨询的目的在于了解您对本课题所设计的教育者专业素养框架的看法，请根据您的专业判断，对本表中素养构成要素的重要性做出评判。感谢您对本课题研究的鼎力相助！

国家社科基金"新时代教师教育者专业标准建构研究"课题组

2022 年 3 月 15 日

填写说明：

1. 请您先浏览教师教育者专业素养构成的指标框架。

2. 请您对每项指标的重要性进行评价，并点击对应选项。

3. 若您有新的看法或其他建议，可在问卷最后进行说明。

新时代教师教育者专业素养专家咨询表（第三轮）

一级指标	二级指标	三级指标	三级指标描述	指标属性	重要性				
					很重要	重要	一般	不重要
专业信念	1. 专业身份的认同	1.1 高校教师身份的认同	认同自身作为高校教师的专业身份，遵循教育基本规律和教育方针政策，明晰自己的责任和担当		☐	☐	☐	☐
		1.2 教师教育者身份的认同	认同自身作为教师教育者的专业身份及其独特性和使命感，具备明确的专业自信和专业归属感，认同教师教育对教师专业发展和基础教育发展的重要意义		☐	☐	☐	☐
		1.3 教师教育研究者身份的认同	认同自身作为教师教育研究者的专业身份，认同教师教育研究对学术发展和提高教育质量的重要性		☐	☐	☐	☐
	2. 专业引领的志向	2.1 专注教师成长与发展	以"四有""四个引路人""四个相统一"为新时代教师标准，引领教师师德、专业知识能力和实践智慧等"一践行三学会"方面获得持续性发展		☐	☐	☐	☐
		2.2 致力于教师教育研究	持续关注教师教育的学科知识积累和研究能力提升，对教育教育领域的基本问题具有明确的研究兴趣，善于批判和反思，具有问题研究的敏锐度和创新意识		☐	☐	☐	☐

续表

一级指标	二级指标	三级指标	三级指标描述	重要性			
				很重要	重要	一般	不重要
3.专业信念	3.专业示范的意识	3.1 教学示范的意识	具有明确而先进的教育理念,保持所信奉的专业理念与教育教学行为的一致性,重视教育教学实践的方法示范与指导,利用自身教学行为进行有效示范	□	□	□	□
		3.2 科研示范的意识	重视教育研究成果的教学转化和融入,重视科研规范、伦理、方法的示范与指导	□	□	□	□
		3.3 学习示范的意识	具有终身学习愿景,发挥教师专业发展的示范作用	□	□	□	□
4.专业品格	4.躬行师德的品格	4.1 德高为范的专业追求	具有身为教师教育者的专业荣誉感,在自身专业发展过程中严于律己,注重教师教育者人格魅力的塑造,具有形成和示范教师优秀品行的意识	□	□	□	□
		4.2 敬业爱生的教育情怀	在专业教育、教学实践中具有责任心、仁爱之心,具有追求教师专业发展的理想	□	□	□	□
		4.3 求真务实的研究品质	具有开阔的学术视野,始终以求真务实的态度从事研究工作,关注学科基本理论的建设,并重视研究成果对引领和培育新时代全面发展型教师的重要作用	□	□	□	□

一级指标	二级指标	三级指标	三级指标描述	很重要	重要	一般	不重要
专业品格	5. 培育师德的品行	5.1 以德明德的专业交往	注重创设真诚互信的专业交往氛围；教师教育者与中小学教师之间建立团结协作、共同发展的团队关系	☐	☐	☐	☐
		5.2 以德育德的教育实践	在专业教育、教学过程中通过示范性教学行为来指导教师对于道德性教学品质的感悟、理解与认同	☐	☐	☐	☐
		5.3 以德立德的科学研究	在从事研究的过程中，通过多种方式展示教育研究应当遵循的研究伦理；指导并帮助教师理解并形成教育理论素养和研究素养	☐	☐	☐	☐
专业知识	6. 基础知识	6.1 通识知识	具有广博的科学知识、文化知识以及当代教师教育所需要的信息技术知识	☐	☐	☐	☐
		6.2 教育基础知识	了解关于国家教育政策法规和国际教育的新理念与新发展的知识，掌握教育学、心理学的基本原理与方法，具备学生学习理论与评价相关的知识及教学技术知识	☐	☐	☐	☐
		6.3 学科知识	理解所教学科的基本思想，掌握所教学科的知识体系与方法，准确把握教学学科的逻辑与其他学科之间的基本关系，了解所教学科与其他学科育人功能及其	☐	☐	☐	☐

指标属性

重要性

续表

指标属性				重要性			
一级指标	二级指标	三级指标	三级指标描述	很重要	重要	一般	不重要
专业知识	7. 教学知识	7.1 学科教学知识	了解教师学习具体学科内容时的认知特点，掌握所教学科课程资源开发的方法与策略，具有针对具体学科内容进行教学的技能与方法	□	□	□	□
		7.2 "教"的知识	掌握教如何教学的基本原则、技术与方法，了解教师的特殊性，具有通过言传身教或创设教育情境培育教师的知识	□	□	□	□
		7.3 元教学知识	具有对教学计划自我明晰、教学过程自我调节、教学结果自我反思的知识，掌握指导教师进行元思维、元学习、元认知等活动的策略性知识	□	□	□	□
	8. 研究知识	8.1 规范性知识	掌握关于"教育制度""教育标准"和"教育价值"等知识，以及教育研究的原则性、规范性知识	□	□	□	□
		8.2 方法性知识	了解教育研究的基本属性和特征，掌握教育研究的方法论基础以及与教育研究相关的方法和技术，具有指导教师进行研究的方法性知识	□	□	□	□
		8.3 实践性知识	具有感知教育研究现场的环境、条件、任务的知识，掌握在实践场域中开展教育研究的知识和通过研究推进教育改革和创新的知识	□	□	□	□

续表

一级指标	二级指标	三级指标	三级指标描述	指标属性			
				重要性			
				很重要	重要	一般	不重要
专业能力	9. 课程开发能力	9.1 教师教育课程资源开发能力	依据课程目标要求，能够对可能进入教师教育课程相关的素材性资源、条件性资源和数字化资源进行识别、获取、加工、应用和创新，注重课程思政元素的构建和融入	□	□	□	□
		9.2 中小学课程开发的指导能力	在中小学课程开发过程中，能够有针对性地提供课程理论知识、课程开发经验及课程改进方案、建议等	□	□	□	□
	10. 教学实践能力	10.1 一般教学能力	具备开展教学活动所需的教学设计、教学实施与教学评价能力	□	□	□	□
		10.2 示范教学的能力	能够有目的、有意识地处理教学问题，演示他们期待教师在未来教学中应具备的教学行为，并对其合理做出解释说明，启发教师观察、理解和反思教学	□	□	□	□
		10.3 指导教学的能力	能够指导教师开展聚焦于教学实践的对话与反思，协助他们解决教学过程中遇到的困惑和问题	□	□	□	□
		10.4 元教学能力	能够在教学前对教学进行自我明晰与自主表述，在教学过程中对教学进行自我监控与调节，在教学后对教学进行自我反思	□	□	□	□

续表

一级指标	二级指标	三级指标	三级指标描述	很重要	重要	一般	不重要
专业能力	11. 组织协调能力	11.1 组织教育活动的能力	能够依据教师不同发展阶段的特点和需求，优化教师学习环境，在不同场景中组织、引领和激发教师积极参与教师教育活动	□	□	□	□
		11.2 协同参与活动的能力	能够依据教师教育的发展规律和实际需要，沟通协调好与同行同事及相关人员的合作互惠关系，共享经验与资源并协同参与同教师教育活动	□	□	□	□
	12. 持续发展能力	12.1 信息技术融合能力	运用信息技术开展教师教育活动及自身专业发展的意识、能力和伦理，自觉实现信息技术与教育教学的深度融合	□	□	□	□
		12.2 自主学习能力	能够根据专业发展需求，自主确定学习目标、内容和方法，监控和调节学习过程，并对学习结果进行评估	□	□	□	□
		12.3 教育研究能力	具有较强的问题反思、问题探究和研究意识，能够采用新的视角，综合运用多种研究方法，探究教师教育领域中存在的关键问题	□	□	□	□

新时代教师教育者专业素养指标体系
征询意见表(专家版)

尊敬的_____专家/教授:

您好!

感谢您在新时代教师教育者专业素养第一轮专家咨询中给予的评判和建议,我们结合专家们的意见对各级指标进行了修订和优化。在第二轮专家咨询表中,请根据您的专业判断,对各级指标进行重要性排序,您还可以继续在对应表格中提出其他建议或表达看法。

再次感谢您在百忙之中用专业智慧和专业判断为本课题研究提供支持和帮助,并真诚期待您的建议和意见!

国家社科基金"新时代教师教育者专业标准建构研究"课题组

2022 年 6 月 22 日

几点说明:

1. 请您先浏览教师教育者专业素养构成的指标框架。

2. 请您根据重要程度对同一级别的指标进行排序,从高到低依次可用"1、2、3……"来表示,"1"代表最重要,如您认为两个指标属于同一层次,可重复序号。

3. 若您有不同意见,请在相应级别指标后的单元格作简要说明。

4. 若您有新的看法或其他建议,可在表格最后进行说明。

一、一级指标重要性排序

一级指标	指标排序（1、2、3、4）	其他建议或说明
一、专业信念		
二、专业品格		
三、专业知识		
四、专业能力		

二、二级指标重要性排序

"专业信念"重要性排序		
二级指标	指标排序（1、2、3）	其他建议或说明
1. 专业身份的认同		
2. 专业引领的志向		
3. 专业示范的意识		

"专业品格"重要性排序		
二级指标	指标排序（1、2）	其他建议或说明
4. 躬行师德的品性		
5. 培育师德的品行		

"专业知识"重要性排序		
二级指标	指标排序（1、2、3）	其他建议或说明
6. 基础知识		
7. 教学知识		
8. 研究知识		

"专业能力"重要性排序		
二级指标	指标排序（1、2、3、4）	其他建议或说明
9. 课程开发能力		
10. 教学实践能力		
11. 组织协调能力		
12. 持续发展能力		

三、三级指标重要性排序

1. "专业身份的认同"重要性排序

三级指标	指标排序（1、2、3）	其他建议或说明
1.1 高校教师身份的认同		
1.2 教师教育者身份的认同		
1.3 教师教育研究者身份的认同		

2. "专业引领的志向"重要性排序

三级指标	指标排序（1、2）	其他建议或说明
2.1 专注教师成长与发展		
2.2 致力于教师教育研究		

3. "专业示范的意识"重要性排序

三级指标	指标排序（1、2、3）	其他建议或说明
3.1 教学示范的意识		
3.2 科研示范的意识		
3.3 学习示范的意识		

4. "躬行师德的品性"重要性排序

三级指标	指标排序（1、2、3）	其他建议或说明
4.1 德高为范的专业追求		
4.2 敬业爱生的教育情怀		
4.3 求真务实的研究品质		

5. "培育师德的品行"重要性排序

三级指标	指标排序（1、2、3）	其他建议或说明
5.1 以德明德的专业交往		
5.2 以德育德的教育实践		
5.3 以德立德的科学研究		

6. "基础知识"重要性排序

三级指标	指标排序（1、2、3）	其他建议或说明
6.1 通识性知识		
6.2 教育基础知识		
6.3 学科知识		

7. "教学知识"重要性排序

三级指标	指标排序（1、2、3）	其他建议或说明
7.1 学科教学知识		
7.2 教"教"的知识		
7.3 元教学知识		

8. "研究知识"重要性排序		
三级指标	指标排序（1、2、3）	其他建议或说明
8.1 规范性知识		
8.2 方法性知识		
8.3 实践性知识		

9. "课程开发能力"重要性排序		
三级指标	指标排序（1、2）	其他建议或说明
9.1 教师教育课程资源开发能力		
9.2 中小学课程开发的指导能力		

10. "教学实践能力"重要性排序		
三级指标	指标排序（1、2、3、4）	其他建议或说明
10.1 一般教学能力		
10.2 示范教学能力		
10.3 指导教学能力		
10.4 元教学能力		

11. "组织协调能力"重要性排序		
三级指标	指标排序（1、2）	其他建议或说明
11.1 组织教育活动的能力		
11.2 协同参与活动的能力		

12. "持续发展能力"重要性排序		
三级指标	指标排序（1、2、3）	其他建议或说明
12.1 信息技术融合能力		
12.2 自主学习能力		
12.3 教育研究能力		

如果您还有其他建议，请写在下面：

再次感谢您的指导！

附 录 五

新时代教师教育者专业素养调查问卷

尊敬的_____老师：

您好！

感谢您在百忙之中作答本问卷！问卷调查采取匿名形式，作答内容将严格保密且仅用于课题研究，请您放心填写。

教师教育者是从事教师培养的教师，即教师之教师。在实际工作中，教师教育者被分为很多种类型。在本问卷中，教师教育者指从事教师培养的高校教师群体。本次调查是为了解您在从事教师教育工作中的职业理解和实际行为，请您根据自己的真实情况完成填写。非常感谢您对本课题研究的支持！

国家社科基金"新时代教师教育者专业标准建构研究"课题组

2023 年 3 月 2 日

一、基本信息

1. 您所在的大学（学院）_____，二级学院_____。

2. 您所在的学校属于：

A. 部属院校 985/211　　　B. 省属师范院校　　　C. 一般本科学院

D. 高职高专院校　　　E. 其他

3. 您的性别：

A. 男　　　　　　　　B. 女

4. 您的年龄：

A. 30 岁以下　　　　B. 31—39 岁　　　　C. 40—49 岁

D. 50—59 岁　　　　　E. 60 岁以上

5. 您的教龄：

A. 1—3 年　　　B. 4—10 年　　　C. 11—20 年　　　D. 20 年以上

6. 您的职称：

A. 助教　　B. 讲师　　C. 副教授　　D. 教授

7. 您的最高学历：

A. 专科　　B. 本科　　C. 硕士研究生　　D. 博士研究生

8. 您的最高学历专业类型：

A. 文史哲　　B. 经管法　　C. 教育心理　　D. 理工农医

E. 艺术　　F. 军事　　G. 其他

9. 您的最高学历专业属性：

A. 师范类　　　　B. 非师范类

10. 您目前所执教的课程类型（多选）：

A. 教师教育类课程　　　B. 学科专业类课程

C. 通识教育类课程　　　D. 其他

11. 您给师范生上课的情况（多选）：

A. 执教过专科生课程

B. 执教过本科生课程

C. 执教过硕士研究生课程

D. 执教过博士生课程

12. 您目前主要研究的学科（多选）：

A. 教育学

B. 心理学

C. 学科课程与教学论

D. 文理学科（中文、数学、英语、历史、政治、地理、生物、物理、化学）

E. 艺体类

F. 其他_____

13. 您是否有基础教育工作经历：

A. 1—3 年　　B. 4—10 年　　　C. 11—20 年　　　D. 20 年以上

E. 无

二、量表题（请您根据自身情况的符合程度，在相应位置上画"√"）

	完全不符合	比较不符合	不确定	比较符合	完全符合
1. 明确所承担培养高层次人才的专业职责					
2. 具有科学研究的学术职责					
3. 感受到高校教育教学工作的成就感					
4. 清楚教师教育者与其他教师的培养对象不同					
5. 有信心完成好培养教师的任务					
6. 以作为教师的教师而感到自豪					
7. 教师教育是个人研究方向之一					
8. 重视用教师教育研究成果指导个人工作					
9. 重视师范生树立坚定理想信念					
10. 注重引领师范生发展专业能力					
11. 关注师范生自我发展方向的规划					
12. 对教师教育领域有明确的研究兴趣					
13. 愿意选择某一个教师教育相关问题开展学术研究					
14. 在教学中渗透所信奉的教育理念					
15. 个人教学行为能够成为学生模仿学习的榜样					
16. 坚持教学原则和方法的示范					
17. 重视研究成果融入教学的指导					
18. 注重课题研究方法运用的示范					
19. 乐意指导学生成为一个终身从教者					
20. 愿意向学生分享自己是如何持续学习的					
21. 珍惜作为教师教育者的社会声望					
22. 注重教师教育者个人修养					

续表

	完全不符合	比较不符合	不确定	比较符合	完全符合
23. 重视以身作则并指导学生培育优秀的教师职业品行					
24. 热爱所从事的教师教育工作					
25. 尊重学生的基本需求和兴趣潜能					
26. 将有效指导学生学业作为己任					
27. 重视教育研究过程中的调查取证					
28. 关注教育研究对学科基本理论建设的贡献					
29. 重视教育研究成果对教师培养的价值引领					
30. 注重创设真诚互信的专业交往氛围					
31. 与中小学教师建立并长期保持合作交往关系					
32. 与各位同事建立并保持了有效的合作交往关系					
33. 重视师德培养					
34. 秉持育人为先的教学原则					
35. 注重向学生展示优秀教师专业品行的案例					
36. 在科研过程中以身示范，指导学生遵循研究伦理					
37. 指导学生在科学研究中持续培养专业理论素养					
38. 指导学生在科学研究过程中理解并形成研究素养					
39. 具有从事教师教育工作所必备的科学文化类知识					
40. 掌握了当代教师教育所需的信息技术知识					
41. 了解国家的教育政策与法规					
42. 掌握了教育学的基本原理与方法					
43. 具备学生学习与发展的知识					
44. 熟悉所教学科的知识体系					
45. 理解所教学科的育人功能					

续表

	完全不符合	比较不符合	不确定	比较符合	完全符合
46. 了解所教学科的思想体系					
47. 掌握学科内容的教学特点					
48. 具备所教学科课程资源开发的知识					
49. 形成了系统的学科教学方法					
50. 了解教师学习的认知特点					
51. 清楚教师教育教学对象的特殊性					
52. 掌握教师范生如何教学的基本方法					
53. 具有对教学大纲制定和应用的方法性知识					
54. 具备对教学活动监控和调节的方法性知识					
55. 掌握指导教师开展元学习活动的策略性知识					
56. 了解教育研究的基本原则					
57. 清楚开展教育研究的基本规范					
58. 了解教育研究的方法论基础					
59. 掌握常用教育研究方法的技术原理					
60. 具备指导教师开展教育研究的知识					
61. 关注基础教育改革的成果与经验					
62. 掌握在基础教育实践中开展研究的知识					
63. 具备通过研究推进教育改革和创新的知识					
64. 能根据教师学习需求优化教师教育课程内容					
65. 能根据教师学习需求重组教师教育课程内容					
66. 能为中小学课程开发提供理论指导					
67. 能为中小学课程开发提供改进方案					
68. 具备开展教学所需的基础能力					

续表

	完全不符合	比较不符合	不确定	比较符合	完全符合
69. 具备对教学进行评价的能力					
70. 能有意识示范教学行为					
71. 能有意识解释教学行为的合理性					
72. 能引导教师对其教学实践进行反思					
73. 能协助教师解决教学过程中遇到的问题					
74. 能在教学前向他人清楚说明自己的教学思路					
75. 能在教学过程中对教学进行自我监控					
76. 能在教学后对教学进行有效反思					
77. 能依据教师需求不断优化学习环境					
78. 能组织教师积极参与教师教育活动					
79. 能与教师培养主体建立合作关系					
80. 能协同相关人员共同参与教师教育活动					
81. 能将信息技术有机融入教师教育活动					
82. 能运用信息技术促进自身专业发展					
83. 能根据自我发展需求自主规划学习					
84. 能依据对学习过程的监控改进学习					
85. 能在教育过程中发现研究问题					
86. 能对教育领域中的问题开展针对性研究					
87. 已经取得了与教师教育相关的研究成果					

参考文献

中文文献

著作

陈时见、王远、李培彤：《教师教育研究》，福建教育出版社 2021 年版。

陈德云：《美国优秀教师专业教学标准及其认证：开发、实施与影响》，北京师范大学出版社 2012 年版。

教育部教师工作司组编：《教师教育课程标准（试行）解读》，北京师范大学出版社 2013 年版。

教育部教师工作司组编：《中学教师专业标准（试行）解读》，北京师范大学出版社 2013 年版。

联合国教科文组织编：《教育——财富蕴藏其中》，联合国教科文组织总部中文科译，教育科学出版社 2014 年版。

罗丽君：《荷兰教师教育者专业标准研究》，科学出版社 2018 年版。

马啸风主编：《中国师范教育史》，首都师范大学出版社 2003 年版。

叶澜、白益民、王枬等：《教师角色与教师发展新探》，教育科学出版社 2001 年版。

余新：《教师培训师专业修炼》，教育科学出版社 2012 年版。

曾煜编著：《中国教师教育史》，商务印书馆 2016 年版。

期刊

毕妍、王国明、张欣：《英国"教学学校"职前教师培养政策探析》，《外国教育研究》2018 年第 4 期。

卜玉华：《教师教育及其研究何去何从——从教育理论与实践的关系展开的思考》，《教育理论与实践》2004 年第 11 期。

陈时见、王春华：《美国教师教育者的专业发展取向及启示》，《比较教育研究》2012 年第 11 期。

陈威、王睿：《卓越教师培养背景下小学教师教育者专业化研究探赜》，《教育探索》2017 年第 6 期。

陈晓端、高嵩、徐波：《我国教师教育者研究：进展、局限与展望》，《教师教育研究》2023 年第 1 期。

陈晓端：《元教学研究引论》，《陕西师范大学学报》（哲学社会科学版）2011 年第 1 期。

陈志强：《荷兰教师教育工作者专业标准的演变及特点》，《外国教育研究》2012 年第 1 期。

程光旭：《新时代坚持把教师队伍建设作为基础工作的思考》，《中国大学教学》2020 年第 11 期。

褚宏启：《核心素养的国际视野与中国立场——21 世纪中国的国民素质提升与教育目标转型》，《教育研究》2016 年第 11 期。

崔藏金、王鉴：《美国教师教育者的素养结构与课程框架——以美国哥伦比亚大学教师教育专业博士生培养项目为例》，《比较教育研究》2020 年第 4 期。

崔杨、王会亭：《教师核心素养及其培育》，《教学与管理》2020 年第 25 期。

崔允漷、王少非：《教师专业发展即专业实践的改善》，《教育研究》2014 年第 9 期。

戴伟芬、梁慧芳：《论跨界的教师教育者专业学习共同体构建》，《教育发展研究》2022 年第 2 期。

段乔雨、李如密：《新手教师教学模仿的双重困境及理性回归》，《教师教育研究》2020 年第 1 期。

郭华：《深度学习及其意义》，《课程·教材·教法》2016 年第 11 期。

何李来、李森：《美国教师教育者专业标准述评》，《现代教育论丛》2016 年第 3 期。

胡惠闵、崔允漷：《〈教师教育课程标准〉研制历程与问题回应》，《全球教育展望》2012 年第 6 期。

滑红霞：《教师教育中虚拟现场的理论与实践》，《教育理论与实践》2020

年第 13 期。

黄海泉、邵丽：《对高等学校青年教师参加社会实践的探讨》，《黑龙江高教研究》1990 年第 4 期。

黄敏：《国外教师教育者的专业化发展研究综述》，《外国教育研究》2012年第 12 期。

纪德奎、张忠恒：《"师本"到"生本"：师范生培养范式的转型》，《西北师大学报》（社会科学版）2006 年第 3 期。

贾永堂：《大学教师考评制度对教师角色行为的影响》，《高等教育研究》2012 年第 12 期。

蒋茵：《基于实践的教师教育课程实践路径的建构》，《当代教育科学》2018 年第 1 期。

金美月、景敏：《墨尔本大学中学职前教师培养课程设置研究》，《数学教育学报》2014 年第 2 期。

康晓伟：《教师教育者：内涵、身份认同及其角色研究》，《教师教育研究》2012 年第 1 期。

孔宝刚：《培养作为反思性实践者的教师之困境与出路》，《当代教育科学》2016 年第 14 期。

李迪：《教师继续教育新取向——基于"专业标准"的教师培训》，《成人教育》2016 年第 10 期。

李芳、闫建璋：《高校教师教育者身份认同探析》，《高教论坛》2021 年第 10 期。

李红亚：《论服务型教师教育者》，《教学与管理》2010 年第 12 期。

李芒、李岩：《教师教育者五大角色探析》，《教师教育研究》2016 年第 4 期。

李姝婧、康秀云：《高校教师角色冲突：样态、成因、调适》，《思想政治教育研究》2020 年第 2 期。

李铁绳、袁芳、郝文武：《教师教育者专业发展的社会学分析》，《高教探索》2016 年第 5 期。

李晓华、刘旭东、张春海：《论新时代教师教育的专业品格及其提升》，《教师教育研究》2020 年第 4 期。

李兆义、杨晓宏：《"互联网＋"时代教师专业素养结构与培养路径》，

《电化教育研究》2019 年第 7 期。

李振峰：《论教师教育理念的发展》，《教育探索》2005 年第 2 期。

刘径言：《高校教师教育者的专业成长：特征、困境与路径》，《教师教育研究》2015 年第 3 期。

刘鹂：《教师教育者教学能力探析》，《陕西师范大学学报》（哲学社会科学版）2016 年第 1 期。

刘鹂：《论教师教育者教学能力要素、结构与特征》，《课程·教材·教法》2016 年第 9 期。

龙宝新、陈晓端：《跨界人：教师教育者的身份定位及其关键素养》，《河南师范大学学报》（哲学社会科学版）2020 年第 6 期。

龙宝新：《当代美国教师教育课程改革的焦点与态势》，《当代教育与文化》2015 年第 6 期。

吕立杰、刘静炎：《在理论和实践之间教与学——西方国家教师教育者"自我研究"运动述评》，《全球教育展望》2010 年第 5 期。

马笑岩、陈晓端：《当代英国教师教育者专业发展模式评析》，《现代大学教育》2021 年第 6 期。

孟子舒、杨帅、刘晓玫：《批判与期盼：对教师教育者的理性思考与深层追问》，《当代教育与文化》2019 年第 6 期。

潘芳、刘远杰、覃泽宇：《后师范教育时代下我国师范生培养路径的构建》，《广西师范大学学报》（哲学社会科学版）2013 年第 6 期。

平翠、高宗泽：《教师教育者的知识基础：荷兰的视角》，《外国教育研究》2015 年第 3 期。

任榜坤：《困惑中的新疆教师教育》，《新疆教育学院学报》1989 年第 2 期。

任祥：《基于远程教师教育背景下的师德教育探讨》，《教育与职业》2009 年第 23 期。

容中逵：《教师身份认同构建的理论阐释》，《教育研究》2019 年第 12 期。

阮为文：《校长：作为教师教育者》，《教育科学研究》2005 年第 7 期。

桑元峰、何菊玲：《大学教师学术能力新论》，《陕西师范大学学报》（哲学社会科学版）2014 年第 4 期。

宋萑、徐淼：《教师教育者循证实践与教师教育证据迭代》，《教育科学》2022 年第 3 期。

宋京双：《教师专业发展的三重指向：理论学习、现实审视与实践技能》，《教育理论与实践》2021 年第 16 期。

唐智松、李婷婷、唐艺祯：《教师教育者基础教育素养：问题及对策》，《教师教育学报》2018 年第 5 期。

田晓苗、石连海：《教师培养：从去师范化到新师范教育》，《国家教育行政学院学报》2019 年第 3 期。

万东升、赵倩：《"新师范"背景下教师教育课程改革进展与反思——以 15 所地方师范院校人才培养方案为例》，《黑龙江高教研究》2021 年第 11 期。

王定华：《新时代我国教师队伍建设的形势与任务》，《教育研究》2018 年第 3 期。

王加强：《教师教育者的多元角色分析——基于教师专业发展视角》，《当代教育科学》2011 年第 23 期。

王鉴：《跨界的能动者：教师教育者专业成长路径探析》，《中国教育学刊》2019 年第 7 期。

王少非：《校长的教师教育者角色刍议》，《山东教育科研》2002 年第 7 期。

王淑莲：《地方院校师范生培养的实践教学改革对策》，《中国大学教学》2008 年第 5 期。

许立新：《论教师教育者领导力的养成——一种专业化的视点》，《当代教师教育》2010 年第 1 期。

闫建璋、李笑笑：《高校教师教育者的知识结构探析》，《教师教育研究》2019 年第 4 期。

杨秀玉、孙启林：《教师的教师：西方的教师教育者研究》，《外国教育研究》2007 年第 10 期。

杨燕燕：《论教师职前实践教学的取向转换》，《教育研究》2012 年第 5 期。

杨跃：《关于教师教育学科构建的理性思考》，《教师教育研究》2007 年第 1 期。

杨跃：《教师教育学科制度建设：内涵、目标、困境与行动——基于新制度主义社会学的视角》，《教育发展研究》2018 年第 22 期。

杨跃：《职前教师教育课程中视频案例教学管窥》，《教师教育研究》2010 年第 4 期。

姚琳、石胜男：《美国教师教育者标准述评》，《外国中小学教育》2015 年第 9 期。

叶澜：《新世纪教师专业素养初探》，《教育研究与实验》1998 年第 1 期。

张地容、杜尚荣：《试论"以生为本"的教师核心素养》，《教学与管理》2018 年第 12 期。

张华：《论核心素养的内涵》，《全球教育展望》2016 年第 4 期。

张良：《核心素养的生成：以知识观重建为路径》，《教育研究》2019 年第 9 期。

张勇、张滢：《论教师教育者的教育问题意识及提升策略》，《教育理论与实践》2015 年第 11 期。

赵英、李丹阳：《论高校教师教育者的四维能力结构》，《当代教师教育》2018 年第 2 期。

赵明仁：《教师教育者的身份内涵、困境与建构路径》，《教育研究》2017 年第 6 期。

赵明仁：《师范大学中学科教师教育者的身份认同》，《高等教育研究》2014 年第 8 期。

赵明仁、王娟：《建构能动的自我：教育改革中教师身份的自我认同》，《教育理论与实践》2011 年第 31 期。

郑丹丹：《国际视野下教师教育者的界定》，《现代教育管理》2014 年第 5 期。

郑爽、胡凤阳、张立满：《论教师教育者及其专业发展》，《石家庄学院学报》2012 年第 2 期。

钟启泉：《基于核心素养的课程发展：挑战与课题》，《全球教育展望》2016 年第 1 期。

钟启泉、王艳玲：《从"师范教育"走向"教师教育"》，《全球教育展望》2012 年第 6 期。

周钧、范薁琛：《荷兰教师教育者专业质量保障体系研究》，《比较教育研究》2020 年第 8 期。

周文叶：《职前教师教育课程评价：范式、理念与方法》，《教师教育研究》2014 年第 2 期。

朱宁波、崔慧丽：《新时代背景下教师品质提升的要素和路径选择》，《教育科学》2018 年第 6 期。

朱旭东：《国外教师教育的专业化和认可制度》，《比较教育研究》2001 年第 3 期。

朱旭东：《论教师专业发展的理论模型建构》，《教育研究》2014 年第 6 期。

朱旭东：《论我国后师范教育时代的教师教育制度重建》，《教育学报》2005 年第 2 期。

朱旭东、周钧：《论我国教师教育学科制度建设——教师教育大学化的必然选择》，《教师教育研究》2007 年第 1 期。

朱旭东：《专业化视野中大学化教师教育的十大观点》，《教师教育研究》2005 年第 1 期。

外文文献

著作

Anja Swennen and Marcel van der Klink, *Becoming a Teacher Educator Theory and Practice for Teacher Educators*, Dordrecht：Springer, 2008.

Donald A. Schön, *The Reflective Practitioner：How Professionals Think in Action*, New York：Basic Books, 2011.

Garry Francis Hoban, *Teacher Learning for Educational Change*, Buckingham：Open University Press, 2002.

Jean Murray, Anja Swennenand Leah Shagrir, *Understanding Teacher Educators' Work and Identities*, Netherlands：Springer, 2009.

John Loughran, *Developing a Pedagogy of Teacher Education：Understanding Teaching and Learning about Teaching*, London：Routledge, 2006.

Mieke Lunnberg and Jurriën Fred Korthagen, *The Professional Teacher Educator Roles, Behavior and Professional Development of Teacher Educators*, Rotterdam：Sense Publishers, 2014.

Pamela L. Grossman, *The Making of a Teacher: Teacher Knowledge and Teacher Education*, New York: Teacher College Press, 1990.

Turney Clifford, *Where the Buck Stops: The Teacher Educator*, Sydney: Sydamac Academy Press, 1990.

期刊

Alexandra C. Gunna, David Berga and et al. , "Constructing the Academic Category of Teacher Educator in Universities' Recruitment Processes in Aotearoa, New Zealand", *Journal of Education for Teaching*, Vol. 41, No. 3, February 2015.

A. Lin Goodwin, Clare Kosnik, "Quality Teacher Educators = Quality Teachers? Conceptualizing Essential Domains of Knowledge for Those Who Teach Teachers", *Teacher Development*, Vol. 17, No. 3, August 2013.

Alison Fuller and Lorna Unwin, "Learning as Apprentices in The Contemporary UK Workplace: Creating and Managing Expansive and Restrictive Participation", *Journal of Education and Work*, Vol. 16, No. 4, 2003.

Alison L. Zagona, Jennifer A. Kurth and Stephanie Z. C. , "Teachers' Views of Their Preparation for Inclusive Education and Collaboration", *Journal of Teacher Education and Special Education*, Vol. 40, No. 3, February 2017.

Anja Swennen, Ken Jones and Monique Volman, "Teacher Educators: Their Identities, Sub-Identities and Implications for Professional Development", *Journal of Professional Development in Education*, Vol. 36, No. 1 – 2, February 2010.

Bob Koster and Marco Snoek, "A National Curriculum for Teacher Education: A Dutch Case Study", *Journal of In-Service Education*, Vol. 24, No. 3, 1998.

Bob Koster, Jurriën Dengerink and et al. , "Teacher Educators Working on Their Own Professional Development: Goals, Activities and Outcomes of a Project for the Professional Development of Teacher Educators", *Teaching and Teacher Education*, Vol. 14, No. 5, December 2008.

Bob Koster, Mieke Brekelmans, Fred Korthagen and Theo Wubbels, "Quality Requirements for Teacher Educators", *Teaching and Teacher Education*,

Vol. 21, No. 2, February 2005.

Byran B. Korth, Lynnette Erickson and Kendra M. Hall, "Defining Teacher Educator through the Eyes of Classroom Teachers", *The Professional Educators*, Vol. 33, No. 1, 2009.

Cari L. Klecka, Loretta Donovan, Karen J. Venditti, et al., "Who is a Teacher Educator? Enactment of Teacher Educator Identity through Electronic Portfolio Development", *Action in Teacher Education*, Vol. 29, No. 4, January 2012.

Christopher P. Brown, Joanna Englehardt, Heather Mathers, "Examining Preservice Teachers' Conceptual and Practical Understandings of Adopting iPads into Their Teaching of Young Children", *Teaching and Teacher Education*, Vol. 60, No. 11, November 2016.

Clare Kosnik, Yiola Cleovoulou, Tim Fletcher, et al., "Becoming Teacher Educators: An Innovative Approach to Teacher Educator Preparation", *Journal of Education for Teaching International Research & Pedagogy*, Vol. 37, No. 3, August 2011.

David Hayes, "Cascade Training and Teachers' Professional Development", *ELT Journal*, Vol. 54, No. 2, April 2000.

Eline Vanassche and Geert Kelchtermans, "Facilitating Self-Study of Teacher Education Practices: Toward a Pedagogy of Teacher Educator Professional Development", *Professional Development in Education*, Vol. 42, No. 1, January 2015.

Eline Vanassche and Geert Kelchtermans, "Teacher Educators' Professionalism in Practice: Positioning Theory and Personal Interpretative Framework", *Teaching and Teacher Education*, Vol. 44, No. 12, November 2014.

Elizabeth White, "Being a Teacher and a Teacher Educator-Developing a New Identity?", *Professional Development in Education*, Vol. 40, No. 3, May 2014.

Fátima Pereira, Amélia Lopes and Margarida Marta, "Being a Teacher Educator: Professional Identities and Conceptions of Professional Education", *Educational Research*, Vol. 57, No. 4, July 2015.

Gerda Geerdink, Fer Boei and et al., "Fostering Teacher Educators' Professional Development in Research and in Supervising Student Teachers' Research", *Teachers & Teaching Theory & Practice*, Vol. 22, No. 8, July 2016.

Greetje Timmerman, "Teacher Educators Modelling Their Teachers?", *European Journal of Teacher Education*, Vol. 32, No. 3, July 2009.

Hanne Tack and Ruben Vanderlinde, "Teacher Educators' Professional Development: Towards a Typology of Teacher Educators' Researcherly Disposition", *British Journal of Educational Studies*, Vol. 62, No. 3, October 2014.

Harm H. Tillema, "The Dilemma of Teacher Educators: Building Actual Teaching on Conceptions of Learning to Teach", *Teaching Education*, Vol. 15, No. 3, January 2007.

Harm Tillema and Lya Kremer-Hayon, "Facing Dilemmas: Teacher-Educators' Ways of Constructing a Pedagogy of Teacher Education", *Teaching in Higher Education*, Vol. 10, No. 2, January 2007.

Hilary G. Conklin, "Preparing Novice Teacher Educators in the Pedagogy of Teacher Education", *Action in Teacher Education*, Vol. 37, No. 4, November 2015.

Ingrid Spencer, "Doing the 'Second Shift': Gendered Labour and the Symbolic Annihilation of Teacher Educators' Work", *Journal of Education for Teaching*, Vol. 39, No. 3, June 2013.

Jean Murray and Trevor Male, "Becoming a Teacher Educator: Evidence from the Field", *Teaching and Teacher Education*, Vol. 21, No. 2, February 2005.

Jean Murray, "Teacher Educators' Induction into Higher Education: Work-Based Learning in the Micro Communities of Teacher Education", *European Journal of Teacher Education*, Vol. 31, No. 2, May 2008.

Jennifer Jacobs, Diane Yendol-Hoppey and Nancy Fichtman Dana, "Preparing the Next Generation of Teacher Educators: The Role of Practitioner Inquiry", *Action in Teacher Education*, Vol. 37, No. 4, November 2015.

John Loughran, "Researching Teaching about Teaching: Self-Study of Teacher Education Practices", *Journal of Studying Teacher Education*, Vol. 1, No. 1, 2005.

John Loughran, Tom Russell, and et al., "Developing a Pedagogy of Teacher Education", *British Journal of Educational Technology*, Vol. 37, No. 3, November 2010.

Julian Edge, "The Somali Oyster: Training the Trainers in TEFL", *System*, Vol. 13, No. 2, 1985.

Julian Kitchen, Darlene Ciuffetelli Parkerand Tiffany Gallagher, "Authentic Conversation as Faculty Development: Establishing a Self-Study Group in an Education College", *Journal of Studying Teacher Education*, No. 4, October 2008.

Julian Kitchen, "Looking Backward, Moving Forward: Understanding my Narrative as a Teacher Educator", *Studying Teacher Education*, Vol. 1, No. 1, September 2006.

Julie Alderton, "Exploring Self-Study to Improve My Practice as a Mathematics Teacher Educator", *Studying Teacher Education*, Vol. 4, No. 2, October 2008.

Jurriën Dengerink, Mieke Lunenberg and Quinta Kools, "What and How Teacher Educators Prefer to Learn", *Journal of Education for Teaching*, Vol. 41, No. 1, February 2015.

Kari Smith, "So, What about the Professional Development of Teacher Educators?", *European Journal of Teacher Education*, Vol. 26, No. 2, June 2003.

Kari Smith, "Teacher Educators' Expertise: What Do Novice Teachers and Teacher Educators Say", *Teaching and Teacher Education*, Vol. 21, No. 2, February 2005.

K. Slick Susan, "The University Supervisor: A Disenfranchised Outsider", *Teaching and Teacher Education*, Vol. 14, No. 8, November 1998.

Lane Andrew, "Comparison of Teacher Educators' Instructional Methods with the Constructivist Ideal", *Teacher Educator*, Vol. 42, No. 3, 2007.

Lee Shulman, "Knowledge and Teaching: Foundations of the New Reform",

Harvard Educational Review, Vol. 29, No. 7, April 1987.

Lee S. Shulman and Judith H. Shulman, "How and What Teachers Learn: A Shifting Paradigm", *Journal of Curriculum Studies*, Vol. 36, No. 2, 2004.

Mahsa Izadinia, "Teacher Educators' Identity: A Review of Literature", *European Journal of Teacher Education*, Vol. 37, No. 4, August 2014.

Marilyn Cochran-Smith, "Learning and Unlearning: The Education of Teacher Educators", *Teaching and Teacher Education*, Vol. 19, No. 1, January 2003.

Marilyn Cochran-Smith, "Teacher Educators as Researchers: Multiple Perspectives", *Teaching and Teacher Education*, Vol. 21, No. 2, February 2005.

Mark A. Windschitl and David Stroupe, "The Three-Story Challenge: Implications of the Next Generation Science Standards for Teacher Preparation", *European Journal of Teacher Education*, Vol. 68, No. 3, April 2017.

Melinda M. Leko, Mary T. Brownell, Paul T. Sindelar, et al., "Envisioning the Future of Special Education Personnel Preparation in a Standards-Based Era", *Exceptional Children*, Vol. 82, No. 1, May 2015.

M. Frank Pajares, "Teachers Beliefs and Educational Research: Cleaning up a Massy Construct", *Journal of Review of Educational Research*, Vol. 62, No. 3, 1992.

Mieke Lunenberg, "Designing a Curriculum for Teacher Educators", *European Journal of Teacher Education*, Vol. 25, No. 2, July 2010.

Mieke Lunenberg, Fred Korthagen and Anja Swennen, "The Teacher Educator as a Role Model", *Teaching and Teacher Education*, Vol. 23, No. 5, 2007.

Patricia Baquedano-López, Rebecca Anne Alexander and Sera J. Hernandez, "Equity Issues in Parental and Community Involvement in Schools: What Teacher Educators Need to Know", *Review of Research in Education*, Vol. 37, No. 1, March 2013.

Rebecca Eliahoo, "Teacher Educators: Proposing New Professional Development Models within an English Further Education Context", *Professional Development in Education*, Vol. 43, No. 2, May 2016.

Saad F. Shawer, "Classroom-Level Curriculum Development: EFL Teachers as

Curriculum-Developers, Curriculum-Makers and Curriculum-Transmitters", *Teaching and Teacher Education*, Vol. 26, No. 2, 2010.

Saad Shawer, Deanna Gilmore and Susan Rae Banks-Joseph, "Student Cognitive and Affective Development in the Context of Classroom-Level Curriculum development", *Journal of the Scholarship of Teaching and Learning*, Vol. 8, No. 1, 2008.

Saldana Johnny, "The Coding Manual for Qualitative Researchers", *TEAM Journal of Hospitality and Tourism*, Vol. 13, No. 1, June 2016.

Sharon Feiman-Nemser, "Teachers as Teacher Educators", *European Journal of Teacher Education*, Vol. 21, No. 1, July 2006.

Susan Breck and Jessica Krim, "Practice-Based Teaching: A Self-Study by Two Teacher Educators at the Graduate Level", *Studying Teacher Education*, Vol. 8, No. 3, September 2012.

Tanya Santangelo, Carol Ann Tomlinson, "Teacher Educators' Perceptions and Use of Differentiated Instruction Practices: An Exploratory Investigation", *Action in Teacher Education*, Vol. 34, No. 4, October 2014.

T. M. Willemsea, F. Boei, "Teacher Educators' Research Practices: An Explorative Study of Teacher Educators' Perceptions on Research", *Journal of Education for Teaching*, Vol. 39, No. 4, June 2013.

Tone Dyrdal Solbrekke and Ciaran Sugrue, "Professional Accreditation of Initial Teacher Education Programmes: Teacher Educators' Strategies—Between 'Accountability' and 'Professional Responsibility'?", *Teaching and Teacher Education*, No. 37, January 2014.